En avant la musique !

Collection
Gestion de la culture et du secteur non lucratif
dirigée par Jean-Michel Tobelem

Ouvrages déjà parus

Luc BENITO, *Les festivals en France. Marchés, enjeux et alchimie*

François MAIRESSE, *Missions et évaluation des musées. Une enquête à Bruxelles et en Wallonie*

Christian BARRÈRE, Denis BARTHÉLEMY, Martino NIEDDU, Franck-Dominique VIVIEN (éditeurs), *Réinventer le patrimoine. De la culture à l'économie, une nouvelle pensée du patrimoine ?*

Jean-Michel TOBELEM (dir.), *La culture mise à prix. La tarification dans les sites culturels*

Jean-Pierre ALLINNE et Renaud CARRIER (dir.), *Gérer la culture en région. Les pratiques des collectivités territoriales en France*

Jean-Michel TOBELEM (dir.), *L'arme de la culture. Les stratégies de la diplomatie culturelle non gouvernementale*

Claude ORIGET DU CLUZEAU et Jean-Michel TOBELEM (dir.), *Culture, tourisme et développement. Les voies d'un rapprochement*

Paul WERNER, *Musée et Cie : globalisation de la culture*

Corinne BERNEMAN et Benoît MEYRONIN (dir.), *Culture et attractivité des territoires. Nouveaux enjeux, nouvelles perspectives*

Maria GRAVARI-BARBAS et Ioana IOSA (dir.), *Monumentalité(s) urbaine(s) aux XIXe et XXe siècles. Sens, formes et enjeux urbains*

André GIROD, *Le tourisme de destruction massive*

Annie GONDRAS, *La valorisation touristique des châteaux et demeures historiques*

Martine REGOURD (dir.), *Musées en mutation. Un espace public à revisiter*

Claude ORIGET DU CLUZEAU (dir.), *Amours et tourisme*

Pascal MBONGO (dir.), *L'ordre public photographique. Photographie, propriétés et libertés*

Mathilde GAUTIER, *Le commerce des musées d'art en France et en Europe. Enjeux et fonctionnement*

Maria GRAVARI-BARBAS et Cécile RENARD-DELAUTRE (dir.), *Starchitecture(s). Figures d'architectes et espace urbain*

Sophia LABADI, *L'impact de la culture en Europe*

Josette Sicsic

En avant la musique !

Les relations complexes entre musique et tourisme

Avec la collaboration de Roberto Lavarini

Préface de Jean Didier Urbain

© L'Harmattan, 2018
5-7, rue de l'Ecole-Polytechnique, 75005 Paris

www.editions-harmattan.fr

ISBN : 978-2-343-14403-0
EAN : 9782343144030

Je dédie ce livre à mes filles Sarah et Judith, à Alain et Marcelo mes compagnons, et à tous mes amis, ceux et celles avec qui j'ai voyagé, chanté et écouté battre la musique du monde.

Je dédie ce livre à mes amis Roberto Lavarini et Rosantonietta Scramaglia qui m'ont accompagnée dans cette aventure rédactionnelle, touristique et musicale en révélant la diversité de la musique italienne et le savoir-faire du tourisme de la péninsule,

À mes amis : Pierre Josse qui a consacré un chapitre de cet ouvrage à sa très chère Irlande et à sa musique et Jean Didier Urbain qui a pris le temps de réfléchir à la complexité du sujet et a rédigé la préface de « En avant la musique ! »

Je dédie enfin cet ouvrage à Gérard Brémond, PDG du groupe Pierre & Vacances/Center-Parcs qui, depuis un demi-siècle, donne à la pierre un goût de vacances, « fait du tourisme comme on fait du jazz » et, pour lequel j'ai la plus grande estime.

Et puis, je le dédie à tous les acteurs du tourisme qui m'ont informée, encouragée et m'ont donné envie de poursuivre cette enquête qui, je l'espère, contribuera à dynamiser et à faire exister un tourisme musical à la française...

Les auteurs et les compositeurs nous accompagnent avant, pendant et après un voyage. La musique, prélude à l'émotion, s'empare de notre imaginaire sur les routes, dans les trains ou les avions. Elle se niche au creux des territoires. Les arts de l'image ne peuvent que très rarement se passer du talent des bons musiciens de leurs mélodies ou de leurs arrangements. La qualité du son va d'ailleurs devenir l'un des grands enjeux des innovations numériques. Car le son reste l'enfant pauvre des réseaux sociaux et de la réalité virtuelle.

Josette Sicsic ouvre une voie nouvelle pour les visiteurs, mais surtout pour ceux qui les accueillent. Et je ferai partie de ses porte-voix.

Christian Mantei. Directeur général d'Atout France

SOMMAIRE

Y'A DE LA MUSIQUE DANS L'AIR 9
UNE PROMENADE TOURISTIQUE SUR DES AIRS DE MUSIQUE 17
LA MUSIQUE PEUT-ELLE DÉVELOPPER DES FLUX TOURISTIQUES ? ... 19
LA CHANSON AU SERVICE DE LA PROMOTION TOURISTIQUE 27
LES MUSIQUES QUI FONT DANSER LES TOURISTES 45
LA MUSIQUE AU SERVICE D'UN TOURISME INSULAIRE 55
IRLANDE 61
LA MUSIQUE TRADITIONNELLE ITALIENNE 67
ÉGLISES ET MUSIQUE 79
DE NASHVILLE A DUBLIN, L'IMMENSE PLANÈTE COUNTRY 85
LES MUSIQUES CRÉENT DE NOUVELLES DESTINATIONS 89
LE POSITIONNEMENT MUSICAL DES VILLES RESTE À FAIRE 103
LES MUSÉES MUSICAUX PEINENT À CONVAINCRE 113
LES GRANDES EXPOSITIONS PRENNENT LA RELÈVE 123
QUAND LES VILLES JOUENT LES MUSÉES A CIEL OUVERT 127
TOMBES, MAISONS ET AUTRES LIEUX DE MEMOIRE 139
ITALIE : L'OPÉRA CÉLÈBRE SES MUSICIENS DÉFUNTS 149
GIUSEPPE VERDI, EXCEPTION MUSICALE TOURISTIQUE 157
DES ICÔNES ARCHITECTURALES AU SERVICE DU TOURISME 161
FESTIVALS : L'ENFANT CHÉRI DES TOURISTES 175
LE SILENCE DES OPÉRATEURS TOURISTIQUES 199
L'ÉPOQUE REVOLUE DES CHANSONS DE VACANCES 207
EN AVANT LA MUSIQUE : AVEC DEUX L OU UN L ? 213
ANNEXES 215
RÉFÉRENCES BIBLIOGRAPHIQUES SUR LA MUSIQUE EN ITALIE 229

Textes italiens révisés par Josette Sicsic

Y A DE LA MUSIQUE DANS L'AIR

Jean-Didier Urbain

« La musique, c'est du bruit qui pense. »

Victor Hugo, *Fragments*.

« Le silence éternel de ces espaces infinis m'effraie. »

Blaise Pascal, *Pensées*, 206.

La célèbre pensée aurait été placée par Pascal dans la bouche du libertin avec lequel il envisageait de dialoguer dans son ouvrage. Renvoyant ici plus à l'impie qu'au dévergondé, ce libertin selon le philosophe serait un homme effrayé par le silence des espaces infinis du fait de son peu de foi. Il est terrifié par l'éternité immense, car il n'y voit pas Dieu. Face à ce paysage sans limites, il se sent seul, minuscule et abandonné. Perdu, devant un espace à perte de vue, qui est vide, inhabité, sans vie, ni son, ni voix, ni chant, ni mélodie. Mais contre cette anxiété du désert, le libertin a néanmoins trouvé une parade. Entre autres remèdes, il use de l'antidote musical pour le remplir, dissolvant son angoisse en y faisant des bruits, qui sont ceux de la chanson, de la danse, des concerts, de la fête ou de l'animation collective. Ceux de l'orchestre et du cortège. C'est le sens même de en « En avant la musique ! »[1]. Mais ceux du divertissement, pour Pascal…

À l'opposé se trouve l'homme vertueux et courageux. Dévot, si forte est sa foi qu'il est heureux dans le désert, loin des bals, cabarets, spectacles, complaintes populaires et autres comiques troupiers. Lui ne craint pas le vide. Il ne craint pas la mort. Et il n'a pas besoin de tout ce bruit pour s'étourdir afin de l'oublier. Son rapport à la musique, quand il en établit un, est alors évidemment tout autre, car la fonction du médium est autre. La musique du libertin, en revanche, il s'en méfie comme de la peste. Il la critique, la fuit et la méprise parce qu'elle n'est à ses yeux qu'un vulgaire

---

[1] D'après le *Dictionnaire des Expressions et Locutions*, d'Alain Rey et Sophie Chantreau, Paris, Le Robert, coll. « Les usuels », 1987, p. 626.

faux-fuyant. Au mieux, négation du désert, une médiocre facilité de mécréant peureux. Au pire, un remplissage sacrilège et dérisoire du grand silence éternel de l'infini qui fait écran à la vérité.

En dehors des airs de messe et du souffle puissant des orgues, qui propulsent aux cieux ; des chants de grâces, des musiques sacrées, des requiem sublimes et autres liturgies vocales prodigieuses, qui élèvent l'esprit ; la musicalité « libertine » a pour l'adorateur de musique spirituelle une triste réputation. « Dans la peau » (non dans l'esprit), s'emparant des corps et des foules (qu'elle fait danser, frapper des mains, hurler), elle substitue au ravissement intérieur de l'extase, la sensualité indécente de la transe. Elle n'est qu'un bruit trompeur. Une illusion entravant la communication avec le divin. À tout prendre, pour ce dévot-là, affronté à ce monde musical imbécile et lâche, mieux vaut alors le silence du désert…

Touriste « libertin » et touriste « janséniste » ?

Sans doute le trait est-il un peu forcé concernant cette opposition des caractères face à la musique. Mais cela permet d'exprimer deux attitudes qui sont aussi, outre deux polarités esthétiques radicales en la matière, deux postures sociales fondamentalement antagoniques. Quant au rapport à la musique et au voyage, ici passe une frontière. En fait, une ligne de démarcation anthropologique, qui sépare, outre deux rapports sensoriels bien distincts au monde, deux types de voyageurs, que les usages touristiques eux-mêmes reproduisent aujourd'hui…

Évoquer ce vieux débat d'idées dans cette préface peut surprendre. Mais s'il est du XVIIe siècle, il est toujours d'actualité ! Ce débat a même valeur de modèle pour penser les conduites et tendances en matière de voyage d'agrément de nos jours et comprendre du coup tout l'intérêt et la pertinence du présent ouvrage. Car ce débat entre le janséniste et le libertin que prolonge celui entre musique, silence et bruit : le sens de leur présence, de leur écoute, de leur besoin ou de leur refus, concerne une des relations au monde les plus fortes que l'homme puisse éprouver, à travers le médium musical, bien sûr ; mais, par-delà, avec les bruits du monde en général…
Avant cela, précisons le contexte. L'affrontement entre cantiques et cantilènes[2] est une guerre sans fin. Entre les uns (religieux) et les autres

---

[2] De l'italien *cantinela*, « chanson », ce mot de musique un peu vieilli signifie « chant profane d'un genre simple ».

(populaires), on pourrait ajouter, entre le sacré et le profane, les cantates (artistiques ou reconnues comme telles). Ceci est une image. Mais il reste, idéologique, social, économique et culturel, que cette « guerre », qui divise la société, divise aussi l'espace du voyage. Ses destinations, ses choix, ses attractions et ses envies.

Cette guerre est une lutte à l'origine des clivages sonores du monde, du tourisme en particulier, avec des préjugés de classes, qui persistent à différencier le noble du vulgaire ; l'harmonique du cacophonique ; l'art, le « vrai », du folklorique ; et le génie des lieux des rusticités et idiotismes régionaux ou exotiques... Si bien que la musique en voyage (re)pose également la question du partage du monde à l'aune d'univers acoustiques valorisés ou pas. Et, par voie de conséquence, celle du partage des univers touristiques au monde des loisirs en fonction de leurs médiations musicales, « libertines » ou pas...

Tourismes de l'ici et du là-bas versus tourismes de l'au-delà

Il s'agit dans tous les cas d'un rapport sensible assez ambivalent pour que le tourisme se soit subdivisé lui aussi, comme loisir de découverte, en deux grands types d'expériences existentielles et sensorielles, selon que le voyageur intègre à son voyage l'usage du médium musical pour établir un lien transcendant, vertical, de contact avec le divin : l'au-delà ; ou bien, horizontal, un lien social de contact avec l'humain : l'ici ou le là-bas.

Disons-le. Le présent ouvrage traite et pose les questions relatives au second usage de la musique, essentiellement. On dira, culturel ou ethnologique, festif et populaire, convivial ou militant, un usage engagé, dans tous les cas, à travers le voyage et le monde, dans la relation humaine. Mais ce choix « libertin » le vaudra d'autant plus qu'on le percevra et l'appréciera aussi dans le cadre de cette opposition au premier usage, transcendant, « janséniste », dans la relation divine, prêt à s'échanger contre du silence, et qu'on dira quant à lui mystique, spirituel ou théologique. L'un et l'autre peuvent être festifs, mais ce n'est pas la même joie qu'on célèbre, et pas dans la même dimension...

Revenons un peu à Pascal, qui dans ses Pensées (139) écrivit aussi que tout « le malheur des hommes vient d'une seule chose, qui est de ne savoir pas demeurer en repos, dans une chambre ». Ceci est donc la cause du malheur de tout homme sortant de chez lui (le mondain), mais alors de tout voyageur aussi, forcément – explorateur, marchand, conquérant, touriste ou même pèlerin. Aux yeux de ce janséniste, en désir de paix intérieure, de rectitude morale, de profitable solitude et d'au-delà, cette suite de sons qu'est la musique, si mélodieuse soit-elle, n'est à bien des égards qu'une émanation nauséabonde de la vie mondaine, dont elle redouble le bruit des vaines agitations et accentue les signes des plaisirs, reflétant ses désirs, évoquant ses débauches, exprimant ses pulsions et même les suscitant

C'est de cette vie, de son brouhaha et de ses passions, de ce tourisme de l'ici, horizontal, que Pascal se détournera, préférant l'ermitage silencieux de Port-Royal à la société des salons et aux bruits de la musique de cour, de chambre et de rue qu'il entendait alors, çà et là, chez les mondains, usages équivalents aux spectacles, concerts et chansons populaires d'aujourd'hui. Pour cet « auditeur » fatigué du monde et de la société, touriste lassé des hommes – et Blaise, plus qu'un exemple, est ici un profil type de sensibilité –, cette musique n'est pas pour lui un « bruit qui pense », mais au contraire un bruit qui empêche de penser. Fait pour cela, en ses lieux profanes il participe du syndrome d'une humanité angoissée, nostalgique, urbaine en général, festive par désespoir. Il est ainsi de nos jours un tourisme du désert et de l'ermitage qui correspond et s'oppose à ce profil psychologique du libertin pascalien[3].

Des lieux de musiques : voyages aux pays du « bruit qui pense »

Fort heureusement, Josette Sicsic n'a pas répondu à l'appel du désert et aux vertiges de l'érémitisme. Ce n'est pas dans sa nature, ni ses goûts de voyage que d'user de la musique pour rompre avec la société. S'en évader. Au contraire, la musique est un lien avec les hommes. Observant alors comment le rapport horizontal du voyageur aux espaces, lieux et destinations se construit aussi par des médiations musicales plus ou moins emblématiques, elle est restée du même côté de la frontière : le social de l'envie du monde, pour appréhender la nature, les aspects et les fonctions d'un patrimoine immatériel diversement prégnant, éclaté, souvent diffus, protéiforme et souvent méconnu.

Qu'est-ce donc alors que la musique en voyage ? La place de ce « bruit » adoré ou détesté ? Son importance ? Son influence sur les mobilités touristiques ? C'est aussi de cela que traite l'ouvrage de Josette Sicsic. De l'impact de la musique sur les choix et trajectoires du touriste. Ceux-là souvent varient, voulant une fois une île (un huis clos), une autre fois une ville (un monde), mais une troisième fois les deux en même temps (une

---

[3] Cf. J.-D Urbain, *L'Envie du Monde*, Paris, Bréal, nouvelle édition, 2018 – partie V [2011].

île mondaine ou une ville-monde).

Outre que cet ouvrage pose la question du rapport ambivalent à cette musicalité du monde, contrastée, aimée et haïe à la fois, avec l'arrière-plan éthique que l'on sait conditionnant ce rapport, le second intérêt de ce livre est de montrer l'omniprésence de la musique dans le voyage. La pluralité de ses formes. La multiplicité de ses usages. La diversité de ses lieux et de ses territoires. La table des matières a ici qualité d'inventaire ouvrant à chaque partie ou chapitre sur un champ de recherche à développer.

La musique est une île ? On pense à Cuba, la Jamaïque, la Guadeloupe, Ibiza… Un pays ? À l'Argentine (tango), au Brésil (samba), à l'Espagne (flamenco)… Une ville ? On pense à Milan (la Scala), à New York (Broadway), à Liverpool (les Beatles), à Lisbonne (le fado) ou à New Orléans (le jazz). À un auteur mort ? À Mozart à Salzburg. Elvis à Memphis. Gardel à Buenos-Aires. Brassens à Sète. Brel aux Marquises. Grieg en Norvège… À un mouvement aussi ? Hip-hop à New York. Disco à Stockholm. Techno à Las Vegas. Country de Nashville à Dublin… Il y a là de quoi écrire bien des guides afin de mailler une géographie touristique de la musique, avec ses hauts lieux, ses bas-fonds, ses routes et ses sites historiques, ses sanctuaires et ses circuits irriguant un monde en soi que ponctuent en effet des musées, des monuments, des tombeaux, des festivals, des fêtes, des traditions et autres événements.

Le « bruit qui pense » est pour de bon partout. On ne peut l'ignorer en voyage. D'ambiance ou de cérémonie, medium chaud ou froid, des halls d'aéroports aux carnavals, des musiques de fond des restaurants ou d'ascenseurs à celles exhibées, de premier plan : célébrations militaires, refrains patriotiques, défilés de majorettes, fanfares, chansons de manif, danses populaires, hymnes sportifs, concerts en plein air, orchestres de bals ou de jardins publics, processions et techno parades aussi. La musique est un patrimoine multidimensionnel, si pluriel et fluant qu'on ne semble pas toujours savoir qu'en faire en dehors de ses usages internes ?

Musiques des lieux et musiques des jours

Les opérateurs touristiques seraient-ils jansénistes ? Sûrement pas ! Même si quelques-uns, peut-être… Leur fonds de commerce est anti-pascalien. Fête ou découverte, si « culturel » ou pas soit-il, c'est du divertissement qu'ils vendent... Alors ? Josette Sicsic, en fin d'ouvrage, s'interroge donc sur le silence de ces opérateurs, timorés face à cette dimension sensorielle du voyage. N'ont-ils pas compris son importance ? Ou bien sont-ils incapables de la valoriser, comme attraction à part entière ? Est-ce l'immatérialité de la chose qui les embarrasse ? Le côté atmosphérique, la nature éphémère et parfois imprévisible de l'objet ?

Il est vrai que le musical, par-delà ses espaces institutionnels et ses moments convenus, en tant qu'empreinte sonore des lieux, ambiance, environnement, milieu, est un patrimoine en mal de reconnaissance. Il est vrai qu'il n'a pas la stabilité rassurante du monument ou du vestige, la fiabilité de ladite « culture matérielle », permanente et tangible. Mais pendant ce temps, un tourisme du silence progresse, en vis-à-vis. Son credo est celui de la tranquillité garantie, qu'il s'agisse de retraite monastique, de stage de « développement personnel », d'hôtel en haute altitude ou de séjour à la campagne. Le silence est aussi un patrimoine. Un concurrent et un luxe. Et son tourisme un rival de taille, avec cet autre exotisme qu'est maintenant celui de la recherche de mondes sans bruit...

Ici repasse une frontière. Elle sépare deux tourismes, comme le font déjà tant d'autres catégories : nature/culture, sportif/familial, été/hiver, itinérant/séjour, indépendant/organisé, national/étranger, de masse/de luxe ou, marquées au coin de l'humanitaire et de l'écologie, d'autres comme « responsable, durable, caritatif, alternatif », etc. Mais avec la musique et le voyage, et la question plus générale d'écosystème sonore quelle pose, on entre dans le champ de partages identitaires spatiaux moins conventionnels, qui ne sont pas que territoriaux, sociaux, saisonniers, économiques, historiques ou éthiques, mais également sensibles, comme le sucré et le salé, l'odorant et le nauséabond, le monochrome et le bigarré ou le diurne et le nocturne, ces nouveaux « Nouveau Monde » du tourisme sensoriel. On entre ici dans le domaine des patrimoines alternatifs.

Il s'agit donc d'un peu plus ou d'autre chose. Et cet ouvrage est sans aucun doute la première expédition menée en vue de l'exploration approfondie d'un patrimoine qui participe souvent à notre insu de l'expérience et du plaisir du voyage. Le son, le bruit, la musique, qu'est-ce à dire ? Proust disait que raconter, c'est comme faire connaître un opéra que par son livret. C'est un roman auquel il manque la « musique des jours ». De même pour le voyage. Le guide est un récit sans bande sonore. Il ne suffit pas pour entendre le monde, l'écouter, le danser, le chanter ou le fredonner seulement et le comprendre par ces participations-là. Or le monde est cependant tout cela à la fois. Il a des strates de sonorisation, d'organisation harmonique, qu'il importe de distinguer et d'ajouter à l'expérience.

Un anthropologue a différencié trois niveaux d'organisation de la culture : le technique, le formel et l'informel[4]. Disons qu'en matière de musique, comme en d'autres produits des activités humaines, il y a respectivement l'art, le rituel et le spontané. On rangera ce que l'on veut dans chaque catégorie. En matière de musique, l'art ira par exemple à l'opéra, à la chorale, à la chorégraphie ou à la symphonie. Le rituel au cantique, au festival, à la procession ou au bal. Et le spontané ira à l'improvisation, aux surprise-parties ou rave de jadis ou, chants ou danses, aux impromptus des coins de rue. Mais il restera toujours un quatrième niveau. Celui des sonorités quotidiennes, le trésor des « bruits de la rue » ou cette empreinte sonore qui chantent aussi la vie et participent non moins de l'identité du lieu, de son patrimoine et de son exotisme. C'est l'ambiant.

C'est là encore un « bruit qui pense » et qui communique, par intention ou accident, comme tout autre musique, des signes du monde. C'est la dernière, bien sûr. Et souvent la moins perceptible car, « bruit de fond », elle est recouverte par les autres. Mais ce n'est pas pour autant une différence de nature qui la distingue. Seulement une différence de degré, qui l'assourdit. À charge pour le voyageur de la découvrir sa présence derrière… Pour ce faire, le monde se découvre aussi les yeux fermés, à l'instar de ce voyageur, James Holman, qui fit le tour du monde « dans les ténèbres » et qui en raconta la découverte alors qu'il était… aveugle[5] !

Jean-Didier Urbain
14 décembre 2017

---

[4] E.T. Hall, *Le langage silencieux*, Paris, Le Seuil, 1984 [1959].
[5] Lire John Keay, *Voyageurs excentriques*, Paris, Éditions Payot, 1991 [1982] – III, p. 93-130.

UNE PROMENADE TOURISTIQUE SUR DES AIRS DE MUSIQUE

Josette Sicsic

Cet ouvrage n'a aucune vocation ni économique, ni scientifique, ni historique… Il a plutôt une vocation critique.
Compte tenu du richissime patrimoine musical international qui, d'un continent à l'autre et d'une année sur l'autre ne cesse d'augmenter, nous avons en effet souhaité nous interroger sur les faibles performances touristiques de l'univers musical.
En dehors des festivals et autres grands événements musicaux qui focalisent l'attention des médias et des spectateurs, il nous semble en effet qu'une meilleure exploitation de la diversité musicale qu'offrent bon nombre de territoires permettrait de stimuler leur tourisme.
Elle permettrait par la même occasion d'enjoliver les séjours et circuits de millions de touristes dont nous ne doutons pas qu'ils ont tous en tête quelques airs plus ou moins connus appartenant aux milliers de genres musicaux qui ont inspiré l'humanité au fil des siècles.
Tout en étant critiques, nous avons pourtant évité les discours théoriques et préféré offrir à nos lecteurs une promenade musicale. À travers deux continents seulement : l'Europe et l'Amérique du nord et du sud. Non, par mépris pour les musiques africaines et asiatiques. Bien au contraire. Mais, l'absence de données statistiques et de documents nous ont incités à renoncer à la tâche immense que représente une enquête exhaustive sur les cinq continents et à travers les âges.
« En avant la musique » est une première. C'est en tout cas, le travail d'une passionnée de musique et de tourisme à laquelle se sont joints deux chercheurs italiens : Roberto Lavarini et Rosantonietta Scramaglia, désireux de démontrer la formidable contribution du tourisme italien à la mise en valeur d'une expression artistique dont la qualité suprême réside dans ses capacités à constituer un langage universel.
Comme toute première, cet ouvrage est loin de poser l'ensemble des problématiques liées à une éventuelle collaboration entre tourisme et musique. Nous avons bel et bien concentré nos recherches sur les musiques actuelles essentiellement et la mise en valeur de l'opéra en

Italie. Laquelle a valeur d'exemplarité. Nous avons résolument délaissé la muséographie instrumentale pourtant très abondante. Nous avons également ignoré en partie les musiques folkloriques…

En fait, nous avons eu plus à cœur de vous entraîner dans un circuit original à travers les richesses musicales de quelques pays proches de la France, notre principal terrain d'investigation avec l'Italie.

Bonne lecture

LA MUSIQUE PEUT-ELLE DÉVELOPPER DES FLUX TOURISTIQUES ?

De l'indifférence à la sur-exploitation touristique

Josette Sicsic

Si les relations entre patrimoine architectural et tourisme sont indéniables et constituent la base, voire le moteur du déplacement touristique, la musique quel qu'en soit le genre, ne peut en dire autant. Et pourtant, à peu près toutes les études et enquêtes réalisées sur la totalité ou une partie de la population confirment une vérité anthropologique : plus de 90% des hommes et femmes quel qu'en soit l'âge, déclarent « aimer la musique ». Mieux, ils sont à peu près autant à déclarer écouter quotidiennement de la musique. Une pratique amplifiée ces dernières années par le développement du numérique et des écrans.

Mais, la musique est plurielle. Éclatée en de nombreux genres musicaux portant l'empreinte soit d'une époque, soit d'une géographie, soit de l'évolution de certains instruments, elle est également soumise à des modes et des processus de réinvention qui en font toute la richesse et la diversité. De la musique sacrée à la musique électro, toutes les époques et territoires ont produit des thèmes et rythmes musicaux ainsi que des chansons qui en sont devenus les porte-paroles dans le monde. Alors que l'opéra est typique de l'Italie, des pays plus récents comme le Brésil ont enfanté la samba tandis que la Jamaïque est devenue le royaume du reggae. La France pour sa part reste une terre indiscutable de chansons que textes et mélodies apparentent à de la poésie, tandis que le monde anglo-saxon se confirme comme la scène incontournable du jazz, du rock, de la pop…

Le monde de la musique a une autre particularité. Il se décompose entre auditeurs et pratiquants, de plus en plus nombreux dans les écoles, conservatoires, orchestres amateurs ou professionnels, chorales, fanfares, de toutes dimensions, plus ou moins réputés, gratuits ou payants, se produisant en plein air ou dans des édifices dédiés ou toutes sortes d'édifices aux fonctions diverses : écoles, églises, abbayes, stades, arènes, mairies, plages, ports…

Évidemment, sans la danse, son complément indispensable et indissociable, la musique n'est rien ou presque ! Se complétant harmonieusement, les deux genres amplifient à l'extrême leurs influences culturelles et économiques, sur la société contemporaine. Sans oublier leur extraordinaire influence sur le cerveau humain aujourd'hui démontrée par les recherches des laboratoires de neurosciences. Combinée ou non à la danse, la musique a à la fois des vertus curatives, éducatives, cognitives… Elle stimule, elle soigne, elle ravive les souvenirs, elle aide parfois à retrouver la parole.

Un langage universel

De plus, les thèmes et rythmes musicaux jouent un rôle considérable sur les humeurs. Ils rendent joyeux ou au contraire incitent à la mélancolie. Un constat d'autant plus vrai que toutes les cultures sont influencées de façon comparable par l'écoute musicale. Ce qui fait de la musique un langage universel, le seul que l'humanité tout entière est capable de partager. Le seul qui lui permette de communiquer. Le seul qui déclenche des émotions comparables d'un bout à l'autre de la terre. C'est dire à quel point l'exploitation plus intensive de la musique peut se révéler rentable pour le secteur touristique par définition international. Nul besoin de sous-titrage.

Un public pluriel

Plurielle, la musique dispose tout naturellement de publics pluriels qui, toutes générations confondues, se segmentent entre spécialistes, amateurs actifs et amateurs passifs. Une catégorisation grossière, loin de refléter les multiples sous segmentations nécessaires à l'édification d'une typologie exhaustive des publics musicaux, mais bien suffisante à l'élaboration d'une typologie de publics touristiques. Lesquels consomment soit accessoirement de la musique au cours de leurs circuits et séjours touristiques et vacances, soit font de cette consommation le but principal de leurs déplacements. Entre les deux extrêmes, mille nuances selon les âges, les nationalités, les budgets, les habitus culturels et générationnels. Mais, cette sous-segmentation pointilleuse n'est pas le but de notre recherche. Elle nécessiterait trop d'enquêtes d'ensemble trop lourdes à réaliser. Tandis que des enquêtes moindres ne reflètent qu'une réalité locale.

Pour une définition du touriste musical

Le touriste musical n'est en fait dans la majorité des cas qu'un amateur de musique doublé d'un consommateur de voyages ou de déplacements de courte durée, impliquant au moins une nuit hors de son domicile. Impossible à quantifier, il est probablement très présent dans les rangs des touristes internationaux et nationaux qui sillonnent la planète et leurs territoires nationaux. Et, il est probablement d'autant plus nombreux que l'offre musicale a considérablement augmenté, sous la forme de festivals, fêtes populaires, concerts géants, musées, lieux de mémoire, expositions, mises en valeur de quartiers entiers tandis que l'espace public s'est laissé coloniser dans certaines villes et pays, par des musiciens et chanteurs amateurs, le transformant en une immense scène.

Un tourisme mal exploité

Pour autant, et là réside notre propos : l'offre musicale ne semble pas toujours exploitée à la hauteur de la demande. Alors que quelques rares sites touristiques, villes, théâtres, lieux de mémoire tirent une grande partie de leurs revenus des flux touristiques, d'autres peinent à transformer en tourisme leur patrimoine musical. C'est le cas d'une ville comme Marseille par exemple, haut lieu de la chanson française, creuset permanent de musiques actuelles. Pire ! Nombreux sont ceux qui le négligent, plus occupés à mettre en tourisme des monuments historiques et religieux, des paysages et des expressions artistiques comme la peinture, la sculpture, l'architecture d'hier et d'aujourd'hui.
Comme si le tourisme culturel ne pouvait être généré que par l'usage d'un sens, la vue, l'ouïe est délaissée. Le son est sacrifié sur l'autel du spectacle visuel. La musique et ses multiples composantes comme la chanson, sont reléguées au rang d'expressions d'autant plus subalternes qu'elles appartiennent à un présent trop proche pour être sublimées par la consommation touristique. Le bon touriste reste celui qui court les allées des musées, s'extasie devant les peintres de la Renaissance, explore les nefs des cathédrales, en décortique la statuaire, dévisage les façades

des villes de préférence anciennes consacrées par la culture savante, les ruines et les vestiges d'époques révolues dont la valeur est légitimée par les écrits d'une caste d'écrivains voyageurs et de rédacteurs de guides.

Exploitant le goût immodéré du passé affiché par notre époque en pertes de repères, le tourisme délaisse souvent les expressions du présent et de ce spectacle en perpétuel mouvement que constitue l'univers musical actuel.

Certes, il se targue aujourd'hui de répondre aux demandes expérientielles du « nouveau touriste » en lui proposant une palette de visites découvertes offrant chacune à sa façon une rencontre avec la population, un semblant d'immersion. Vaste bluff que ces prétendues « nouvelles » expériences gustatives, olfactives, visuelles… qui ont de tout temps constitué l'essence du voyage et la principale motivation du voyageur ! En quoi la visite d'un marché, d'un atelier d'artistes ou d'une fabrique de sucreries régionales peuvent-elles constituer de « nouvelles » locomotives touristiques ? Même constat concernant la lenteur. On voudrait faire passer pour une nouveauté la demande de lenteur par opposition à la vitesse, l'accélération, l'urgence… sans se souvenir des longs périples accomplis par les premiers adeptes du « grand tour » au cours d'un dix-neuvième siècle où les machines à vapeur et les paquebots prenaient tout leur temps pour se déplacer. Imposture encore que cette prétendue nouvelle attente d'émotion ressassée à l'envi par des commentaires superficiels, ignorants des grandes émotions éprouvées et évoquées dans les écrits de Rousseau, Chateaubriand, Stendhal, Flaubert puis Henry Miller, Allen Ginsberg, Georges Simenon, Paul Morand… et aujourd'hui par ces aventuriers hors normes que furent Nicolas Bouvier, qu'est Sylvain Tesson !

Un touriste intemporel

Dans ses attentes, le touriste est en effet intemporel. Depuis qu'il sillonne le monde, poussé par une curiosité insatiable, il recherche l'authenticité, il voue un culte indicible au « beau », il traque l'inédit, il s'émeut devant la nouveauté, il s'enivre de couleurs, de formes, d'odeurs, de sons, et la musique à cet égard constitue une composante essentielle du patrimoine que lui offre l'ailleurs. Qui n'est pas revenu des pampas argentines, le cœur et les oreilles gorgés de milongas ? Qui a résisté à l'appel des héritiers de Miles Davis et Charlie Parker dans les innombrables clubs de jazz que recèle le monde ? Qui n'a pas dévié son chemin pour se recueillir sur la tombe de Giuseppe Verdi ou plus simplement de Georges Brassens ?

Omniprésents dans nos vies quotidiennes, la musique et le désir de musique ont toujours accompagné le voyageur et continuent de le faire. C'est une certitude. Mais, parfois, elle constitue le but d'un voyage et son but unique. C'est notamment le cas de certains publics festivaliers qui d'une année sur l'autre, ou très à l'avance, réservent leurs billets pour être certains de ne pas rater un concert. Alors que le plus souvent, elle en est une composante plus ou moins importante qui guide en partie le voyageur, au même titre, qu'une église romane, un musée d'art contemporain, un paysage étoilé par les bons soins d'un guide renommé. Tandis que, dans de nombreux cas encore, elle est la grande absente des descriptifs touristiques.

La communication et distribution impossibles

Face à ce public, comment faciliter l'accès au plus grand nombre et comment composer et organiser au préalable de véritables destinations touristiques mettant en scène leurs sons, rythmes, auteurs, interprètes ? Tels sont les défis que devraient s'imposer les territoires, villes ou régions, à l'exemple de quelques *success stories* repérables en Europe et dans le monde.

Mais, la réciproque est malheureusement vraie aussi. Les événements musicaux ne font pas souvent beaucoup d'efforts pour promouvoir le territoire où ils se produisent. On ne se rend pas la politesse. On s'ignore. Comme si le festival des Eurockéennes par exemple, était totalement déconnecté de sa géographie. Que sait d'ailleurs où ont lieu des manifestations musicales pourtant très populaires comme les « Vieilles charrues » ? Aucune référence, ou à peine, à la localité qui les accueille. Indifférence réciproque des opérateurs culturels et touristiques qui en France surtout, font peu d'efforts pour se connaître et s'épauler, se dispensant même de mettre en place des *pass* ou autres billets groupés permettant de consommer musique, concerts et visites patrimoniales.

Heureusement, les choses commencent à changer. En Italie par exemple, beaucoup plus performante, l'association ItaliaFestival a créé un réseau et un effet de réseau. En France, Voyagesncf.com avait tenté en 2015, de commercialiser les grands concerts via son site internet. Sans succès. Mais, peut-être était-ce trop tôt. L'expérience a tourné court.

Une carte touristique complexe

Dans les pages suivantes, notre propos a donc été d'une part de souligner les expériences réussies en matière de tourisme musical et de mettre en valeur quelques échecs notoires. En France et dans certains pays étrangers. Sans pour autant prétendre à l'exhaustivité. En effet, faire un tour du monde du sujet constitue une aventure au long cours que nous ne pouvons mener.

Parmi les oubliées : l'Afrique, la Caraïbe, la musique folklorique, la musique classique, des mondes à part entière ! Notre objectif a plutôt été de démontrer comment musique et tourisme pourraient entretenir des liens plus étroits, plus professionnels et s'enrichir mutuellement, pour le plus grand bonheur du vacancier et du voyageur un brin mélomane. Pour cela, nous avons tout naturellement procédé prioritairement à un inventaire des territoires porteurs d'un patrimoine musical, en faisant une distinction entre :

— Les territoires historiques porteurs d'un genre musical spécifique ou bien lieu de naissance d'un musicien : Cuba et la salsa, l'Andalousie et le flamenco, l'Argentine et le tango, les Beatles à Liverpool…
— Les territoires importateurs de musique étrangère à la tradition locale : Ibiza, las Vegas, certaines îles de Thaïlande, Marciac dans le Gers pour son étonnant festival de jazz…
— Les équipements et édifices comme les opéras, arènes, théâtres, parcs… accueillant des spectacles musicaux divers et se transformant par la même occasion en destinations touristiques : les arènes de Vérone, celles d'Orange en France, les grands opéras comme Sydney ou Hambourg…
— Les sites naturels ayant choisi la programmation musicale comme outil de valorisation et d'animation touristique.

Bien entendu, nous avons aussi évoqué la problématique des musées, des tombes et autres lieux de mémoire consacrés à des artistes célèbres ou des genres musicaux. Le formidable impact de la musique sur la promotion touristique nous a aussi intéressés ainsi que ce merveilleux patrimoine que constituent les chansons et les chansons de vacances.

Nous avons volontairement exclu pourtant les grands concerts de chanteurs ou groupes internationaux qui, à cause du nombre énorme de fans, parviennent lors de leurs tournées, à remplir des stades de football. Il s'agit d'événements sporadiques loin d'être liés à la tradition musicale à laquelle nous avons souhaité nous attacher.

Pour parvenir efficacement à démontrer le pouvoir de la musique, notez que nous avons enfin évité le discours théorique et recherché des exemples puisés dans l'immense répertoire international et avons tenté d'en mesurer l'impact sur le tourisme. Nous disons bien « tenter » car en dehors des lieux dotés d'une billetterie, nombreux sont les sites qui en sont dépourvus. Nous sommes donc privés par la même occasion de la possibilité d'en évaluer les retombées touristiques précises et avons dû nous livrer à des évaluations approximatives.

L'impossible comptabilité touristique

Dernière difficulté en effet : tous les publics d'un site, d'un musée, d'un festival n'entrent pas dans la catégorie consacrée des « touristes », soit une population consommant hébergement, restauration et déplacements. Bon nombre des visiteurs, souvent une grande majorité, appartiennent à la population locale ou de proximité. On ne peut donc qu'en de très rares occasions, attribuer une finalité totalement touristique à un équipement, un événement ou un territoire. Sans compter que les opérateurs touristiques, notamment les voyagistes ne sont pas légions, comme nous le verrons à la fin de l'ouvrage.

La contribution italienne : un éclairage lumineux

Quelques mots encore : pour donner à cet ouvrage, une tonalité européenne, nous avons sollicité l'un des pays ayant apporté une contribution majeure à l'histoire de la musique : l'Italie, notamment pour son immense apport au patrimoine musical mondial : l'opéra. Des incursions menées de l'autre côté des Alpes sur la péninsule nous ont donc permis de mettre en perspective la situation de la France, grâce à l'enquête de nos deux confrères : Roberto Lavarini et Rosantonietta Scramaglia, sociologues à l'université IULM de Milan.
Il faut aussi remarquer que, si l'on en croit une enquête réalisée en avril 2017 par le site lastminute.com associée à Spotify sur 8 000 internautes européens, ce sont les Italiens qui sont les plus motivés par des perspectives musicales : ils sont en effet 49% à se renseigner systématiquement sur les festivals et hot spots ou écouter de la bonne musique contre 30% seulement des Espagnols et 22% des Français. Autre caractéristique italienne : nos voisins sont les plus enclins à visiter des lieux mythiques liés à l'univers musical : ils sont 42% dans ce cas contre 31% des Espagnols et 36% des Français ! Mieux ! 78% des Italiens préparent une playlist avant de partir en vacances alors que les Français ne sont que 59% dans ce cas.

LA CHANSON AU SERVICE DE LA PROMOTION TOURISTIQUE

Un marketing gratuit et efficace

Les chansons qui chantent les villes, ont, dans des genres très variés, souvent contribué à leur notoriété touristique. Nées de la fantaisie d'un moment d'inspiration ou au contraire d'un véritable lien affectif, ces chansons sont encore loin d'être exploitées à leur juste valeur. Sur le plan touristique, s'entend.
Totalement prolifique dans ce domaine, la France qui a été très abondamment chantée par quantité d'interprètes, ne tire aucun parti de cet outil de promotion gratuit, sans cesse renouvelé et qui, plus est, trotte dans les mémoires à vie. Selon diverses études, les humains possèdent une mémoire musicale infaillible qui permet même aux plus récalcitrants de mémoriser au moins quelque 400 thèmes musicaux. C'est dire qu'il suffit d'avoir entendu quelques fois seulement une chanson sur Mexico, Rome ou Paris pour que l'on s'en souvienne toute sa vie et souhaite éventuellement leur rendre visite… histoire de vérifier si le mythe est bien conforme à la réalité. Sans vouloir être exhaustif, nous avons parcouru quelques-unes de ces villes en France, en Italie et un peu partout dans le monde.

FRANCE ET AILLEURS : DES CARTES TOURISTIQUES REVISITÉES

Josette Sicsic

Syracuse vue de Paris

Lorsque Bernard Dimey compose les paroles de Syracuse sur une musique d'Henri Salvador, cet artiste rebelle et déjanté qui force trop sur l'alcool et la fumée, ne sait sans doute pas grand-chose de cette ville sicilienne qu'il a contribué à immortaliser. On est au début des années soixante. Le duo Salvador/Dimey fait un tabac. La chanson reprise par Yves Montand devient d'autant plus rapidement un succès que sa musique se fredonne facilement tandis que sa poésie incite à l'évasion. Quel Français ne se surprend pas alors à rêver de débarquer dans le port de Syracuse, même si l'essentiel de la chanson mêle des destinations fantasques comme l'île de Pâques et les jardins de Babylone à Vérone et Kairouan ? La réputation de Syracuse est faite. Pour longtemps. Mais Syracuse, au fond de son golfe méditerranéen, sait à peine ce qu'elle doit à cette chanson-là. Peut-être attend-elle déjà qu'un grand ténor, Roberto Alagna, la célèbre un demi-siècle plus tard ?

Twist à Saint-Tropez ou *Capri, c'est fini*

Dans un autre genre, alors que la vague yéyé déferle sur les ondes et dans le cœur des jeunes Européens, un petit port de pêche du Var devient le centre du monde grâce à la popularité de l'une de ses habitantes les plus sculpturales : Brigitte Bardot. Séjournant dans sa villa de La Madrague, s'offrant généreusement aux photographes, la star assure la promotion de Saint-Tropez mieux que n'importe quelle campagne de publicité. Une chanson contribue cependant beaucoup au succès de la nouvelle station balnéaire : c'est *Twist à Saint-Tropez* chanté par Dick Rivers, un jeune Niçois épris de rock n' roll, vedette du groupe *Les Chats sauvages*. Il n'avait jamais mis les pieds à Saint-Trop ! On est en 1961. Le 45 tours se vend à quelque 300 000 exemplaires. Et cela, malgré le refus des musiciens du groupe de chanter sur scène le fameux tube.

Trois cent mille exemplaires, c'est beaucoup, mais c'est moins qu'une autre étoile filante qui envoûtera la France, la fera danser tout l'été et se vendra à 2,5 millions d'exemplaires. Signée par un jeune chanteur de 19 ans, totalement inconnu, qui a pris son énergie à deux mains et a diffusé son vinyle dans toutes les discothèques par ses propres moyens... cette chanson intitulée : *Capri, c'est fini !* révolutionne les hit-parades. Alternant en tête avec un autre tube : *Aline* de Christophe, *Capri* fait d'Hervé Vilar une star, et d'une petite île à la renommée déjà bien établie, le point de mire de toute une génération de jeunes boomers en rupture avec le monde sage et discipliné de leurs parents. Iront-ils pour autant à Capri ? Non. D'autant que la romance estivale d'Hervé Vilar se termine mal. Mais, en matière de notoriété spontanée, l'îlot pour milliardaires n'en est qu'au début de sa longue traversée des imaginaires touristiques européens.

Ile du premier amour, la chanson n'en dit pas beaucoup plus sur la géographie de l'île et ses atouts. Mais, l'essentiel est fait. La physionomie fantasmée de Capri prend le dessus sur une éventuelle réalité que l'on préfère d'ailleurs ne pas aborder. Capri s'inscrit en tête des hit-parades des destinations rêvées par le bon peuple français qui, en pleines Trente Glorieuses, s'offre le plaisir de profiter de ses toutes nouvelles trois semaines de congés payés.

L'inoubliable *Clair de lune*

Tous ces exemples ne peuvent cependant pas masquer l'un des plus grands succès inexpliqués de la chanson française, un certain *Clair de lune à Maubeuge* ! Composée en 1962 par un chauffeur de taxi parisien du nom de Pierre Perrin, remarquée par une certaine Aimée Mortimer, grande découvreuse de talents et artistes en tout genre, cette chansonnette projette sur le devant de la scène, une ville dont nul apparemment n'avait eu l'idée de rêver ! Sévère, sombre, à l'image d'un Nord sinistré, Maubeuge entre alors dans le Top Ten des hit-parades, pour 5 mois et, chantée par toute la France, se mue en une sorte de légende urbaine dont nul ne connaît les caractéristiques, mais dont tous connaissent Le *Clair de lune* ! Mieux, la chanson née du génie d'un amateur qui, lui non plus, n'avait jamais mis les pieds dans la ville qu'il chantait, devient un film dans lequel l'inégalable Bourvil interprète à son tour cette chansonnette vedette.

Du même coup, elle se maintient quelques mois de plus dans le peloton de tête des rengaines préférées des Français. 450 000 disques sont vendus, c'est à dire autant que *Riquita* de Georgette Plana et que *Les filles du bord de mer* d'Adamo, des tubes de cette même année 62 ! Et pourtant, le texte ne présentait pas de grandes qualités littéraires : « *Non, non, non, non... tout ça ne vaut pas... le doux soleil de Tourcoing.* » Mais, il en est ainsi des goûts du public et de la magie que certaines rengaines parviennent à déclencher dans les oreilles humaines. En tous les cas, durant des années, la ville de Maubeuge bénéficia des retombées de ce tube ! Et aujourd'hui encore, le site internet de l'office du tourisme reprend les paroles de la chanson et en propose une écoute. Tandis que les employés à l'accueil confirment : « *On y a droit à chaque fois : les gens viennent ici et fredonnent Le clair de lune* ». Enfin, ceux issus d'une certaine génération. Pas les jeunes. On s'en doute. Quant à madame Duflot, alors âgée de 20 ans, elle se souvient du pâtissier qui confectionna un gâteau en l'honneur du *Clair de lune* et de la parade triomphale de Pierre Perrin dans la ville. En guise de remerciement pour le « service rendu » !

Alexandrie et les autres

À croire que les chansons écrites par un auteur non concerné par le territoire dont il parle sont capables de véritables miracles sur le plan promotionnel. À croire aussi que les paroles les plus futiles donc les plus mémorisables sont autant un gage de succès que les phrases musicales un peu « simplettes » sur lesquelles elles s'inscrivent. De Maubeuge, il reste le « *non, non, non…* » et « *tout ça ne vaut pas !* », c'est-à-dire fort peu… ou en fait tout : une mélodie capable de s'accrocher dans les mémoires et des mots faciles à retenir. Ce fut aussi le cas de l'incomparable Alexandrie-Alexandra du sautillant Claude François. Certes, il était natif de la ville égyptienne, mais, « *les lumières, le phare, les sirènes…* » compensent à peine des fadaises telles que : « *j'ai plus d'appétit qu'un barracuda* »… ou autre : « *je boirai tout le Nil si tu ne m'reviens pas* » ! Reste le rythme de la chanson, embrasé qui plus est, par la présence des Clodettes, et qui continue, quarante ans après sa sortie en 1976 de faire danser toutes les générations. Il continue par la même occasion à les rappeler au bon souvenir d'une ville mythique qui, en ces temps troublés, ne demanderait qu'à regagner le cœur des touristes.
Un peu à la façon d'un célèbre slow célébrant *Portofino*, chanté par Dalida à la fin des années cinquante ou encore à la façon de l'opérette vedette de Francis Lopez *Le chanteur de Mexico* qui, modulé par Luis Mariano triomphe sur les scènes européennes et fait éclater le soleil de la capitale mexicaine. « *Mexico… sous ton soleil qui chante* » : la ville se résume à quelques vagues clichés et au sourire étincelant du ténor. Mais, il n'en faut pas beaucoup plus pour que le Mexique s'installe dans le cœur du public et le fasse rêver. L'opérette d'ailleurs a largement contribué au succès d'autres capitales régionales andalouses comme Séville et Cadix. Inutile de repréciser pourquoi. Mais à l'inverse, notons qu'un immense succès comme « Si tu vas à Rio » chanté par le débonnaire et ventripotent

Dario Moreno, est beaucoup plus éloquent sur la capitale évoquée que les airs d'opérette. Dans « *Si tu vas à Rio… n'oublie pas de monter la haut* », sont décrites par le menu des scènes de fête, l'enthousiasme des Cariocas pressés d'aller danser la samba ainsi que la beauté des Brésiliennes.

Tout un univers se dessine et toute une mythologie continue de se forger, à travers la musique et surtout l'interprétation d'un artiste de génie qui, un demi-siècle plus tard, constitue l'un des meilleurs porte-paroles de Rio de Janeiro. Car, si les paroles s'estompent, les musiques, leurs rythmes et leur tempo restent incrustés dans nos neurones beaucoup plus solidement que les mots.

Les chansons émotion : *Barbara* et *Nantes*

Dans une toute autre veine, de nombreuses chansons de variété ont été écrites dans le souci du verbe par des artistes inspirés qui, chacun à sa façon, cherchait à traduire en musique et en paroles son histoire. De ces voyages identitaires, de ces morceaux de vie heureux ou douloureux, sont nés des chefs d'œuvres que l'on retient tout autant que les rengaines précédentes et que les villes s'emploient un peu plus à célébrer.

En 1964, Barbara délivre l'un de ses plus beaux messages à travers l'une de ses œuvres les plus émouvantes. De plus en plus connue et appréciée du grand public, la « longue dame brune », en hommage à son père, chante Nantes, la rue de la Grange aux loups, les hommes assis près d'une cheminée, la pluie, le silence, la souffrance d'une jeune femme. Vingt ans plus tard, rendue immortelle par le succès de cette chanson, la ville de Nantes reconnaissante, décide de rendre hommage à la chanteuse. En 1986, à l'initiative d'un élu local : Pierre Queil, on inaugure une rue de la Grange au Loup. Rue qui n'existait pas, car Barbara avait inventé ce nom de toutes pièces pour les besoins de sa chanson. Mais, les touristes de passage qui l'entendaient d'une autre oreille, voulaient une vraie rue. Barbara viendra l'inaugurer en compagnie de Gérard Depardieu.

Quelques années plus tard, c'est une Allée Barbara, bordée des roses qui sont si chères à la chanteuse qui est également inaugurée sur le plan de la ville. Suit l'installation d'une statue de la chanteuse, tandis que le musée du Château des Ducs est fier d'exposer la partition de la chanson que Barbara n'aura finalement jamais le courage de chanter pour les Nantais. Blessure d'enfance, Nantes aujourd'hui considérée comme l'une des grandes métropoles culturelles françaises, fera toujours mal à celle qui s'en est faite la meilleure interprète. Mais, Göttingen n'est-elle pas l'une des autres cités qui doivent le plus à la chanson et à la chanteuse ? En

1964, Barbara a failli annuler le concert qu'elle devait y donner : pas de piano à queue conforme à sa demande. Finalement, après maintes péripéties, le concert à lieu et l'accueil est enthousiaste… Barbara entonne alors une esquisse de ce qui deviendra l'un de ses grands succès et démontre l'extraordinaire pouvoir de réconciliation que peut avoir une chanson.

Elle, l'enfant juive qui a échappé à l'enfer, plaide pour « *les enfants blonds de Göttingen, qui sont bien après tout les mêmes* » que ceux de Paris.

Autre exemple de modélisation du territoire touristique d'une ville par une chanson : Dans *Nathalie*, Gilbert Bécaud évoque un café Pouchkine, un café qui n'existe pas. Ni à Moscou, ni ailleurs. Des décennies plus tard, un entrepreneur russe ouvre donc un café Pouchkine afin de répondre aux attentes des très nombreux touristes qui viennent à Moscou et en cherchent l'adresse !

San Francisco : *La maison bleue*

Si l'on traverse l'Atlantique, dans les hauteurs de San Francisco, un chanteur français a également influencé le tourisme local. C'est Maxime Leforestier dont la chanson « La maison bleue » est grimpée en tête des hit-parades des années soixante-dix pendant des semaines. Située sur la dix-huitième rue, cette maison somme toute banale arbore aujourd'hui une plaque rendant hommage au chanteur. Ce qui lui permet d'attirer bon nombre de touristes francophones. Car, la maison est désormais répertoriée sur tous les guides et sites internet dont Tripadvisor.

Toulouse et Claude Nougaro : une histoire d'amour

Autre ville, autre histoire. Quand en 1967, Claude Nougaro, toulousain de naissance et de cœur consacre à sa ville natale une chanson, il a trop souffert entre les murs roses de Toulouse pour se montrer tendre avec eux. Il faudra donc attendre une seconde version, plus de 10 ans plus tard, pour que la capitale de Midi-Pyrénées gagne ses faveurs et inspire au poète une vraie chanson d'amour qui rencontra immédiatement son public. Car, entre-temps, Nougaro a redécouvert sa ville qui lui a d'ailleurs bien rendu l'affection qu'il a déployée pour elle, à sa mort. Non seulement, le chanteur y est enterré, mais le carillon de la basilique Saint Sernin où eurent lieu ses obsèques égrène les notes de cette chanson, tandis que sous le Pont Neuf, les paroles d'un autre succès : *C'est une Garonne* sont entièrement retranscrites sur une plaque. Mieux, en 2014, pour commémorer ses dix ans d'absence, la Mairie organise un grand concert en son honneur. Tandis que l'office de tourisme organise des visites guidées sur les pas du chanteur, sous la houlette de sa fille, Cécile. Des visites qui attirent un nombre non négligeable d'amateurs de chansons désireux de combiner tourisme et musique. Inutile de préciser que la notoriété du chanteur et les innombrables diffusions de ses chansons sur les ondes n'en finissent pas non plus de promouvoir la ville rose.

Sète, la voix immortelle de Georges Brassens

À quelques encablures de Toulouse sur les bords et sous le ciel électrique de la Méditerranée, une ville entière se consacre également à la mémoire de son plus célèbre natif : Georges Brassens. Certes, Brassens n'a pas souvent évoqué la ville dans ses chansons, excepté dans sa merveilleuse *Supplique pour être enterré sur la plage de Sète*. Mais, il aimait, profondément sa ville natale, en parlait et surtout y revenait fréquemment passer ses vacances, histoire de lui prouver sa fidélité. (lire aussi le chapitre « musées »).

De Vesoul à Bruxelles ou Amsterdam

Parmi d'autres exemples, notons encore des chansons au caractère hybride. En 1964 par exemple, le grand Jacques Brel au faîte de sa carrière, entonne : *Amsterdam*. Une chanson crue, forte, tonitruante dans laquelle le port, la détresse et la débauche des marins d'Amsterdam l'emportent largement sur l'imagerie tranquille des canaux, des maisons bourgeoises et des brumes du nord. La France entière s'éprend de la chanson, comme elle s'éprend d'ailleurs de deux autres chansons de Jacques Brel consacrées à une ville : *Bruxelles* décrite à la belle époque des « *femmes en crinoline et des bus à impériaux* », et surtout Vesoul, une drôle de valse plaquée sur une drôle d'histoire tout en quiproquos et en hasards, évoquant une bien drôle de ville qui plante aussitôt son drapeau sur la carte de France. Tandis que Bruxelles, auréolée par le succès de son expo commence à briller dans le ciel des escapades urbaines. En ces années soixante où la vague yéyé balaie tout sur son passage, le talent de Jacques Brel totalement épargné par le twist, le madison et les vibrations du Golf Drouot, y est indéniablement pour beaucoup.

Je reviendrai à Montréal : la poésie de Charlebois

Une capitale comme Montréal doit pour sa part, beaucoup à un artiste emblématique de la chanson québécoise : Charlebois. D'ailleurs, celui-ci revendique fièrement son influence sur le tourisme local. « *L'office du tourisme pourrait me payer,* plaisante-t-il, *pour le travail que je fournis !* » Il faut dire que, dans *Je reviendrai à Montréal*, l'une des chansons les plus chères au cœur des Québécois, l'artiste a donné non seulement beaucoup de lui-même, mais il a su glisser une série d'images représentatives du long hiver canadien dont la poésie reste à ce jour inégalée. « *Les aurores boréales, leur lumière, la neige, les roses bleues et d'or, le silence, le froid descendu du Labrador, le vent de la mer, les remparts blancs de l'hiver…* » En quelques minutes, Montréal prend corps à travers des mots et des sons et offre une sorte d'hymne local que beaucoup de visiteurs fredonnent durant leur séjour. « *J'adore cette chanson, c'est elle qui m'a donné envie de me rendre à Montréal.* » … « *Charlebois et Félix Leclerc, ont guidé mes pas jusqu'au Québec.* » Parmi tant d'autres, ces verbatim confirment le rôle de locomotive promotionnelle d'une chanson dédiée à une ville. Pourtant, Tourisme Montréal, dont l'excellence en marketing n'est plus à démontrer, n'exploite ni la renommée du chanteur ni le charme indescriptible de la chanson. Hélas, ils ne sont pas les seuls dans ce cas.

L'indifférence de Marseille et Paris

Que dire en effet d'une ville comme Paris capable d'afficher une liste interminable de titres consacrés à ses rues, ses places, ses marchés, capable de compter dans quasiment tous les quartiers des adresses de chanteurs célèbres dans le monde entier, et qui, pourtant n'en fait pas grand-chose sur le plan touristique ? De temps en temps seulement, un amateur de chansons érudit conduit des circuits, à son propre compte, à Montmartre, autour de la Bastille, à Saint-Germain-des-Prés, qui cumulent une partie de l'histoire du jazz et de la chanson. Mais, faute de promotion, le public est rare et les recettes sont maigres. Alors, que Londres pour sa part, ne néglige pas les rock tours sur le thème des Beatles et la visite des studios mythiques d'Abbey Road, tandis que New York invite depuis fort longtemps les amateurs de jazz à parcourir les rues et les clubs les plus emblématiques de cette musique ?

Que dire encore de Marseille, l'autre grande capitale française de la chanson de variété et de l'opérette où s'inventent toujours des musiques actuelles au goût de Méditerranée ? Que dire enfin de Narbonne et du peu de cas qu'elle fait de son merveilleux « fou chantant » ? Certes, Narbonne organise un festival en l'honneur du chanteur. Mais, le musée consacré à Charles Trénet est loin de traduire la carrière et l'influence musicale de celui qui a ré inventé la chanson française de variété dans les années trente, sur des airs de jazz.

Complices, souvent amies, les villes et les chansons entretiennent donc des rapports parfois discrets ! Pourquoi ? On se le demande. Mais, fort heureusement, ce n'est pas partout le cas et ça ne l'est surtout pas pour le tourisme irlandais qui a tiré le plus grand bénéfice promotionnel de la chanson de Michel Sardou : *Connemara*, une région où le chanteur n'avait jamais mis les pieds !

LE CAS ITALIEN : VARIÉTÉS ET CHANSONS POPULAIRES

Rosantonietta Scramaglia

De l'autre côté des Alpes, la chanson défend-elle les couleurs italiennes avec autant ou aussi peu de panache qu'en France ? En partie. Les Italiens rendent hommage à quelques localités quasiment inconnues des étrangers, sur le ton de la chanson populaire et célèbrent leurs villes vedettes sur le ton d'une chanson de variété qui a largement traversé les frontières et contribué à sa promotion. On connaît peu hors frontières l'histoire du *Tamburo della Banda d'Affori* (Le Tambour de la Fanfare de Affori), composé en 1942 qui évoque la fanfare G. Donizetti fondée en 1853 à Affori, une petite ville près de Milan, devenue ensuite l'un de ses quartiers. Beaucoup ont vu dans le refrain une allusion au fascisme. Par conséquent, la rengaine s'est très vite répandue dans les milieux anti-fascistes et est devenue un succès. Autre exemple de chansonnettes très connues célébrant l'Italie en Italie : *I pompieri di Viggiù (*Les pompiers de Viggiù*)*, qui ridiculise les sapeurs-pompiers, mais fait connaitre Viggiù. Tandis que la tour de Pise bénéficie d'une chanson dès 1939 qui évoque sa tour penchée et donne le goût de la destination.

Un voyage en Italie

En fait, les Italiens ont surtout eu à cœur de chanter l'Italie et ses villes, avec des mélodies dont, c'est un point intéressant, les textes reproduisent encore les stéréotypes hérités du Grand Tour. Exemple : si l'on observe les italianismes circulant dans le hip hop, on peut remarquer que les champs sémantiques les plus évidents à la fois positifs et négatifs sont : la sentimentalité, le romantisme, la dolcevita, la nourriture et ses saveurs dont les ingrédients de marque sont les « spaghetti », la « pasta », « pizza », « mozzarella », « macaroni », « salami ». Autres registres : la mode avec Dolce & Gabbana, Prada, Gucci, l'art et l'histoire avec Mona Lisa, Machiavel, le design et les voitures de luxe, Pirelli, Lamborghini, Ferrari, Maserati, sans compter le répertoire lié à la famille et la criminalité organisée : « Beretta » « Mafia » ! Le succès mondial de la chanson : *L'italien,* de Toto Cotugno qui, en 1983 propose l'image du véritable Italien « *avec la guitare à la main (...) les spaghetti al dente (...) le café expresso* » témoigne avec éclat de la persistance de ces stéréotypes.

Mais les stéréotypes les plus vivaces concernent indéniablement les villes de la péninsule et les sites touristiques les plus pittoresques.

Venise, une accumulation de clichés romantiques

La muse des muses, la vedette incontestée du tourisme international, lascive le long de ses canaux, au pied de palazzi d'un luxe et d'un raffinement inaltérés, domine probablement le palmarès. Même en France, l'inoubliable *Que c'est triste Venise*, écrit par Françoise Dorin et chanté par Charles Aznavour en 1964, puis traduit en italien en 1971, a été un tube qui, au cœur des Trente Glorieuses, a séduit la France entière qui s'est alors éprise de la cité des Doges et a rêvé d'y passer un séjour romantique. *Torneremo a Venezia* (Nous reviendrons à Venise) chantée par Albano et Romina Power en 1993, ne déroge pas à la règle. On y retrouve tous les clichés de l'ancienne principauté : « *Lune de miel, eau et brouillard, place San Marco, cafés, librairies…* »

Seule exception, dans *Miracolo a Venezia* (Miracle à Venise) écrite en 1985, la sérénissime bénéficie d'un traitement réaliste et alarmiste. Les problèmes majeurs de la ville tels la muséification et l'exode des résidents, la pollution de l'air et de l'eau dans la zone industrielle de Marghera y sont dénoncés… Mais, pas suffisamment pour dissuader le touriste, surtout lointain, de venir profiter de l'un des plus beaux spectacles touristiques urbains du monde.

Gênes, Bologne : de Paolo Conte à Lucio Dalla

Paolo Conte, pour sa part, a dédié en 1975 une chanson très connue à Gênes : *Genova per noi (Gênes pour nous)* qui révèle les impressions qu'une ville de bord de mer comme Gênes peut susciter sur un habitant de l'arrière-pays piémontais. D'un côté, c'est la province, avec son environnement traditionnel et banal, de l'autre, ce sont les mythes de la grande ville dans l'esprit du provincial. Enfin, Lucio Dalla, récemment décédé, est né à Bologne. Il a donc consacré *Piazza Grande*, à sa ville natale, une chanson présentée au Festival de Sanremo en 1972, initialement destinée à être interprétée par Gianni Morandi. Mais, Dalla était tellement attaché à sa ville qu'il a fini par l'interpréter et à en faire l'une des œuvres les plus emblématiques de son répertoire.

Arriverderci Roma : cap sur la dolce vita !

Quant à Rome, la ville éternelle, elle n'a jamais été oubliée par les compositeurs. Pour elle, en 1934, on a créé *Quanto sei bella Roma* : un hymne à la beauté sans égal. Vingt ans après, Renato Rascel chante deux autres succès : *Roma nun fa la stupida stassera* (Rome, ne soit pas stupide ce soir) et surtout en 1955, la célèbre *Arrivederci Roma* (Au revoir Rome) qui connaît un succès planétaire et contribue grandement à la renaissance touristique de la capitale italienne. Les années cinquante sont celles d'une Rome très à la page, où parmi un décor irremplaçable de monuments antiques, on s'adonne à la Dolce Vita, non loin de la fontaine de Trevi. En 1960, la fontaine sera en effet la vedette de l'un des épisodes les plus connus du cinéma italien : *La dolce Vita* de Federico Fellini où Anita Ekeberg, errant dans la nuit et dans les ruelles de Rome, retrouve Marcello Mastroianni. Une scène mythique du cinéma mondial et une chanson qui, en 1957 permet à son auteur de tourner à Hollywood, aux côtés du ténor Mario Lanza. C'est ainsi que le film intitulé *Arrivederci Roma* est né, et que la même année, Rascel a été aussi contacté par Tino Rossi, qui lui a demandé l'autorisation de faire la version française de sa célèbre chanson.

Une trentaine d'années plus tard, en 1983, les Matia Bazar avec *Vacanze romane* (Vacances romaines) reprennent le thème de la chanson de 1955, mais d'un point de vue plus désenchanté. Le groupe obtiendra les Prix de la Critique au Festival de Sanremo et restera en haut des hit-parades pendant quatre mois avec cette chanson qui fait allusion à l'image de Rome comme capitale incontestée d'une dolce Vita, enviée et convoitée par les touristes de l'après-guerre heureux de renouer avec la paix et la joie de vivre. Dans les années 1970 et 1980, le chanteur-compositeur-interprète roman Antonello Venditti dédie à la capitale plusieurs autres succès comme *Roma capoccia* (Rome chef) de 1972. Une chanson dans laquelle l'auteur rappelle les anciennes gloires, les paysages, mais aussi, et surtout, l'âme sombre qui plane toujours sur la ville éternelle.

Naples, berceau de la chanson populaire napolitaine

Enfin, un voyage en Italie ne peut éviter Naples, sur les notes de *Napule* (Naples) par Pino Daniele. Dans cette chanson de 1977, l'auteur n'esquisse pas la ville à travers ses monuments, ses beautés artistiques, ses paysages, il évoque plutôt son atmosphère par des sons, des couleurs, des odeurs et ne manque pas de dénoncer les problèmes sociaux de la ville et la dégradation à laquelle les Napolitains se sentent résignés. En contrepartie, il rend honneur à leur imagination, générosité, perspicacité, ingéniosité et convivialité.

La chanson napolitaine mérite cependant d'être traitée à part, car elle est bel et bien à part. Contrairement aux autres chansons régionales italiennes, la chanson napolitaine a réussi non seulement à être connue dans le monde entier, mais aussi à être chantée autant par les classes populaires que par l'élite des ténors. Très ancrée depuis des siècles dans la tradition musicale locale, elle a conquis au dix-neuvième siècle, des compositeurs comme Rossini, Bellini et Donizetti. Il semble en effet que Bellini aurait mis en musique la célèbre *Fenesta ca lucive* (Fenêtre qui était allumée) de 1842, et Donizetti *Te voio bene assaie*! (Je t'aime beaucoup), car à cette époque il vivait à Naples. Il est certain que l'heureuse combinaison de tous ces éléments a créé un phénomène unique générant une réponse touristique majeure. On se demande d'ailleurs si cette alchimie exceptionnelle est due à la nature extraordinaire des lieux qui ont inspiré les chansons ou si, au contraire, ce sont plutôt les capacités extraordinaires des musiciens et des poètes comme Salvatore di Giacomo qui les ont rendus aussi magiques et attrayants aux yeux des touristes !

À cela, il faut ajouter les circonstances historiques favorables qui ont conduit à la naissance de la chanson populaire dans la période où Naples était la capitale du Royaume des Deux-Siciles. Plus précisément, la chanson napolitaine naît au milieu du XIXème siècle à Piedigrotta, un quartier proche de la gare. Là, depuis des milliers d'années avaient lieu les fêtes liées d'abord aux rites priapiques païens qui furent remplacés à l'ère chrétienne par les fêtes de Notre-Dame le 8 septembre, qui attiraient les Napolitains dans la chapelle de la Vierge au Serpent devenue l'église de Sainte-Marie de Piedigrotta.

La veille du 8 Septembre 1835, Raffaele Sacco, un opticien, tout en célébrant la fête avec des amis, commence à chanter *Te voio bene assaie !* Et ce refrain passionné se propage rapidement dans la ville entière qui le reprend en choeur. La chanson napolitaine est née. Étant donné le succès de ce refrain, l'année suivante, on a l'idée de créer un concours de nouvelles chansons dont le gagnant est désigné par le public. Vont ainsi s'affirmer d'autres chansons célèbres telle l'immensément connue : *Funiculì funiculà* qui est liée à l'ouverture en 1880 du funiculaire qui permettait de rejoindre le sommet du Vésuve. Pour surmonter la méfiance des Napolitains qui lui préféraient les ânes à cause du bruit métallique causé par ce nouveau moyen de transport, on avait préparé à la hâte une chanson gaie, que des ténors comme Pavarotti et Bocelli ont ensuite reprise suscitant chaque fois un enthousiasme immense de la part des spectateurs.

Sorrente et le souvenir de Caruso

Quelques mots enfin sur les rapports harmonieux entre la musique et la merveilleuse Sorrente. Au cœur de cette perle touristique proche de Naples, un hôtel est fier de rappeler que Caruso, le plus grand ténor que compta l'Italie, y séjourna, après une opération du poumon. C'est l'hôtel Excelsior Vittoria où l'on peut toujours visiter sa suite et boire un verre sur la terrasse. Un honneur et un bonheur que les amateurs d'opéra ne se refusent pas. Mais, l'histoire n'est pas finie...

Quand, en 1986, le bateau du chanteur contemporain Lucio Dalla eut une panne au moteur, celui-ci dut séjourner une nuit à Sorrente. À l'Hotel Excelsior Vittoria, on lui attribua la chambre d'Enrico Caruso, avec ses meubles somptueux, ses miroirs, sa cheminée et son piano. Dalla en fut si reconnaissant qu'il promit à la propriétaire de composer une chanson en souvenir de cet épisode. Ainsi, est née l'une de ses chansons italiennes les plus populaires de ces dernières années : *Caruso,* où il chante l'amour que le ténor, déjà malade, ressentait pour la jeune fille qui, à ce moment-là étudiait pour devenir soprano et qui avait réussi à obtenir une audition par Caruso dans cette même pièce.

Un an après la mort de Lucio Dalla, l'Hôtel Excelsior Vittoria a aussi voulu lui rendre hommage en lui dédiant une suite égale à celle de Caruso, avec la même vue sur la mer étincelante qui a inspiré sa chanson. Le souvenir de Lucio Dalla a ainsi rejoint Caruso, Richard Wagner, Marilyn Monroe et Sophia Loren. La magie de Sorrente sur les musiciens et les artistes en a d'ailleurs fait en 2014 la septième ville italienne la plus visitée par les touristes étrangers selon l'Hotel Price Index.

MUSIQUE & TOURISME

LES CHANSONS DE L'ÉMIGRATION AU SERVICE DU MAL DU PAYS

Rosantonietta Scramaglia

Puisqu'il est question de chansons célébrant des territoires dont certains sont devenus touristiques, nous ne pouvons faire l'impasse sur les chants de l'émigration. Surtout concernant un pays comme l'Italie qui, en l'espace d'un siècle, de 1876 à 1976, a perdu environ 27 millions d'habitants, un nombre égal au total de la population de la péninsule au moment de l'Unification. À cette époque, l'émigrant devient le héros d'une saga mélodramatique populaire pleine d'émotion et de douleur dont bon nombre de chansons symbolisent l'épopée. Nostalgiques, souvent désespérées, ces mélodies dont certaines ont été des succès, contribuent à forger dans les régions d'accueil une image idéalisée du pays perdu.

Très développés dans le cas de l'Italie, ces chants de l'exil l'ont aussi beaucoup été en France, par les immigrés du Maghreb qui, dans les grandes agglomérations comme Marseille ou Paris, se retrouvaient dans de modestes cafés ou des cabarets plus luxueux pour évoquer les affres de l'immigration, le souvenir du pays perdu, à travers musiques et chansons. Traversant les murs de leur exil, ces chansons sont devenues pour les plus belles, des succès contribuant à faire connaître à la population hexagonale un ailleurs désirable, à force d'être sublimé par la nostalgie des migrants. C'est toujours le cas d'autres régions d'Afrique, des Antilles, de la Caraïbe et autres pays d'Amérique latine.

Le mythe américain et le voyage des Italiens

Mais, si dans l'héritage des chansons populaires italiennes les plus connues, on trouve des chansons évoquant le conflit entre enfants et parents ou d'autres évoquant les drames et les naufrages occasionnés par des traversées périlleuses (comme celui du Sirius où 300 migrants ont perdu la vie), ou encore des villes d'accueil comme Milan, Turin, Gênes, l'exil a surtout fait éclater le génie de l'exceptionnel Enrico Caruso. Un chanteur qui est devenu le meilleur ambassadeur de l'Italie dans le monde.

Dans les décennies allant de la fin du XIXe siècle au début du XXe, alors que quatre millions d'Italiens ont pris le chemin des États-Unis, en particulier de New York qui a accueilli environ un tiers d'entre eux, c'est sans aucun doute le célèbre ténor qui a le plus contribué à donner au monde le goût de l'Italie. Quand il arrive à New York en 1903 pour chanter au Metropolitan Opéra House, cet immigrant célèbre est en effet acclamé comme un héros par ses compatriotes qui voient en lui une occasion d'affirmer la valeur de la communauté italienne. Applaudi par des milliers de « ritals » en délire qui lui font une ovation et le transforment en ce leader emblématique dont ils ont besoin, le chanteur devient rapidement le symbole de la diaspora italienne et le meilleur porte-parole d'une péninsule pauvre, dévastée par la guerre et la famine. Reconnaissantes New York et Brooklyn en particulier, les villes qui ont fait de lui un ténor mondialement connu, ont gratifié Caruso d'un musée que de nombreux touristes italiens viennent encore visiter. Pour la petite histoire, Caruso a également le mérite d'avoir donné une impulsion à l'industrie du disque en en vendant des milliers à travers le monde sur lesquels sont gravés des hommages à l'Italie. Une promotion incomparable.

L'Italie chantée hors frontières

Enfin, puisque l'immigration italienne a produit l'une des expressions artistiques les plus typiques de la culture italienne, peut-être la plus typique, on ne compte pas les succès planétaires des chansons issues des différentes régions de la péninsule, interprétées non seulement par des artistes nationaux comme Andrea Bocelli, mais aussi par des artistes étrangers : qui ne se souvient pas de *It's now or never*, la version célèbre de *O sole mio*, chanté par Elvis Presley ? Ce fut son plus grand succès, avec vingt millions d'exemplaires vendus.

En fait, depuis le XIXe siècle, la musique est un élément central du *Made in Italy*, qui atteint des sommets commerciaux insoupçonnés quand Enrico Caruso en particulier délaisse les airs d'opéra pour les remplacer par des chansons populaires comme *Marechiare, Torna a Surriento, Funiculì funiculà* et *Te voglio bene assai*. Toutes des tubes internationaux, grâce à l'essor de l'industrie du disque et de la radio. La voix du ténor dans les chansons napolitaines a même continué de plaire après-guerre, avec des idoles que des tournées triomphales mèneront jusqu'au Carnegie Hall de New York, dont le répertoire repris dans les années quatre-vingt-dix par Renzo Arbore et son orchestre italien continueront de faire vibrer les foules.

Parmi les « ambassadeurs de la chanson italienne dans le monde » notons également des dizaines de chanteurs étrangers poussant la chansonnette en italien. Des dizaines d'Allemands, des Français, des Turcs, des

Américains, des Suédois, des Canadiens : de Alice & Ellen Kessler à Juliette Greco et Françoise Hardy, de Sacha Distel à Charles Aznavour et Paul Anka. Sans compter, encore plus nombreux, ceux qui ont exporté la langue et la culture italienne dans leur propre pays, à savoir l'Amérique.

Des crooners, la plupart enfants d'immigrés, tels Vic Damone, Perry Como, les incomparables Dean Martin, Frank Sinatra et les ténors Mario Lanza et Sergio Franchi. Encore plus récemment, d'autres ambassadeurs de la chanson italienne ont vécu en personne l'émigration, comme le belge Salvatore Adamo qui a multiplié les succès depuis plus d'un demi-siècle et ne rate jamais une occasion de rappeler ses origines. Nevio Passaro, en 2007 a également obtenu un énorme succès en Allemagne avec une chanson en italien : *Amore per sempre,* atteignant la deuxième place des hit-parades.

LES MUSIQUES QUI FONT DANSER LES TOURISTES

L'heure du renouveau

Josette Sicsic

Certaines destinations ont toutes les peines du monde à ne pas confondre leur image avec celle de genres musicaux qui, la mondialisation aidant, ont conquis la planète. Ainsi, en va-t-il de l'Argentine avec le tango et, du Brésil avec la samba, de Cuba et de sa salsa, de la Jamaïque et du reggae et de tant d'autres. En Europe, c'est probablement le flamenco originaire d'Andalousie qui, aujourd'hui, fait danser le plus les touristes. Pourquoi ? Probablement grâce à sa vitalité, ses capacités de renouvellement et l'incroyable communication de la région et de la ville de Séville autour de cette danse qui allie chants et chorégraphies.

L'ARGENTINE ET LA TANGOMANIA

Le grand écrivain Jorge Borgés était formel : *« le tango est le produit argentin le mieux exporté sur la surface de la terre ! »*. On ne pouvait pas si bien dire ! Plus de soixante-dix ans après cette déclaration, le tango est classé par l'UNESCO au patrimoine mondial immatériel de l'humanité. Une consécration d'autant plus remarquable que ce genre musical appartient à la catégorie des musiques populaires, de celles qui naissent du génie des gens ordinaires, et dans le cas du tango, du génie d'immigrés européens venus tenter leur chance dans ce nouvel eldorado sud-américain. Musique égrenée par un drôle de petit instrument probablement issu du plus profond de l'Allemagne : le bandonéon, le tango a surtout l'idée géniale de se doter de voix chaudes et mélodieuses qui en feront la renommée et, d'une gestuelle qui l'érige au rang de danse de salon et en assure rapidement le succès. En 1913, à Paris, selon la revue La Renaissance, *« les deux endroits où le tango se manifeste de la façon la plus grandiose sont Luna-Park et Magic-City »*. Situés dans les beaux quartiers de la capitale, ces deux établissements où se côtoient une double clientèle d'Argentins et de Parisiens, sont probablement à l'origine du déferlement inouï auquel Paris assiste dans ses bals, ses fêtes privées et autres cafés-concerts.

Les professeurs de tango font fortune, les chausseurs et les couturiers également, tandis que les danseuses et les danseurs serrent les dents courant d'un Apéro tango à un Thé tango ou un Souper tango … Il faut dire que la capitale française bénéficie alors en partie de la notoriété de ce Français né à Toulouse et débarqué à Buenos Aires en 1892 : l'immense Carlos Gardel, dont la mort prématurée en 1935 laissera éplorée la moitié de la planète. En ces années folles, Paris n'est pourtant pas le seul haut lieu du tango. En Espagne, à Madrid et à Barcelone, se confirme le triomphe du bandonéon, en Italie et dans toute l'Amérique latine aussi, alors que Buenos Aires, en pleine ascension économique n'en finit pas de peaufiner les accents de ses mélodies et les nouvelles acrobaties de ses danseurs.

Mieux ! Dans les années qui suivront la guerre, la vogue du tango ne se calme pas. Puis, bien qu'éclipsée pendant quelques années par le rock et le yéyé, la musique du Rio de la Plata ne tarde pas à revenir inonder les *penas* et les salons de la capitale française. D'autant que, chassés par les dictatures militaires, les artistes argentins y sont particulièrement bien reçus. Ainsi, au début des années quatre-vingt, rue des Lombards, dans le quartier des Halles à Paris, les Trottoirs de Buenos Aires accueillent aussi bien les grandes voix du tango comme celles de Suzana Rinaldi, ou la gestuelle élégante des danseurs d'Alfredo Arias, tandis que le Quartetto Cedron fait salle comble. Tout comme les concerts du grand orchestre de Mosalini. Le groupe des Argentins de Paris, mené par d'autres artistes comme Topor et surtout Jérôme Savary et son Grand Magic Circus, était au fait de sa gloire.

Un tango dans la pampa

Ces raisons historiques suffisent-elles à expliquer l'engouement des Français pour cette musique ? En partie. Mais en partie seulement. La qualité de la musique, ses capacités de renouvellement, l'existence d'une nouvelle scène capable d'intégrer de nouveaux sons et instruments sont d'autres arguments en faveur du succès de cette musique qui n'en reste pas moins emblématique de son pays d'origine et lui assure à longueur d'année une promotion régulière, avec des pics durant les nombreux festivals qui se déploient à travers le monde. Bien que les voyages à forfait en Argentine restent le fait d'une minorité de touristes, ceux-ci

sont largement programmés par les voyagistes. En France, de Kuoni à Voyageurs du monde, il n'est pas un tour opérateur qui n'inclut pas le mot tango dans le nom de l'un de ses circuits. « Un tango dans la pampa » compte d'ailleurs parmi les titres de circuits les plus utilisés.
Certes, la plupart de ces visites se limite à Buenos Aires et à une soirée dans une salle de La Boca ou du Barrio Norte durant laquelle on dîne et on danse au son des bandonéons. Mais, quelques spécialistes conçoivent également des séjours sur mesure, nettement plus sophistiqués, entièrement consacrés à la découverte de la célèbre danse. Entre le café Tortoni, le plus ancien de la capitale, et les « milongas » traditionnelles, les participants ont droit à des cours d'initiation au tango, privatifs ou collectifs ainsi qu'à des spectacles inédits. Plutôt coûteux, ces séjours haut de gamme ne conviennent cependant pas à toutes les bourses. Les amateurs font donc le plus souvent cavaliers seuls. Une fois en Argentine, munis de quantité de « bonnes adresses », ils se débrouillent en fonction de leurs goûts, leurs aptitudes, leur budget, la durée de leur séjour. Il en est même certains qui s'expatrient complètement durant plusieurs mois afin de perfectionner leur maîtrise de cette danse envoûtante.

De Pékin à Tokyo : on danse le tango

Alors que Paris vibre au rythme du tango depuis près d'un siècle et connaît un formidable renouveau, notons que le tango compte un nombre impressionnant de radios, de revues et de sites internet, dans toutes les langues, fournissant pour la plupart une histoire de cette danse mythique, mais également la liste des lieux où l'on peut écouter, danser, s'initier, se perfectionner au tango. Au programme, non seulement la capitale argentine, mais aussi une longue liste de villes du monde telles Paris, Madrid, Barcelone... Au programme encore : des classiques dont les tubes n'en finissent pas de s'écouler sur les ondes, mais également la jeune scène argentine en perpétuel mouvement qui s'exporte d'autant plus facilement que le public est au rendez-vous.
Signe de la passion que déchaîne cette musique, le Mundial de Tango qui se déroule à Buenos Aires durant l'été et totalise 500 000 participants, a accueilli 25% de visiteurs en plus, en 2013 dont 70 000 touristes. Un exploit d'autant plus encourageant que les touristes en provenance d'Europe constituaient un tiers du public devant les Américains : 25,7% et les ressortissants des pays limitrophes : 17,4% ! Mieux, les participants au concours venaient de nombreux pays européens, asiatiques et américains. Rien de surprenant puisqu'en 2010, la première « milonga »

chinoise a ouvert à Pékin alors que Moscou compte déjà des dizaines de clubs de tango où les Russes des classes moyennes et supérieures viennent déployer leurs talents de danseurs.

BRÉSIL : SAMBA ET CARNAVAL

Voisin de l'Argentine, le Brésil est également synonyme de rythmes, de sons et de voix qui n'en finissent pas de faire le tour du monde et de séduire des dizaines de millions d'amateurs. Preuve de la passion que cet immense pays porte à sa musique, l'aéroport international de Rio de Janeiro a d'ailleurs pris lui aussi le nom de l'un de ses plus célèbres musiciens : Tom Jobim, l'incomparable co-auteur avec Vinicius Moraes, d'une chanson qui s'est exportée sur tous les continents et s'est vendue à quelque 300 millions d'exemplaires : *La garota d'Ipanema* (La fille d'Ipanema). Non contente d'être un succès planétaire depuis 1963, cette chanson, l'une parmi les centaines écrites par le musicien, a également popularisé une danse : la bossa-nova, un rythme typiquement *carioca* promu par Joào Gilberto, dont la réputation a largement dépassé les frontières du Brésil et celles des night-clubs internationaux. Tandis que, autre témoin de la réussite internationale de la musique brésilienne et de Tom Jobim : le film *Orfeu Negro* réalisé en 1959 par le Français Marcel Camus, sur une partition de Tom Jobim et un livret de Moraes, compte toujours parmi les chefs-d'œuvre du cinéma d'après-guerre. Immortalisé par une statue de bronze, le long de la plage d'Ipanema, tout comme son compère Vinicius au pied du fort de Copacabana, le musicien vedette de la scène brésilienne mérite d'autant plus un hommage qu'il a été l'initiateur d'une génération de musiciens qui durant les années euphoriques du gouvernement Kubitschek, alors qu'Oscar Niemeyer construisait Brasilia et envoyait au monde des signaux de modernité, ont contribué à faire de la musique brésilienne une composante maîtresse de l'identité du pays.

Inspirées par les rythmes de leurs origines à la fois africaines, amérindiennes et européennes, les voix de Maria Bethânia, Caetano Veloso, Gilberto Gil promu symboliquement ministre de la Culture dans le gouvernement de Lula, Astrud Gilberto ou Clara Nunez… façonnent un nouveau Brésil et en font la promotion à travers une image qui ne le quittera plus : celle d'un pays de rêve dont les plages peuplées de filles aux corps parfaits, se déhanchant au rythme de la samba, déroulent interminablement leur sable blanc et leurs vagues pendant que de jeunes surdoués courent derrière un ballon de football. Carte postale parfaite d'une destination idyllique, totalement en phase avec les valeurs d'une époque en pleine quête de plaisir et d'émotion, la destination se hisse alors rapidement en tête de l'iconographie touristique. Dans les années soixante-dix, le Brésil programmé par les voyagistes haut de gamme, réservé à un petit groupe d'happy few capables de débourser plusieurs dizaines de milliers de francs pour un séjour de deux semaines, compte parmi les voyages d'une vie.

Il est d'autant plus fantasmé qu'il inclut l'un des événements festifs les plus prestigieux de la planète : le célèbre carnaval de Rio ou de Salvador. Ou les deux à la fois.

L'impact économique et touristique du carnaval

Avec des images fascinantes, retransmises par toutes les télévisions du monde, le Carnaval de Rio est de loin le carnaval le plus médiatisé de la planète. Qui n'a jamais été confronté aux images d'une danseuse de samba au costume et au maquillage flamboyant se trémoussant au rythme d'une samba inédite ? Et qui n'a pas rêvé d'assister au moins une fois dans sa vie à la féérie grandiose que les 12 écoles de samba préparent minutieusement durant toute une année, avant de la déverser entre les gradins du Sambodrome ? Point névralgique du carnaval, c'est en effet le Sambodrome qui accueille tous les ans sur les 800 mètres de son parcours, quelque 90 000 spectateurs ayant déboursé jusqu' à 500 dollars pour les meilleures places. Il accueille surtout les défilés thématiques des meilleures écoles pendant que des feux d'artifice éblouissent le ciel de Rio. Recrutés parmi le million et demi de touristes mi étrangers, mi-nationaux, que Rio reçoit à l'occasion du Carnaval, ces spectateurs viennent de près ou de plus loin, notamment des USA et d'Europe. Avec une réputation internationale bien assise, cette manne touristique récurrente fait de la deuxième capitale brésilienne, l'une des villes les plus touristiques du monde. Selon le ministère du tourisme brésilien, environ 1,2 milliard de reais sont dépensés par les touristes durant cette période, y compris sur les destinations de Búzios, Cabo Frio, Petrópolis, Angra dos Reis et Paraty. Tandis que, le carnaval de Salvador avec près de 800 000 touristes injecte dans les caisses de la ville quelque 650 millions de reais et celui de Sao Paulo près d'un milliard.

Au total, sur tout le pays, le ministère évalue à 6 milliards de reais (18 milliards d'euros) les dépenses des 7 millions de touristes qui se sont déplacés à travers la destination, durant les quelques jours du carnaval. Une excellente opération donc pour le pays qui ne rate jamais une occasion de relancer cette formidable machine publicitaire, plus efficace qu'un Mondial de football de 2015 qui n'a attiré que 600 000 touristes internationaux. Aussi peu que les Jeux Olympiques. Hélas, si Brésil et samba riment dans les imaginaires d'une grande partie de l'humanité, la musique ne coule pas vraiment à flots dans les rues des villes et plages brésiliennes. Plus réservée qu'à Cuba ou en Jamaïque, la bonne musique dans le Brésil d'aujourd'hui est souvent discrète, cachée dans des petits lieux connus de la population locale seule qui en fait certes une grande consommation, mais ne semble pas vouloir la partager. La déception du touriste venu rencontrer la samba est donc parfois grande, car les authentiques musiciens brésiliens, ceux qui inventent sans cesse une nouvelle scène, ne grattent pas leurs guitares le long des rivages de Copacabana ou Ipanema. Restent quelques lieux très touristiques qui, comme ailleurs, jouent sur une légende plus que sur une réalité. Un peu, comme les brochures des voyagistes et quelques guides touristiques soucieux de ne pas bousculer les rêves de leur public.

ANDALOUSIE : L'IMPÉRIALISME DU FLAMENCO

Pour passer à une autre échelle, celle de la région, prenons maintenant l'exemple d'un autre couple heureux, celui que forme une province entière avec sa musique : c'est le cas de l'Andalousie avec le flamenco. Reflétant l'âme du territoire le plus attachant d'Espagne, le flamenco est plus qu'une musique, c'est un mode de vie que les Andalous perpétuent tellement puissamment qu'ils ont réussi à l'exporter au-delà de leurs frontières et à contaminer les Européens.

Totalement intégrée à l'existence des Andalous et leur culture, il faut admettre que cette musique se chante, se joue et se danse dans toutes les réunions de famille, les pèlerinages, les fêtes religieuses et autres « ferias » comme celle de Séville. Une manifestation exceptionnelle qui, durant une semaine de mai, entraîne la population locale dans une fête qui n'a pas son pareil et qui, côté tourisme, permet à la ville de jouer à guichets fermés. De quoi préserver et, mieux, populariser cette musique aux quatre coins de la planète. Car, le flamenco compte bel et bien aujourd'hui, parmi les genres musicaux les plus écoutés et dansés dans le monde.

Mais, quand situer son renouveau ? Hors frontières, en particulier en France, tout a peut-être commencé dans les années soixante. D'une part, lorsque les touristes de plus en plus nombreux sont venus visiter l'Andalousie, mais aussi lorsqu'un génie aux mains d'argent a commencé à envoûter le public des Sainte-Marie de la Mer, en Camargue. Devenu une vedette, Manitas de Plata a connu un succès plus populaire que le guitariste Paco de Lucia qui, plus élitiste, a pourtant joué un rôle déterminant dans la redécouverte du genre. Tandis que le danseur Antonio Gadès dans les films *Noces de sang* puis *Carmen*, a permis au grand public de découvrir une expression artistique dont la caractéristique principale est d'exprimer toutes les émotions et de constituer une sorte d'art de vivre. On parle, on s'habille, on sort, on mange, on se distrait, on s'enivre façon flamenco.

Une explosion hors frontières

C'est donc dans les années quatre-vingt que le flamenco s'est empressé de proliférer en France et en Europe, via des dizaines d'associations. De Paris à Tours en passant par Troyes, Sète, Marseille, celles-ci réunissent plusieurs milliers de membres autour de la pratique dansée, chantée, jouée, de la musique andalouse. Pour la directrice de Flamenco en France : « *l'essor est incontestable depuis que les associations se sont ouvertes à un public plus profane, en offrant des cours et des stages.* » La formidable vitalité du flamenco provient bel et bien de son enseignement, de ses cours, des stages, des conférences… qui, aujourd'hui, réunissent un public grandissant, notamment sur la danse et la guitare. Nombreuses en France, encore plus en Espagne et notamment en Andalousie, c'est étrangement au Japon que les académies de flamenco sont les plus nombreuses, faisant du pays du soleil levant, une véritable manne pour les artistes espagnols désireux d'y enseigner leur art.

Festivals et spectacles mènent la danse

Mais, la vague flamenca s'illustre aussi et surtout à travers les multiples spectacles qui sillonnent le monde. En France seule, une dizaine de festivals constituent des rendez-vous réguliers pour les « aficionados ». Ils ont lieu tous les ans, à Céret, Argelès-sur-Mer, Marseille, Toulouse, Poitiers, Nîmes et surtout à Mont-de-Marsan où le festival Arte Flamenco semble s'imposer comme l'un des meilleurs d'Europe. Créé il y a déjà 26 ans, cet événement affiche aussi un festival Off, des scènes de rue, des cafés chantants et propose des stages, des expositions, des master class et des cours de guitare, danse, chant pour les adultes et les enfants, dont une partie est donnée par des artistes andalous.
À Londres, à Berlin, à Genève, des manifestations rassemblent également un public chaque année plus nombreux. Tandis qu'outre Atlantique, au

Nouveau Mexique, un état où la population hispanique est prédominante, le festival de flamenco d'Albuquerque est devenu un incontournable. Évidemment au Japon, la vague déferle d'autant plus puissamment que le pays produit ses propres artistes, quitte à en déplaire aux artistes et publics andalous. Avec une popularité aussi bien entretenue à travers le monde, le flamenco ne peut donc que constituer un formidable emblème et outil de communication pour la région andalouse dont il est originaire. Mais, avec son incroyable énergie, l'Andalousie ne se contente pas d'attendre les retombées touristiques, sans prendre part à l'effort régional. Grenade, Jerez de la Frontera, Malaga et surtout Séville n'en finissent pas de favoriser le développement de ce genre à travers des festivals et des spectacles, et non des moindres : la Biennale de Séville et le festival de Jerez de la Frontera, avec 35 000 spectateurs en moyenne, comptent parmi les plus prestigieux du monde. Véritable carrefour pour des artistes reconnus ou débutants, le festival fait vivre toute la ville à cent à l'heure et lui donne la notoriété nécessaire à l'accueil de milliers d'amateurs de toutes nationalités désireux d'approfondir leur connaissance du flamenco par un retour aux sources.

Un tourisme à plein temps

Car le flamenco c'est aussi cela : des milliers de touristes séjournant longuement, parfois presque définitivement en Andalousie afin d'en explorer la culture et la musique. Parmi eux : des Européens, notamment des Français, et bien sûr des Américains qui, sur les traces d'Hemingway, n'ont jamais désavoué leur passion pour le pays. À tel point qu'un journaliste américain a même été jusqu'à considérer dans un article très documenté, que c'est en partie grâce à ses compatriotes très nombreux dans la région, que le flamenco se conjugue avec d'autres rythmes : le jazz, le tango, le rock... et rajeunit ses publics. En matière de circuits touristiques, la région a mis au point 7 routes au total, à réaliser individuellement ou en groupes. Sillonnant la province, ces routes épargnent peu de localités et signalent auberges, cabarets, restaurants, musées, fêtes, fabriques d'instruments... En tout, plus de 500 lieux sont dédiés au flamenco d'un bout à l'autre de l'Andalousie.

Séville : le berceau du flamenco s'ouvre à la Chine

Si Cadiz, Grenade, Cordoue et Jerez profitent de la vague flamenca, c'est cependant Séville qui l'exploite le mieux. Non seulement dans la rue où ses accessoires, ses instruments et ses costumes se répandent dans les vitrines de nombreux magasins fréquentés par la population locale, mais aussi à travers les bars où, très tard dans la nuit, les musiciens viennent gratter leur guitare et se déhancher. Plusieurs musées ont aussi ouvert proposant expositions et spectacles de plus ou moins bonne qualité. Mais, c'est sans doute au *Musée del baile flamenco*, devenu une véritable institution que l'on se rend le mieux compte du rôle de cette musique dans le développement touristique de la ville. Le musée compte environ 15 000 entrées et surtout 150 spectateurs tous les soirs autour d'un spectacle qui se renouvelle tous les jours et accueille un public de plus en plus diversifié : des Coréens, des Russes et bien sûr des Chinois que le musée a décidé de cibler avec une arme particulièrement offensive le « chinese friendly ».

Ainsi, l'Andalousie est certaine que, comme le tango, le flamenco deviendra une mode dans les grandes villes chinoises qui lui enverront des centaines de milliers de touristes supplémentaires.

LA MUSIQUE AU SERVICE D'UN TOURISME INSULAIRE

De la Jamaïque à Cuba, des stratégies diverses

Josette Sicsic

Existe-t-il un génie des îles ? Existe-t-il une ambiance propre à la création dans ces parcelles de terre distribuées au beau milieu des mers ? Existe-t-il des sirènes qui, transformées en muses, inspirent aux insulaires des mélodies particulières ? Les îles ont chacune à leur façon enfanté des « sociétés » et des musiques originales qui, du nord au sud de la terre, portent en elles les angoisses et les rêves de populations recluses. L'Irlande, Cuba, la Jamaïque, Porto Rico, le Cap vert, la Sicile… sont chacune, dans des genres bien distincts, des territoires capables d'une magie musicale dont raffolent les touristes. Mais, certaines le savent et en font commerce. Alors que d'autres, se contentent de vivre le plus secrètement possible avec elles.

JAMAÏQUE : UNE MUSIQUE MILITANTE

De l'autre côté de l'Atlantique, sur une île pauvre plus réputée pour sa misère et sa violence, un musicien à lui seul a réussi à enfanter une destination musicale vedette. Ce musicien se nomme Bob Marley. Devenu en une très courte vie, la personnalité la plus illustre des Caraïbes, il attire des flots continus de visiteurs en quête de légendes. Sa légende. De quoi faire écrire à l'un de ses plus célèbres biographes Jean Philippe de Tonnac : « *Il est certain que Bob Marley demeure pour l'office du tourisme jamaïcain une institution plus commercialisable que les chutes de la Dunns River ou le rhum Wray & Nephew* ».

Une star nommée Bob Marley

Dès l'aéroport de Kingston, c'est d'ailleurs la musique de Bob Marley diffusée en boucle qui accueille les voyageurs, histoire de mettre tout nouveau venu dans l'ambiance de l'île. Plus loin de l'aéroport, à Kingston, deux statues du chanteur dans le nord et le sud de la ville, évoquent le souvenir de ce natif qui a bouleversé la World music dans les années soixante-dix et continue de s'accrocher au sommet des hit-parades. Quant à sa maison, transformée en musée, au 56 Hope Road, elle est devenue un incontournable de tout séjour en Jamaïque et accueille tous les ans quelques dizaines de milliers de visiteurs en quête de reliques et d'émotion : une petite chambre à coucher, des photos, quelques objets, des disques, des trophées. Rien de grandiose, mais le prix d'entrée dans ce sanctuaire est élevé : 20 USD pour les adultes et 10 USD pour les enfants.

Pour mieux se représenter la popularité du chanteur et l'exploitation touristique qui en a été faite, n'oublions pas non plus son village de naissance et la tombe qui lui fut érigée après des funérailles nationales qui ont constitué à la fois un immense moment de ferveur pour le grand public ravagé par la mort de son idole et un grand moment politique pour la nation jamaïcaine, passagèrement réunie. Situés à Nine Miles au cœur d'une montagne recouverte d'une épaisse végétation tropicale, ces lieux présentent peu d'intérêt que ce soit sur le plan esthétique ou sur le plan architectural.

Mais, une halte constitue l'occasion inespérée de s'offrir un formidable et inoubliable bol d'émotion. C'est aussi l'occasion d'acheter des cierges, de boire un verre et d'écouter un musicien censé avoir appris au jeune Marley à jouer de la guitare... Peu, mais toujours très cher payé : 15 USD par personne !

Quant au tour d'une durée de quatre heures, au cours duquel on fait également étape auprès du tombeau des grands parents de Marley, son tarif est encore plus exorbitant. Si l'on ajoute à ces sites l'omniprésence de la musique reggae dans ses versions traditionnelles ou totalement nouvelles et des centaines de chanteurs grattant leurs guitares en se déhanchant au hasard des rues et des clubs, des « dreds » pendouillant autour du crâne, on aura compris qu'en Jamaïque, nul ne peut échapper à la vague Bob Marley né Nesta Marley en 1945 dont l'un des tubes les plus connus *One love*, fait désormais aussi office d'hymne national. Écouté près de 50 millions de fois sur Youtube, *One love* fournit la preuve, si besoin en était, de l'immense dévotion dont l'initiateur du reggae fait l'objet non seulement dans son pays d'origine, mais sur la scène internationale.

Un héritage en or massif

Quand on entre sur la planète Bob Marley, il est vrai que tout se compte par millions. Non content de figurer parmi les plus grands chanteurs du vingtième siècle, le chanteur de reggae est l'un des plus gros vendeurs d'albums : 200 millions au total. Un record qui le situe loin derrière les Beatles qui en vendent le double, soit, mais dans les mêmes eaux qu'Abba, Led Zeppelin, Pink Floyd... Soulignons encore que Bob Marley se situe à la dixième place des albums posthumes les plus vendus de toute l'histoire de la musique, avec *Confrontation*, sorti en 1983, soit deux ans après sa mort. Quant à sa compilation *Legend*, album reggae le plus vendu de tous les temps, elle s'est arrachée à plus de 10 millions d'exemplaires.

Pourtant, il n'est pas certain que Marley soit l'inventeur du reggae. Sans doute a-t-il surtout été le diffuseur le plus talentueux de cette musique dérivée de deux genres : le *ska* et le *rocksteady* qui ont constitué une immense nouveauté dans le monde de la musique anglo-saxonne en pleine ébullition de la fin des sixties. Sans doute, a-t-il été un interprète de génie qui, accompagné d'orchestres tout aussi talentueux, a su y faire en se produisant de concerts en concerts gigantesques sur les plus grandes scènes du monde. Mais, si Marley est devenu une icône pour la Jamaïque et pour le reste du monde, c'est aussi et surtout parce qu'il a su transformer cette musique en un hymne de libération pour le peuple noir spolié et humilié par l'esclavage et la colonisation et en faire l'étendard du mouvement rastafari.

Britannique par son père, juif syrien par ses grands-parents, africain par sa mère, une ancienne esclave, Marley a largement excédé la scène musicale, en épousant la cause des noirs, et en se transformant en un « leader métis » d'un panafricanisme » en pleine expansion. Admirateur du Messie noir que fut Hailé Sélassié, empereur d'Éthiopie, bien décidé à faire rentrer tous ses frères de couleur au pays, le jeune Jamaïcain qui, très vite adopte les « dreds » comme signe de reconnaissance, constitue l'un des rares cas dans l'histoire où musique et politique réunies deviennent des emblèmes nationaux voire transnationaux.

Et, si l'on ajoute une touche de religieux aux croyances du chanteur, il est clair que la légende a de quoi survivre et de quoi lui permettre de voisiner aux côtés d'autres égéries du vingtième siècle comme Che Guevara ou Nelson Mandela. Elle a surtout de quoi alimenter un merchandising exceptionnel fait de tee-shirts, mugs, casquettes qui sous la houlette des ayant droits de Bob, fait prospérer une bonne partie du commerce de cette île de moins de 3 millions d'habitants qui attire, notons-le au passage, quelque 2 millions de touristes, notamment en provenance des USA.

Un tourisme d'affaires musical

Et, comme si cela ne suffisait pas, ce sont les studios de Kingston qui, aujourd'hui encore profitent de la manne que furent Bob Marley et le reggae, en organisant des séjours musicaux permettant non pas d'écouter de la musique, mais d'enregistrer sa propre musique. Du tourisme d'affaires en somme dont de jeunes musiciens venus d'Europe et d'Amérique n'en finissent pas de profiter.

CUBA : LA MUSIQUE DANS LA PEAU

Quand il ne reste plus rien aux Cubains, il leur reste la musique. Née de multiples métissages, de l'esclavage, des luttes coloniales, des rébellions contre des dictateurs infidèles à leurs origines et à leur peuple, Cuba est un paradis musical pour les Cubains d'abord et, pour leurs invités, ensuite. Pourquoi ? Parce que cette île « caïman » ourlée de sables blancs a légué à la musique populaire du XXe siècle, un nombre impressionnant d'instruments de percussion : conga, bongo, timbales, maracas, claves, güiro… et un nombre encore plus impressionnant de rythmes : boléro, guaracha, mambo, rumba, pachanga, son, cha cha, songo, danzon, latin jazz…
Ou encore la Tumba francesa, héritée des esclaves de planteurs français de Saint-Domingue réfugiés à Cuba, qui est aujourd'hui classée au patrimoine immatériel de l'UNESCO. Seul le merengue n'appartient pas aux Cubains. Né dans l'île d'à côté, il est jalousement revendiqué et entretenu par les Dominicains qui, musiciens aussi, n'ont jamais réussi à égaler l'inventivité de leurs voisins – pourquoi ? –, mais n'en finissent pas de se déhancher au son de rythmes qui, au fil des modes, se modernisent. En République dominicaine comme partout dans les Caraïbes, il est clair que l'on a aussi la musique dans la peau et que les quatre millions et demi de touristes qui fréquentent annuellement les plages de l'île se laissent volontiers contaminer par ses accents. Bars et discothèques, comme le rhum, les déversent en flux continus et, si ce n'était pas le cas, on leur en voudrait. Car le tourisme dominicain sans merengue n'est pas vraiment du tourisme. Pour en revenir à Cuba, notons qu'artistes prolifiques, les Cubains ont réussi une autre performance, pour eux qui ne voyagent pas, ils sont parvenus à exporter leur musique dans le monde entier, à la faire apprécier et se sont même glissés dans les failles de la Guerre froide pour atteindre les pistes de danse américaines où celle-ci s'est muée dans la célébrissime « salsa ».

À tel point que, malgré l'embargo, les USA n'ont pas rechigné, en 1979, à offrir à Chucho Valdés et Paquito D'Rivera, un Grammy Award. Tandis que le président Jimmy Carter, en 1977, a autorisé les échanges culturels entre Cuba et les USA, permettant à des jazzmen de se rendre à la Havane et à des groupes cubains comme Irakere, Los Papines ou l'Orquesta Aragon de venir jouer aux USA. Plus récemment, nouvel épisode dans les relations cubano-américaines, la redécouverte de vieux musiciens cubains grâce au film Buena Vista Social Club de Win Wenders, a permis de faire connaître au monde entier les fabuleux talents de Compay Segundo ou Ibrahim Ferrer et Ruben Gonzales qui ont été autorisés à jouer tour à tour sur la scène du Carnegie Hall à New York et, dans la foulée, sur celle de l'Olympia à Paris. Une excellente façon de promouvoir l'île et d'attirer dans ses caisses les devises touristiques désormais indispensables à son développement.

Un tourisme très prometteur… si tout va bien !

Libéralisé au début des années quatre-vingt-dix, le tourisme attire en effet aujourd'hui près de 4 millions de visiteurs qui, après le farniente sur les plages de rêve de Varadero ou de Cayo Coco, la découverte patrimoniale et celle de la Révolution, sont souvent motivés par la découverte musicale de l'île. Une découverte qui peut être organisée par quelques réceptifs locaux proposant des tours avec visites de fabriques d'instruments, soirées dans des cabarets ou des « casa de la Trova », cours de salsa et de percussions. Quelques-uns à La Havane, à Santiago, Santa Clara, Cienfuegos, Trinidad, ces réceptifs offrent des circuits sur mesure, pour un public plus ou moins spécialisé.
Vedette mythique des nuits touristiques, le cabaret Tropicana à La Havane accueille aussi tous les soirs des milliers de touristes fascinés par la frénésie des 80 danseurs professionnels somptueusement parés qui, dans une chorégraphie impeccable illustrent à leur façon les talents des danseurs de l'île. Et cela depuis près de 75 ans.
Mais, plus subtilement, Cuba déverse généreusement sa musique, un peu partout : dans ses rues, ses places, ses plages où des artistes aux talents divers déploient leurs instruments au crépuscule, et enchantent les nuits cubaines. Pourtant, ces musiciens ne chantent ni ne jouent pour des touristes. Essentiellement désireux de faire vivre des sons et des rythmes parfois traditionnels, ils se plaisent à improviser et à réinventer les nouveaux rythmes qui, au cœur de la Caraïbe, s'échouent régulièrement sur les rivages cubains.

Omniprésente dans toutes sortes de bars et cabarets de la Vieja Havana, la musique est bien entendu tout aussi présente dans les autres grandes régions de l'île, notamment l'Oriente et le Centre qui, chacune à leur façon, n'en finissent pas de produire de nouveaux rythmes sur les bases de musiques traditionnelles. Santiago en particulier est célèbre pour sa « casa de la Trova » et ses « trovadores », d'incroyables interprètes du « son », du « boléro », de la « guaracha ». D'ailleurs, Compay Segundo y est né et y a vécu. Cienfuegos, pour sa part, a assisté aux tout débuts de Benny Moré, l'un des plus grands musiciens de l'île. Mais peut-on parler de « vedette » dans une île où la musique est la richesse la plus et la mieux répandue et où tout le monde est musicien ?

Enfin, la musique cubaine est aussi la « guest-star » des carnavals, nombreux, souvent envoûtants qui, tous les ans, de Trinidad à Santiago, s'insèrent dans les recoins des moindres villages pour y déverser des rythmes et des sons que quelques touristes avertis parviennent à saisir. Une confidentialité salutaire. Sauf que tout donne à penser qu'une histoire se termine et que le tourisme cubain soumis à des pressions plus fortes, pourra comme les autres, s'égarer dans le piège d'une offre musicale médiocre et répétitive destinée à satisfaire les oreilles de touristes pressés, en quête de folklore et de standards.

Le dégel historique des relations diplomatiques avec les USA, en 2015, pourrait bel et bien sonner le glas d'une époque bénie, pour la musique s'entend. À moins qu'à l'inverse, cette île à l'histoire si particulière ne résiste aux influences occidentales et au raz de marée touristique et préserve ce qu'elle a de plus cher. Un défi qu'il ne faudrait pas mésestimer.

IRLANDE

Une musique inséparable de la grande histoire

Pierre Josse

Autre ambiance, autre décor, autre son, autre île. Nettement plus au nord : l'Irlande ! Il n'est rien de dire que la musique est profondément populaire en Irlande, elle irrigue, elle imprègne tous les aspects de la vie depuis la nuit des temps. Elle s'est exportée dans le monde entier sous de nombreuses formes, de la musique traditionnelle... au rock, à la pop, en passant par les nombreuses chansons de l'émigration et celles des luttes sociales et politiques. Elle est même à l'origine ou partie prenante de certaines musiques populaires américaines comme la « country », le « bluegrass » et tant d'autres. Aucun touriste ne concevrait un voyage en Irlande sans assister à un « seisiún » (session de musique dans un pub) ou à un « fleadh », ces extraordinaires festivals de musique qui rassemblent des dizaines de milliers de fans chaque année. Au même titre que les fabuleux et romantiques paysages, on va en Irlande pour sa musique.

Un peu d'histoire.

La musique traditionnelle de l'île d'Émeraude remonte loin. Déjà, des voyageurs grecs, dont Scymnus de Chio, notent que les Celtes, au IIe s. av J.-C., tiennent leurs assemblées avec de la musique. Dans les guerres, avant de combattre, les armées se font précéder de bardes qui vont tenter de séduire et de réduire l'agressivité de l'adversaire. La tradition irlandaise distingue trois états de la musique : le rire, le sommeil (ou la douleur) et la lamentation. Curieusement, on retrouve d'ailleurs ces trois éléments dans la musique hindoue : lumineux, violent et pesant. Dans les légendes irlandaises, la musique, se révèle souvent un moyen d'intervention magique : on tue ou on endort l'ennemi. Majoritairement instrument du combat, la harpe des bardes accompagne aussi les exploits des héros de l'Irlande et les transmet aux quatre coins de l'île, associant spiritualité et poésie. Au XVIIIe siècle, sous le joug des terribles lois pénales (« penal laws » qui interdisaient quasiment tout aux Irlandais), la musique, ses bardes et chanteurs itinérants apportent ainsi aux Irlandais espoir, réconfort et des nouvelles de leurs héros. Une façon de transmettre sa culture à une population largement analphabète. Dans les périodes d'affrontement avec le colonisateur anglais, les bardes ne manquent pas de chanter bien sûr rébellions et exploits des révoltés. Ce « média rustique », cette « presse chantée en musique » ne se révèlent bien entendu pas du goût de l'oppresseur. Nombre de bardes et chanteurs sont pendus avec leur cornemuse pour diffusion de chants séditieux (entre autres pendant les guerres cromwelliennes au XVIIe siècle. et lors de la révolution des United Irishmen en 1798). Tout au long des révoltes, insurrections et révolutions irlandaises, les XIXe et XXe siècles voient d'ailleurs leur patrimoine s'enrichir de chansons patriotiques et de nouveaux héros. De même, la musique elle-même accompagne tous les aspects de la vie sociale irlandaise. Pendant, les longues et dangereuses traversées des émigrants vers les États-Unis, le Canada ou l'Australie, à bord des « coffin boats » (bateaux cercueils), « uileann pipe » (la cornemuse irlandaise), violon, « tin whistle » (la flûte) et « bodhran » (grand tambourin qu'on frappe avec un court bâton poli aux deux bouts) unissent les émigrants à fond de cale et maintiennent leur moral.

Une musique, des chants qui forgent une identité

Ce rapport collectif au chant et à la musique explique la tradition des « seisiúns », des rassemblements de musiciens dans les pubs qui composent l'une des images de marque irlandaises les plus fortes. Cette tradition prit de l'ampleur à partir des années 1960. Mode d'emploi : un noyau de musiciens commence à jouer pour le plaisir, gratuitement (avec quand même quelques pintes de bières offertes pour entretenir la flamme), auquel viennent s'amalgamer au fur et à mesure d'autres joueurs, suivant quelques rituels et règles précises. Dans les endroits les plus touristiques bien entendu ; ces « seisiúns » sont souvent organisées par les patrons de pubs qui emploient des musiciens professionnels. Cependant cela n'enlève rien à l'intérêt du concert et à la formidable atmosphère de chaleureuse convivialité générée dans le pub. Impossible ici de nommer tous les artistes importants de la musique traditionnelle, connue aussi sous l'appellation de « folk music », depuis Seán Ô' Riada, le grand musicien qui véritablement relança cette musique en 1960. Depuis cette date jusqu'aux années 2010, des dizaines de très grands groupes et artistes émergèrent, à commencer par les célèbres Clancy Brothers, Chieftains, Dubliners, Wolf Tones, Christy Moore, Planxty, Bothie Band, Donnal Lunny, Paddy Moloney (et son uilleann pipe), Sharon Shannon et son merveilleux piano à bretelles, Davy Spillane, Altan, Sean Halpenny de Clifden, un des géants du bodhran. Et, plus récemment encore Lùsana, Danú, Niali et Cillian Vallely, Flogging Molly.

Appréciée également des touristes, la spontanéité des Irlandais pour chanter en public, souvent à cappela. En Irlande, mieux vaut oublier toute timidité sociale et être prêt à chanter si on vous le demande. Une spontanéité que l'on trouve dans la création même des chansons : nombre d'entre elles, très populaires plongent leurs origines dans des événements politiques et sociaux. Ainsi *The Town I love so well* (ode à Derry), *The Men Behind the Wires* (sur les militants républicains emprisonnés au camp d'internement de Long Kesh) qui trusta les premières places dans les *charts*. Ou encore *Sunday Bloody Sunday* (par U2) racontant le massacre de Derry le 30 janvier 1972 par les paras anglais, dont le bilan fut de 14 morts. Certaines chansons partirent d'un pub, d'abord fredonnées, mises en paroles et musique par des clients, souvent des musiciens inspirés.

Ainsi la chanson *Helicopter Song* racontant l'évasion de trois dirigeants de l'IRA de la prison de Mountjoy à Dublin, en 1973. Partie d'un pub, reprise le soir même dans toute la ville, enregistrée par les Wolf Tones et conquérant la 1ère place au hit-parade dans les semaines qui suivirent. Cette inventivité musicale toucha bien sûr la pop music et le rock. On ne compte plus le nombre de musiciens et chanteurs irlandais de rock qui contribuèrent à partir des années 1980-1990 à la régénérescence de ces musiques en voie d'affadissement : citons, excusez du peu, Rory Gallagher, Thin Lizzy (Phil Lynott), Van Morrison, U2 (Bono), Moving Hearts,) les Boomtown Rats (Bob Geldof), les Cranberries (Dolores O'Riordan), plus récemment Hozier et tant d'autres.

Parlons également des « fleadh », immenses rassemblements de musique populaire traditionnelle. L'atmosphère y est tout simplement indescriptible et il n'est pas rare que des vedettes continuent à jouer au pub après le concert, juste pour le plaisir. Grands moments assurés et une vraie intimité avec les musiciens. En fait, toutes ces offres musicales ont évidemment façonné l'image et la réputation de l'Irlande et l'ont célébrée comme le pays le plus musical en Europe. Ici, on ne peut échapper à la musique. Ce n'est d'ailleurs pas un hasard si la harpe, instrument de musique mythologique, utilisée par les bardes celtes, fut employée comme emblème traditionnel du pays. Ce sens profond de la musique, ce solide lien entre les gens, ce profond rapport affectif avec l'histoire, cette absence quasi totale de timidité pour chanter en public, sont souvent à l'origine des plus belles soirées irlandaises et des souvenirs les plus émouvants remportés par les touristes. Alors que la majorité des villages en France ont perdu leurs cafés ces dernières années et que dès 19h la vie s'y arrête, nombre de villages irlandais, malgré la crise, ont su garder leurs pubs. Même dans les mois les plus creux, en milieu de semaine, il n'est pas rare de pouvoir assister à de vrais « seisiúns », pas touristiques du tout et se terminant fort tard. À propos, quelques mots sur la danse afin de souligner l'énorme succès des grosses productions comme Riverdance, autre puissant ambassadeur de la musique irlandaise.

Ouverture et renouvellement

Pour conclure, la force de la musique irlandaise réside dans sa capacité à se renouveler, à inventer des formes nouvelles sans trahir les fondamentaux, à s'ouvrir à d'autres musiques, à intégrer de nouveaux instruments comme le bouzouki grec. Musiques vivantes qui prennent aux tripes et dont les voyageurs ont ramené une solide bouche à oreille, contribuant à leur succès et leur renom. Popularisée également par d'intelligentes campagnes de promotion de la part de l'Office du tourisme irlandais, associée étroitement à la Saint Patrick, la musique irlandaise est devenue totalement partie prenante de l'imaginaire irlandais, au même titre que les mythiques paysages et la traditionnelle hospitalité des Irlandais.

Et le douloureux épisode politique et économique des années 1995-2008, ces terribles années du Celtic Tiger où l'Irlande a cru s'en tirer sur le plan économique, n'ont en rien entamé de telles qualités. Est-ce un hasard, si la Saint Patrick, fête nationale irlandaise, est honorée de par le monde entier presque autant que les fêtes nationales de nombreux pays. Pas mal de personnes s'y identifient. Bien sûr en...musique. Autres atouts, ces quartiers comme Temple Bar à Dublin ou le Latin Quarter de Galway qui proposent un riche programme de concerts et de petits lieux où écouter et faire de la musique. Certains sont motivés par des raisons assez commerciales, d'autres heureusement majoritaires, non.

Au visiteur de choisir le style et l'atmosphère dont il se sent le plus proche. Avec un seul regret, l'apparition au désastreux moment du Celtic Tiger, des « bouncers », de gros bras peu sympathiques chargés de sécuriser certains pubs de Dublin et des grandes villes touristiques comme le font Paris ou New York. Heureusement, restent dans l'immense majorité du pays, tous ces pubs locaux, ces pubs rustiques de campagne, ces fêtes épargnées par le tourisme de masse, expressions sincères de l'âme du pays. L'Irlande, en fait, résiste plutôt bien au nivellement culturel mondial, à la tyrannie des marques, au matraquage des chansons faciles et à bien d'autres types de corruption. En grande partie grâce à son bon sens, à la richesse de son histoire, à la solidité de sa culture et de sa musique, sa plus grande richesse avec les Irlandais eux-mêmes.

Sans musique, il n'y aurait pas d'Irlande ni d'Irlandais, ni un tourisme aussi prospère et fidèle dont une grande partie est fournie par les descendants de la diaspora émigrée aux USA, nostalgique de sa verte Irlande et de ses chansons.

LA MUSIQUE TRADITIONNELLE ITALIENNE

Fêtes et promotion permanentes

Moins connue sur la scène internationale que le flamenco ou la samba, le patrimoine musical italien traditionnel n'en est pas moins riche, varié, de grande qualité et surtout très vivant. Redécouvert par la population nationale, il constitue de plus en plus une offre touristique dont les visiteurs internationaux raffolent d'autant plus qu'il s'inscrit dans des fêtes populaires ou religieuses particulièrement spectaculaires et de petits lieux typiques du sens inné des Italiens pour la convivialité, la danse et la musique. Inscrits sur la liste du patrimoine immatériel de l'Unesco, certains genres contribuent à donner un supplément d'âme à des territoires imprégnés de l'une des cultures européennes les plus remarquables. Ils tissent ainsi un lien entre toutes sortes d'expressions artistiques majeures et mineures faisant le charme de la péninsule. De la peinture de la Renaissance à l'opéra, de Rome à Venise, des Pouilles à la Sicile, ces musiques jalonnent des itinéraires dont l'attractivité fait de plus en plus de l'Italie un musée à ciel ouvert, dans lequel la vue, l'ouïe, le goût sont sollicités à tout instant. Quels sont les plus beaux fleurons de cette tradition musicale ?

CHANTS CHORALS, PROCESSIONS ET « SAGRE »

Roberto Lavarini

Les « Canti a Tenores »

Premier exemple : en 2008, l'UNESCO a inscrit sur la liste du patrimoine de l'humanité les « Canti a Tenores », soit les chants chorals des bergers de Sardaigne. Selon la description qui en est faite par l'UNESCO, il s'agit d'une sorte de chants polyphoniques, tels qu'on les connaît aussi en Corse, exécutés par un groupe de quatre hommes formant un cercle. Partie intégrante de la vie quotidienne des populations locales, ce chant est souvent pratiqué de façon spontanée dans les bars locaux, mais aussi lors de certaines occasions plus officielles et, embrasse un vaste répertoire variant d'une région à l'autre, incluant des textes dont certains sont des poèmes anciens et d'autres, de la poésie contemporaine traitant de questions d'actualité comme l'émigration, le chômage ou la politique.

Les « Canti a Tenores », comme le théâtre des Pupi (marionnettes) siciliennes, également inclus dans la liste de l'UNESCO, sont cependant particulièrement sensibles aux bouleversements socio-économiques tels le déclin de la culture pastorale et le développement touristique. De plus en plus souvent interprétés sur scène devant un public international, ils ont cependant tendance à perdre de la diversité de leur répertoire et de leur caractère intime.

Les processions, entre spectacle et religion

Autre exemple du génie italien pour le spectacle : les processions religieuses que l'UNESCO a aussi ajoutées à sa liste en 2013. Organisées dans toute l'Italie, elles affichent un faste et une ampleur particulière dans quatre centres-villes historiques. Très spectaculaires, elles se composent d'un défilé au cours duquel la population transporte sur ses épaules des objets extrêmement lourds comme des obélisques en bois et papier mâché, commémorant souvent le retour de saints vénérés localement. C'est le cas à Palmi, à Nola, à Sassari pour la « Discesa dei Candelieri » ou à Viterbo. Nécessitant la participation de musiciens et de chanteurs ainsi que d'artisans qualifiés, héritiers du savoir-faire de leurs ancêtres, ces célébrations permettent d'assurer une continuité culturelle tout en renforçant le sentiment d'appartenance à un territoire et son histoire. Évidemment, les touristes en raffolent.

Les « sagre » : quand musique et nourriture font la fête

Une exception italienne implique pour sa part musique et danse : ce sont les « sagre ». Sortes de fêtes populaires déplaçant une forte population touristique de proximité et de plus en plus lointaine, les « sagre » reflètent à merveille l'histoire et les valeurs d'un territoire et de ses habitants tout en intégrant la dimension religieuse qu'elles avaient dans le passé, lorsqu'elles étaient célébrées devant des temples antiques ou, à l'époque chrétienne, devant les églises afin de remercier les dieux ou implorer leur clémence. Célébrant souvent la fête du patron du pays ou d'un saint protecteur, les « sagre » en profitent pour se doter d'une attractivité toute particulière en déversant leurs rituels religieux à travers les rues des villes et des villages sous la forme de défilés ou processions solennelles particulièrement spectaculaires au cours desquelles des structures géantes sont transportées par des participants. Mais, durant les « sagre », les rues situées autour de l'église se couvrent également de toutes sortes d'étals vendant divers produits allant des vêtements aux outils, des légumes aux fleurs, du vin, de la bière et autres spécialités locales. Tandis que de petites fêtes foraines offrent leur lot de divertissements et qu'une scène ouverte accueille groupes et orchestres de musique populaire qui, comme on le verra, diffèrent selon les régions. C'est le cas de la « pizzica » et la « tarentelle », pour ne citer que les plus originales et populaires sur le plan touristique.

MUSIQUE & TOURISME

LE CHARME ÉTERNEL DES BALS

Rosantonietta Scramaglia

Si la chanson française est la mieux à même d'incarner le patrimoine musical français, l'Italie cultive une autre tradition qui lui est liée, celle du bal. Dans des régions du nord, surtout en Romagne, le « ballo liscio » – un mélange des rythmes revisités comme la valse, les mazurkas, les tangos, les polkas – est devenu très populaire depuis le début du vingtième siècle dans les « balere », des salles où l'on peut danser pendant toute l'année et pas seulement à l'occasion d'événements spécifiques, comme autrefois. Très prisés, ces lieux attirent des milliers d'amateurs de danse et de convivialité, plutôt âgés, qui viennent y passer la soirée en semaine ou durant le week-end end. Ils attirent aussi des touristes désireux de redécouvrir l'authenticité des traditions régionales.
Si le « liscio » domine en Romagne, dans les Pouilles, c'est la « pizzica » qui est la favorite tandis qu'en Campanie et en Sicile, la « tarentelle » remporte les faveurs du public. Le « saltarello » pour sa part, est populaire dans les régions du centre. Autre particularité de l'Italie du nord, l'usage de l'accordéon, alors que dans le sud, ce sont la mandoline, l'« ocarina » ou la guimbarde qui sont les plus pratiquées. Quant aux danses folkloriques, on peut en compter trois catégories principales : sociales, cérémoniales et thérapeutiques, même si aujourd'hui ces dernières ont presque disparu.

La « pizzica » et la « tarentelle »

De quoi s'agit-il ? Danse populaire appartenant à la famille plus large des tarentelles et de ses variantes, la « pizzica-pizzica » est originaire de la région du Salento, mais est encore aujourd'hui très répandue dans d'autres régions des Pouilles comme la Basse-Murgia, ou la Basilicate, la Campanie et certains coins de Sicile où elle a pris des noms différents selon les dialectes. Dansée principalement lors de fêtes privées et familiales offrant aux invités des occasions de s'amuser, la « pizzica », rappelons-le au passage, a connu une drôle de destinée. En effet, depuis le XIVe siècle, les musiciens l'utilisaient pour soigner les « tarantolati », c'est-à-dire les victimes du venin des « tarantole » (une sorte de scorpion). Dans ces occasions dramatiques, on jouait la « pizzica » pendant des jours, voire des semaines et la musique suivait un rythme généralement plus frénétique que dans les autres occasions afin, à travers

les transes qu'elle provoquait, de tenter d'exorciser la victime.
Voilà pour l'histoire de la « pizzica » à laquelle on pourrait ajouter la fascination qu'elle a exercée sur des compositeurs classiques comme Frédéric Chopin, Franz Schubert, Georges Bizet, Camille Saint-Saëns, Gabriel Fauré, Claude Debussy, Franz Liszt, Igor Stravinski.
Pour ce qui est du présent, après une période où ces genres musicaux incarnaient le retard culturel dont l'Italie avait tendance à avoir honte, les années soixante-dix les ont redécouverts et appréciés à leur juste valeur. À tel point que certains groupes les réinterprétèrent pour les rendre plus accessibles à un public jeune, mais toujours fidèle à l'esprit et à la tradition. En 2016, pendant ses vacances dans les Pouilles, Madona a même dansé la « pizzica » et a posté une vidéo sur Twitter qui a fait le tour du monde. La pop star y affirmait son amour illimité des Pouilles et de sa musique. C'est dire.

La Notte della Taranta : un festival exceptionnel

Pour en revenir au tourisme, au cours des dernières années, alors que de nombreux festivals de musique dédiés à la « pizzica » sont organisés un peu partout, la fameuse Notte della Taranta qui attire des centaines de milliers de fans et de curieux dans le Salento, constitue l'événement le plus couru et le plus original. Ce festival de musique populaire cherchant à renforcer la tradition de la région du Salento en mélangeant les rythmes traditionnels avec d'autres langages musicaux, revêt en effet une forme intéressante : il est itinérant et compte dix-huit étapes, culminant dans un grand concert de l'orchestre Notte della Taranta, à Melpignano, un petit village comptant parmi les neuf municipalités où l'on parle encore le « griko », une langue ancienne d'origine grecque.
Avec ses musiciens de renommée internationale, ce festival enregistre aujourd'hui une participation globale exceptionnelle d'environ 150 000 spectateurs. Une performance pour une localité minuscule et une manifestation dont le but, à l'origine en 1998, était de valoriser et de sauver un patrimoine musical en péril tout en faisant la promotion de talents locaux.
Figurant sur tous les guides et sites internet, le dernier concert est accessible par des trains régionaux et autres autobus mis à la disposition des spectateurs par les collectivités locales. Il rassemble à lui tout seul environ 50 000 personnes passionnées par ce genre traditionnel combiné parfois à des voix venues d'ailleurs comme celles de Stewart Copeland, icône de la world music, ou de l'israélienne Noa qui lança lors de sa venue des messages de paix pour le Moyen-Orient en compagnie d'une chanteuse palestinienne.

Depuis lors, la paix deviendra un thème essentiel du festival sponsorisé par l'UNICEF, durant lequel l'on écoute de la musique et danse jusqu'à l'aube. De plus en plus multiculturel, plus qu'un événement ethnique, ce festival s'est également ouvert à des projets spéciaux avec des groupes de musique folklorique de différents pays tels que la Mongolie et l'Inde. Tandis que, afin de baigner dans l'air du temps, il se double d'une autre manifestation : *The Food of Taranta*, créée dans le but de renforcer l'excellence culinaire de la région du Salento. Pour preuve de cette ouverture, le « Maestro concertatore » de 2013 – c'est-à-dire la personne désignée chaque année pour tirer les ficelles du festival-, a été un grand chef.

FANFARES ET CHORALES : DES PASSIONS POPULAIRES

Roberto Lavarini

La passion des Italiens pour la musique s'exprime également dans la pratique de deux genres musicaux très différents : l'un instrumental, l'autre vocal. Il s'agit des fanfares et des chorales qui se multiplient surtout dans le nord du pays, fournissant aux Italiens un excellent moyen d'assouvir leurs goûts musicaux, de créer des liens entre eux et d'offrir des concerts et des spectacles qui, à défaut d'être de très grande qualité, ont l'intérêt d'être festifs. Un bon moyen de susciter l'intérêt des touristes de passage, ravis de nouer avec une forme artistique avec laquelle la plupart sont familiarisés, dans leurs pays.

La passion pour les fanfares

Dans le domaine des fanfares, l'association nationale des fanfares italiennes autonomes (ANBIMA) compte environ 65 000 membres. Soit une petite partie seulement des pratiquants. Dans la seule petite région de Frioul-Vénétie Julienne, l'ANBIMA régionale, active depuis 1955, dénombre pour sa part une centaine de fanfares, près de 4 500 musiciens et près de 5 000 membres ! Mieux ! La Lombardie, la région la plus prolixe en compte 372. Encore ne s'agit-il que de formations amateurs. Un tel engouement pour ces pratiques musicales, n'a pas été sans encourager également la création de concours, stages et rencontres déplaçant dans toute l'Italie des milliers de personnes dont beaucoup voyagent en famille. De quoi alimenter et fortifier le tourisme national. Ainsi, en mars, juste au début de la saison touristique, Riva del Garda accueille le Concorso Bandistico Internazionale Flicorno. Très réputé il a reçu, en 2017, 45 fanfares qui ont défilé dans les rues du centre historique de la petite ville, offrant à la population locale et aux vacanciers très nombreux dans la région, un spectacle festif particulièrement original.

Les Alpini et leurs ressemblements

Notons également les chorales des Alpini qui comptent un grand nombre de choristes dans les régions alpines italiennes où elles sont très répandues. Composées d'hommes et, théoriquement, d'anciens militaires de haute montagne, les Alpini, proposent un vaste répertoire composé autant de chants militaires que de chants des montagnes et d'airs d'opéra. Détail pittoresque : les choristes soignent beaucoup leur tenue, qui rappelle la vie dans les montagnes (chemises de flanelle à carreaux, culottes en velours, brodequins) et la vie des soldats avec leur chapeau pointu orné d'une longue plume. Se produisant dans les salles de province ou en plein air, sur les places des villages, lors de fêtes locales laïques ou religieuses, ces chorales font partie intégrante du folklore régional et attirent elles aussi de nombreux touristes.

De plus, tous les ans, l'Association des Alpini, très engagée en activités bénévoles, choisit de rassembler ses membres dans une ville qui, par la même occasion se voit submergée par des centaines de milliers de visiteurs autour d'un évènement exceptionnel bouleversant totalement la routine quotidienne. En 2016, Asti, une ville piémontaise de 76 000 habitants a vu défiler pendant douze heures sans interruption 75 000 Alpini avec leurs drapeaux et étendards, et écouté 200 fanfares et chorales. Du 12 au 14 mai 2017, à l'occasion du 150ème anniversaire, Trevise qui compte 83 000 habitants a accueilli 80 000 Alpini parmi 500 000 visiteurs.

Au-delà de ces évènements annuels, ces chorales de montagne drainent un public très éclectique composé d'amateurs de toutes les générations. Elles ne sont pas dénuées d'une véritable attractivité touristique, malheureusement peu exploitée. Et pourtant, quand ils se produisent dans d'autres pays d'Europe, les Alpini sont très appréciés par les publics internationaux. Ils constituent donc une ressource artistique et touristique potentielle pour leur territoire, dans l'attente qu'un opérateur découvre cette réalité et sache comment l'exploiter tout en lui conservant un caractère spontané, ludique et convivial.

Protéger ou maintenir inchangé ? Le dilemme

Commerciale destinée à une clientèle populaire, ou au contraire, élitiste et réservée à des mélomanes, la musique populaire n'en témoigne pas moins de la variété historique, anthropologique et sociale que l'UNESCO même a prise en considération et que les différents pays cherchent à préserver et valoriser, intervenant politiquement, juridiquement et financièrement de façon différente. En Italie, c'est surtout à partir de l'après-guerre que les centres d'études sur la musique, les associations puis les régions s'en sont préoccupés. Et depuis, un débat animé s'est engagé sur le thème de la protection. Pour quelques-uns : « protéger » signifie « garder intacte ». Mais comment la musique, en particulier populaire, peut-elle rester toujours la même ? Comment peut-elle ne pas évoluer ni s'adapter aux mutations d'un peuple si elle est toujours soumise au contexte dans lequel elle se produit et dont elle doit être l'expression ? La musique classique, symphonique et les chansons d'auteur peuvent rester intactes au fil du temps, ou, si elles changent, le faire presque imperceptiblement. Mais la tâche est impossible pour une musique exprimant les sentiments et les impressions de ceux qui trouvent en elle le principal moyen de se raconter.

Avec les changements sociaux, l'esprit des évènements musicaux change aussi. Aujourd'hui, par exemple, la tendance générale consiste à ouvrir les festivals de musique traditionnelle et de musique populaire aux productions d'autres régions et d'autres pays et d'y inclure plusieurs genres. Ainsi, l'édition italienne 2016 de la Giornata Nazionale della Musica Popolare (la journée nationale de la musique populaire qui a lieu aussi dans d'autres pays européens) sur le lac d'Iseo, a été consacrée au jazz, en tant que musique populaire des immigrés dans les villes américaines. Cette tendance à l'ouverture au détriment de la tradition et au profit du show-bizz présente des risques qu'il ne convient pas de minimiser, ni en Italie, ni ailleurs. En recherchant du spectacle à travers le pittoresque, le touriste est bel et bien parfois un ennemi de l'authenticité qu'il s'efforce pourtant de côtoyer. Nul n'ignore que l'affluence touristique sur des territoires plus ou moins reculés et épargnés, constitue quand elle dépasse certaines limites, un poison particulièrement toxique pour le grande et la petite histoire humaine.

MUSIQUE & TOURISME

TRENTE - SEPT MILLIONS DE CHORISTES EN EUROPE

Roberto Lavarini

Particulièrement populaire en Europe qui compte, selon l'enquête Voice, 37 millions de choristes et environ un million d'ensembles sur tout le continent, la chorale est également un formidable pourvoyeur de déplacements touristiques autour d'événements de toutes sortes : concours, rencontres, spectacles, festivals… Impossibles à comptabiliser, mais repérables sur les nombreux sites consacrés à ce genre musical, les chorales constituent également un excellent outil d'animation ciblant à la fois la clientèle locale et la clientèle touristique. Mieux, si l'on prend le cas de l'Italie, on assiste ces dernières années, à la multiplication des compétitions entre chorales italiennes et étrangères. Lesquelles sont soutenues et encouragées par des stations de radio. Ainsi, le Grand Prix européen de Chant Choral, qui, depuis 1989, a lieu chaque année dans un pays différent, a eu lieu en Italie en 2016 et a attiré des milliers de spectateurs et de participants.

La même année, le MiTo Settembre Musica qui se déroule en septembre à Milan et à Turin en même temps, avec pour objectif très démocratique de faire sortir la musique classique des salles de concert et des théâtres, a accueilli 2 700 artistes venus de 27 pays et qui ont joué dans 186 lieux différents devant plus de 115 000 spectateurs. À Milan seul, sur la Piazza du Duomo, les organisateurs ont fourni aux spectateurs la partition des musiques jouées par des professionnels pour qu'ils se joignent au choeur. Enfin, 32 chorales se sont produites impliquant 1 800 choristes et plus de 50 chefs d'orchestre. En 2017, 18 chorales se produisent aussi à Turin sur la piazza San Carlo devant un public qui chante avec elles.

Les chorales en chiffres

Parmi les 37 millions de choristes et un million de chœurs que compte l'Europe (Russie comprise), la proportion de choristes dans la population nationale situe l'Autriche à la première place avec 925 000 choristes soit 11% de sa population. Elle est suivie par l'Allemagne qui compte 4.8 millions choristes soit 6%. L'Italie avec 5% enregistre 3 millions de choristes. La France pour sa part compte 2.6 millions de choristes soit 4,5%. Au Royaume-Uni, ils sont 2 millions et en Espagne : 1,1 million. Un tiers des choristes sont des hommes. 35% des choristes sont des enfants ou des jeunes ; 52% sont des adultes dont l'âge est compris entre 25 et 65 ans.

(Enquête *Singing Europe* : rapport 2017: www.singingeurope.org)

ÉGLISES ET MUSIQUE

Des scènes populaires et sacrées ouvertes à tous

Roberto Lavarini

Musique et tourisme disposent également de scènes inattendues : les églises, les cathédrales, les abbayes et autres chapelles. Largement ouverts à toutes sortes de manifestations musicales, ces édifices religieux en profitent pour accueillir des visiteurs, attirés simplement par le plaisir d'écouter un concert dans une architecture inédite inspirant le recueillement tout en fournissant une acoustique de qualité. Jazz, classique, baroque, électro, flamenco, gospels, chansons… tous les genres musicaux ont droit de cité dans ces lieux pour lesquels ils constituent un supplément d'animation et parfois, quand le concert est payant, des revenus additionnels non négligeables. Très ouverts à la création contemporaine, après avoir été rejetés par les puristes, ces édifices en profitent pour transformer leur image, la moderniser, redonner une nouvelle jeunesse à leur vocation religieuse initiale.
Bien évidemment, toutes ces manifestations musicales ne sont pas de qualité égale. Elles attirent donc des publics très variés. Simples profanes de passage au fil de l'été, ou spécialistes du genre, jeunes et moins jeunes, publics nationaux et internationaux, tout dépend du territoire et des flux touristiques qu'il attire. En France seule, on compte à Paris une centaine d'églises programmant chaque semaine des concerts de toutes sortes et quelques-uns de musique sacrée. Parmi elles, la Sainte Chapelle, la Madeleine, Saint-Germain-des-Prés… Certes ces concerts sont surtout fréquentés par des Parisiens parmi lesquels se glissent quelques touristes. En revanche, les festivals font la part belle aux publics touristiques. À Saint-Malo, Perpignan, Rocamadour, l'abbaye du Thoronet-en-Provence, celle de Sylvanès en Aveyron… le public ne se fait pas prier pour être au rendez-vous.

MUSIQUE SACRÉE : L'ITALIE, UNE PIONNIÈRE

Quant à la musique sacrée, elle est chez elle dans tous ces édifices religieux et les festivals qui y sont organisés. Souvent avec succès. Ainsi, en France, le festival de musique sacrée de la Chaise-Dieu en Auvergne, fondée en 1966, accueille 20 000 spectateurs tous les étés dont 35% de fidèles, sur une dizaine de jours. Compte tenu de la taille des lieux qui les accueillent, il s'agit d'une performance, d'autant que la billetterie compte pour 50% dans les recettes du festival.

Un regard vers le passé

Des festivals comme celui de Fès, créé il y a 25 ans autour des musiques sacrées du monde, bénéficient d'une aura suffisante pour attirer un public de spécialistes, dont certains profitent des forfaits mis en place par les hôteliers du cru, à cette occasion. Mais, l'Italie est incontournable dans ce domaine, d'autant qu'elle est une pionnière du genre : En 386 en effet, Ambroise, évêque de Milan, introduit l'habitude orientale de chanter des hymnes et des psaumes qui seront bientôt repris par tout l'Occident, et qui font toujours partie intégrante de la liturgie dite « ambrosienne » célébrée à Milan. D'après les documents qui sont parvenus jusqu'à nous, il semblerait qu'au cours des premiers siècles après l'an Mille, le culte de la musique, en particulier la prière liturgique, était très vivant. En 1464, la cathédrale de Milan décide d'ailleurs de faire construire par le meilleur artisan de l'époque, Bernardo d'Allemagne, un nouvel orgue afin d'attirer dans ses murs des chanteurs célèbres.
Après le concile de Trente en 1545, les confréries se répandent, développent et propagent l'utilisation de cantiques religieux. Au XVIIIe siècle, c'est la domination autrichienne de Milan qui marque un tournant important dans les spectacles musicaux. À partir de cette époque, la musique sort des églises pour se déplacer vers les palais, sur les grandes places et dans les théâtres. Le résultat est, entre autres, la naissance du théâtre d'Opéra alla Scala. Par la suite, les Français, pendant la domination napoléonienne, prennent en charge l'organisation du patrimoine musical du XVIIe et XVIIIe siècle et contribuent à l'installation du célèbre Conservatoire de Milan, dans l'église de Sainte-Marie de la Passion qui, bien qu'installé dans une église offre également des formations musicales laïques contrairement à d'autres conservatoires Italiens célèbres à l'époque liés au monde religieux.

Les Français favorisent aussi l'édition musicale. C'est ainsi que la famille Ricordi va mettre en place peu à peu un véritable empire en ouvrant à Milan en 1803 son premier magasin, qui en fera le plus grand éditeur de musique de l'Europe au cours des deux derniers siècles. Pendant ce temps, l'intérêt pour la musique sacrée est en baisse bien que les grands compositeurs d'opéra continuent de créer de magnifiques pièces pour les messes comme celles de Rossini et de Puccini, ou la Messe du Requiem de Verdi.

Les années 1960 : une nouvelle façon de faire musique dans les églises

À partir du milieu du XXe siècle, l'Église insiste pour que la messe soit célébrée avec la contribution des fidèles. Dès les années 1960, le centre œcuménique de Taizé influence le goût de nombreuses communautés ecclésiales européennes en proposant des nouveaux morceaux de musique liturgique composés spécialement pour les communautés de fidèles. Simples, d'une tonalité agréable, ils parviennent également à inspirer la méditation. Toujours dans les années 1960, la recherche musicale conduit à des mélanges avec la musique pop (le soi-disant *sacropop*, la messe *beat*) et dans les milieux protestants même avec le rock (le gospelrock) ; dans les années suivantes et jusqu'au début des années 2000, on assiste en effet à la propagation de la musique pop chrétienne et la prolifération de nouveaux auteurs et ensembles avec des répertoires joués au cours des messes, en particulier par les jeunes. Pendant ce temps, plusieurs festivals de musique sacrée et d'autres de musique ancienne se multiplient. On y chante même des chansons ecclésiastiques. Enfin, en 2014, la chaîne TV 2000 de la Conférence Épiscopale Italienne organisa un « talent show » pour les chorales paroissiales nationales. Un millier d'entre elles ont demandé à y participer, quatre cents ont pu s'y présenter.

Une musique bien vivante

Les festivals et les concerts de musique sacrée qui prolifèrent en Italie pendant l'été et attirent d'autant plus de visiteurs que les concerts sont souvent gratuits, se caractérisent par des œuvres soit méconnues soit oubliées, créées par de grands compositeurs tels que Bach, Albinoni, Donizetti et Rossini pour ne citer qu'eux, ou même actuels. Nécessitant souvent un orgue, elles doivent être jouées dans les églises et dans les cathédrales par des orchestres accompagnés parfois par des chorales ou par des solistes. En dépit de son thème qui plonge ses racines dans le passé et qui semble être réservé à un petit nombre de spécialistes, la musique sacrée constitue un secteur très dynamique de la vie musicale italienne. C'est un monde où l'activité des chercheurs, des musiciens, des chorales se conjugue avec la restauration et la valorisation d'anciens instruments de musique cachés à l'intérieur d'églises parfois anodines, mais renfermant des trésors.

Quatre millions de visiteurs à Lorette… et autres festivals

Pour ne citer que quelques exemples : Dans la petite ville de Lorette dans la région des Marches, le célèbre Sanctuaire de la Sainte Maison de Lorette, « *le premier d'envergure internationale dédié à la Vierge, véritable cœur marial de la chrétienté* » (Jean Paul II), préserve, selon une ancienne tradition, approuvée aujourd'hui par les chercheurs, le mur de la maison où Marie a vécu à Nazareth. Il fut transporté pendant les croisades. Dans cette petite bourgade, visitée par environ 4 millions de fidèles par an, depuis 1961, durant la semaine suivant les Pâques, le *Festival Rassegna Internazionale di Musica sacra Virgo Laureatana*, dédié à la Vierge, attire les foules. À cette occasion, la place de la basilique accueille toutes sortes de concerts vocaux et instrumentaux, interprétés par les chorales de chapelles musicales du monde entier et par la Chapelle Musicale liée au sanctuaire.

Un autre festival très important pour la chrétienté est celui qui se tient à Assise, la ville de Saint François. Là, la chorale Cappella Musicale della Basilica Papale di San Francesco en automne propose la Rassegna Internazionale di Musica Sacra : Assisi Pax Mundi (Le Festival international de Musique sacrée : Assisi Pax Mundi) où chaque année, 15 chorales ou groupes musicaux proposent une musique sacrée inspirée par la philosophie de Saint François dans le but de promouvoir la paix entre les peuples.

Depuis un demi-siècle, l'Associazione Festival Musica Sacra di Bolzano e Trento fait pour sa part des recherches sur la musique sacrée. Le Festival qu'elle organise chaque année du début de mai jusqu'à la mi-juin remet en lumière des musiques oubliées à côté des nouveautés créées par les compositeurs contemporains. Le festival, qui a pour vocation de renforcer les liens avec le Tyrol, en se déroulant dans plusieurs églises de la région sud-tyrolienne, permet par la même occasion de valoriser un patrimoine exceptionnel d'orgues restaurées au fil des années. À Rome, au Festival International di Musica e Arte Sacra qui se déroule à Saint-Pierre du Vatican, à Bologne, dans la basilique de San Petronio (Saint

Pétrone), qui bénéficie du plus ancien orgue d'Italie et d'une chapelle musicale archiépiscopale fondée en 1436, les amateurs affluent.

Et, en plein cœur de Milan, un ancien monastère doté d'une église d'une beauté extraordinaire, comportant notamment des fresques du XVe siècle, a été choisi comme lieu de diffusion de musique ancienne. Dans ce qui est devenu une sorte de « Chapelle Sixtine de Milan », de 1976 à 2011, un événement exceptionnel : *Musica e poesia a San Maurizio* (Musique et poésie à Saint-Maurice) a connu un succès inattendu qui a fait de Milan la capitale de la musique ancienne. Bien que supprimé en 2012, faute de financements, l'événement perdure à travers plusieurs manifestations de musique sacrée attirant une foule de musiciens et d'amateurs étrangers.

Musique sacrée : lexique

La musique sacrée regroupe des genres musicaux associés d'une manière ou d'une autre aux pratiques religieuses d'un groupe social donné. Le concept s'oppose donc à celui de musique profane. Il convient de distinguer la musique sacrée de la musique spirituelle et de la musique religieuse
- la musique sacrée est une musique considérée comme capitale, vitale à une personne ou une communauté d'un point de vue religieux ;
- la musique spirituelle est une musique permettant d'élever l'âme vers le divin, sans s'inscrire forcément au sein d'une pratique religieuse ;
- la musique religieuse est souvent consacrée par des textes ou par des sacrements religieux. Elle se distingue des précédentes par sa fonctionnalité.

Ainsi, la musique sacrée dépasse la musique spirituelle par son caractère personnel ou communautaire ; une musique peut être sacrée pour un culte (le « miserere » pour l'Église catholique par exemple), qui ne l'est pas pour d'autres. C'est ainsi qu'une musique profane peut être spirituelle.

DE NASHVILLE A DUBLIN, L'IMMENSE PLANÈTE COUNTRY

Un renouveau spectaculaire

Josette Sicsic

Les amateurs de country music se comptent par millions à travers le monde. D'abord cantonnés dans les pays anglo-saxons, notamment aux USA, en Australie, Nouvelle-Zélande, Grande Bretagne, ils ont ensuite littéralement explosé dans des pays comme l'Allemagne, la Scandinavie et maintenant la France. Déplaçant des milliers de « fans », des centaines de manifestations de toutes dimensions font vivre un genre, qui n'est plus considéré comme « ringard » et a le pouvoir d'irriguer aussi de tout petits territoires.
En fait, il n'y a rien de surprenant à ce que la country irrigue les campagnes. Elle y est née, résultante d'un mélange de musiques folkloriques européennes débarquées sur le continent américain avec les premiers immigrants. Jouée à ses origines avec des instruments portables : banjo, guitare, harmonica, violon, cuillères… elle permettait de chanter les petits tracas et les grands espoirs de la vie quotidienne sur un ton joyeux ponctué de coups de talons, de sifflets et de pas de danse esquissés en quadrilles, suivant la mode importée directement de l'immigration française au Canada et en Louisiane. Empruntant rapidement à d'autres danses traditionnelles européennes comme la mazurka, la polka, la gigue, la country n'a pas tardé à conquérir le public nord-américain pour lequel elle s'est constituée en patrimoine folklorique et historique grâce à ses capacités à véhiculer à travers ses notes les images du rêve américain. Retraçant la conquête de l'Ouest, la lutte contre les Indiens, les grands espaces, l'épopée semi-coloniale que fut la ruée vers l'or, les veillées au coin du feu des « lonely cow-boys » et la violence des mêmes desperados, cette musique a d'autant mieux accédé au firmament des genres musicaux que des stars internationales comme Bob Dylan, Johnny Cash, Elvis Presley, Ray Charles ou Nat King Cole ont bâti sur ses rythmes et ses notes des succès.

Le succès des petits territoires français

En excellente santé outre Atlantique, la country connaît également une réelle popularité dans l'Hexagone où, débarquée dans les années 1990, elle a mis quelques années à rencontrer son public et à l'initier à ses sonorités et ses danses. Mais, c'est chose faite, puisque désormais un maillage de centaines de clubs et associations de toutes tailles sont regroupés dans une fédération nationale composée de 18 000 membres et que le réseau des adeptes occasionnels ou réguliers est évalué à un petit million de personnes. Éparpillés à travers l'Hexagone, surtout dans les régions rurales d'ailleurs, ces fans se retrouvent pour des concerts de toutes dimensions, dans des lieux parfois improbables, au cours desquels se produisent des artistes confirmés ou des débutants devant un public de plus en plus abondant.

Pour preuve, en 2013 par exemple, pour le simple mois de juillet, sur le site des clubs de Charente maritime : www.countrysaintesbuffalodancers17, on découvrait les annonces suivantes : *« Retrouvons-nous en Auvergne pour le Big Festival, celui de Craponne sur Arzon, 3 jours en l'honneur de la musique country, 23 groupes entre le festival officiel et le festival off, on va faire le plein de musique et surtout de bonnes musiques. Ensuite direction Le Barp (33) le « petit » festival qui doucement rentre dans la cour des grands. On a organisé un bus pour revoir Joni Harms. Entre le bus et ceux qui y vont par leurs propres moyens nous serons plus de 70 du club. Et on continue avec Sara Jory à Villeneuve (47), Equiblues à Saint Agreve, Weldon Henson à Saintes (17) et quelques autres encore. Que du bonheur ! »* concluait cet article parmi tant d'autres. Tous du même calibre.

Pour autre preuve, aux puces de Saint-Ouen, la boutique A.W Cooper qui vend toute la panoplie du parfait amateur de Country ne désemplit pas. On y vient de toute la France pour y acheter bottes, chapeaux, bijoux, tee-shirts, vestes à franges et autres instruments de musique ainsi que la décoration idoine : statuettes, lampes, accessoires divers capables de recréer l'ambiance Far-West dans laquelle cette musique est née.

Cependant, la figure de proue de cette formidable vague musicale, c'est le CMA, soit la *Country Music Association* créée en 1958 aux USA, qui compte quelque 11 000 membres à travers le monde dont le but est de promouvoir et enseigner ce genre musical. Organisatrice des Country Awards et surtout du Festival de Nashville, cette gigantesque association organise aussi le C2C, des rencontres spectaculaires offrant un plateau imbattable de vedettes. Ainsi, à Londres en mars 2014, dans le cadre de l'O2 Arena, la plus grande salle de concert du pays, plusieurs dizaines de milliers de fans sont venus acclamer leurs idoles. Ce fut du délire pendant deux nuits, dans une ambiance folle, à tel point que la manifestation se reproduira à un rythme annuel. Pour 2015, les tickets étaient en vente un an à l'avance, attendant un public tout aussi abondant, en provenance de toutes les îles britanniques, mais aussi des pays européens voisins.

Des déplacements touristiques intensifs

Moins spectaculaires, mais intensifs, les déplacements touristiques effectués par les clubs et associations de country qui, plusieurs fois par an, se déplacent lors de congrès, rencontres, festivals divers leur permettant de rencontrer leurs homologues, de suivre des cours avec des intervenants internationaux et surtout de vivre de formidables aventures musicales et humaines. La vice-présidente de Country en IDF explique par exemple qu'elle part quatre fois par an, à l'étranger, avec plusieurs dizaines de membres de son club : Canada, USA, Norvège. En fait, la country suit le modèle des centaines de réseaux associatifs musicaux qui courent le monde afin de satisfaire leurs passions pour la musique, via des spectacles, festivals ou workshops et autres rencontres amicales ou professionnelles.

Nashville : Hollywood de la country

Mais, nul ne contestera à Nashville son statut de capitale de la country. À tel point que les agents de voyages n'hésitent pas à la programmer dans leurs circuits : « *C'est une destination que l'on cherche à développer*, expliquent-ils, *d'autant qu'il y a des superbes musées, dont un nouveau lieu consacré à la country music. Mais, les touristes sont surtout américains, car la destination reste chère : il n'y a pas de vols directs et il y a peu de concurrence sur les compagnies aériennes…* »
En fait, Nashville se mérite. Plus *old school* que d'autres grandes villes sudistes, la capitale du Tennessee, que l'on surnomme « la Hollywood de la musique pour les gens du Sud », séduit par son authenticité et ses spots pour amateurs de bio et de country garage. Elle séduit aussi pour sa Music valley qui abrite le légendaire studio de radio Le Grand Ole Opry où les amateurs peuvent toujours assister à des enregistrements et l'Opryland Hotel, l'un des hôtels les plus pharaoniques des USA.
Le Wild Horse Saloon fameux pour ses soirées de danse country et la multitude de musiciens qui jouent des ballades aux coins de rue du centre-ville complètent le tableau très commercial de cette Mecque qui, depuis 1972, accueille pendant quatre jours un festival mondialement connu attirant des visiteurs d'une quarantaine de pays et de tous les états américains. En 2013 : ils étaient environ 250 000. Il faut dire que le jeu en vaut la chandelle : 400 artistes environ parmi les plus grands, déploient

leurs talents au cours de concerts dont les recettes ont une originalité : elles sont versées à des organismes caritatifs. Une manne quand on sait que les artistes se produisent bénévolement. Car se produire à Nashville constitue bel et bien une consécration pour les chanteurs de country. Pour preuve, le film de Clint Eastwood : *Honkytonk man* narrant l'histoire d'un musicien ambulant gravement malade, dont le seul bonheur consistera à être sélectionné pour une audition à Nashville. Enfin, notons que depuis 2013, Nashville abrite un musée consacré au célèbre chanteur Johnny Cash, mort en 2003, que ses fans viennent visiter avec émotion afin de retrouver un peu de l'histoire de ce grand nom de la musique country. Le siège de la marque de guitare la plus prestigieuse du monde : Gibson, est également établi à Nashville, ce qui n'est pas sans susciter un tourisme d'affaires permanent dont la ville, les hôtels, les restaurants profitent.

LES MUSIQUES CRÉENT DE NOUVELLES DESTINATIONS

Ibiza à Las Vegas : l'électro en vedette

Josette Sicsic

Certaines régions pour leur part vivent entièrement sur un patrimoine sonore importé d'autres territoires. Érigé en marque et transformé en « business », ce patrimoine attire des foules de touristes peu regardants sur l'authenticité de l'offre qu'on leur propose. Très nombreuses dans ce cas, les villes dont la diversité de la population et le multiculturalisme ambiant se prêtent à de multiples importations de world music, jazz, classique, électro. En revanche, sur des territoires plus restreints, les exemples sont plus rares, excepté dans le cas de festivals que nous traiterons dans un autre chapitre. Parmi les plus célèbres des destinations transformées en scène musicale : Ibiza, l'île d'or des Baléares en partie défigurée par les clubbers, bat au rythme incessant de la techno. Et, ça marche ! En 2016, quatre de ses clubs sont arrivés dans le Top Ten du classement international des établissements les plus populaires de la nuit. Car, plus que des musiques, les musiques électroniques constituent une culture, un mode de vie et surtout un formidable outil d'évasion sur exploité par les discothèques avides de gain.

IBIZA : TEMPLE DE L'ÉLECTRO

À peine débarqué sur le petit aéroport d'Ibiza, la troisième des îles Baléares, le visiteur est mis dans le bain. Un bain musical assourdissant qui n'est pas pour déplaire à une clientèle de jeunes Européens, Britanniques, Allemands, Français, venus pour la plupart d'entre eux s'immerger dans les décibels des musiques électroniques qu'émet l'île 24 heures sur 24 pendant l'été. Combien sont-ils ? Plus de 2 millions et demi dont 70% au moins, selon les estimations, viennent exclusivement pour « faire la fête » ! Mais, ce n'est qu'un début. L'île s'équipe d'un aéroport plus vaste capable d'accueillir près de 10 millions de passagers annuels.

Est-ce bien raisonnable au moment où les Baléares se prétendent engagés dans la voie du développement durable ? À l'heure du low-cost, du « all inclusive » et du tourisme de masse, qui aurait cru qu'une petite île des Baléares qui, avant-guerre, vivait sur de maigres ressources et abritait l'une des populations les plus attardées d'Europe, puisse devenir l'une des destinations touristiques les plus fréquentées et les plus dynamiques de la Méditerranée ? Qui aurait pu également prévoir qu'Ibiza deviendrait le rendez-vous d'une population jeune et débridée en quête de festivités et d'une drôle de musique façonnée par des ordinateurs, diffusée par des enceintes énormes, au timbre parfois inacceptable, en rupture totale avec le son mélodieux des guitares et des voix insulaires ? Mais, comment en est-on arrivés là ? En fait, l'histoire d'Ibiza est singulière. Telle qu'elle est racontée par le philosophe Yves Michaud dans son ouvrage *Ibiza mon amour* – dont nous vous recommandons vivement la lecture – elle compte même parmi les aventures touristiques les plus spectaculaires du dernier demi-siècle. Du moins, en Europe.

Imaginez une île pauvre, peuplée de quelques familles de paysans, dotée de paysages de rêve, plantée de pins, d'oliviers et de fleurs, réchauffée et éclairée par le soleil 300 jours sur 365 ! Le site est suffisamment idyllique pour être repéré dès les années trente par les premiers vagabonds de la « beat generation » en rupture avec « American way of life » qui, entre amour libre, révolte et quelques effluves de haschich, décident non seulement d'y passer des vacances, mais de s'y établir à l'année. Vrais ou pseudo poètes, écrivains, peintres, musiciens à la marge ou bricoleurs de bijoux, les nouveaux venus à Ibiza sont suffisamment nombreux pour ne pas tarder à attirer de nouvelles recrues dont les modes de vie n'en finissent pas de surprendre les autochtones.

À peine plus tard, dans les années cinquante, ce sont leurs héritiers : les « hippies » qui, bracelets aux pieds et fleurs dans les cheveux, s'installent et donnent à l'île un second souffle. Le tout, sous le regard toujours aussi ahuri de la population locale qui, timide, fermée à la marche de l'histoire, ankylosée dans des liens religieux et familiaux inextricables, a toutes les peines du monde à voisiner avec ces étrangers qui ne sont ni des résidents secondaires ni de vrais touristes tels que le général Franco avait eu l'idée de les attirer, pour sortir l'Espagne de son marasme économique. Tandis que des promoteurs au nez creux colonisent et saccagent les côtes de la Costa Brava, que Majorque et les Canaries construisent et soldent des milliers d'horreurs architecturales à des investisseurs européens euphoriques, Ibiza, légèrement à l'écart des séjours organisés qui affluent sur ce nouvel Eldorado que constituent les

grandes îles des Baléares, loge ses premiers touristes où elle peut.
De quoi maintenir à quai ses artistes et en séduire d'autres, moins américains, plus européens, parmi lesquels, chance ou malchance, les musiciens sont nombreux.

Des discothèques géantes

Mais, la trêve sera de courte durée. Dès le début des années 1970, les premières pelleteuses défoncent le sol et les premiers hébergements touristiques voient le jour en attendant que l'Espagne de la « movida », après des années de dictature, renoue avec la liberté et les diktats d'une modernité en quête immodérée de plaisir. A la chute du « caudillo », l'heure est à la jouissance, à la fête, aux excès. Incarnations de ces nouvelles aspirations, les premiers temples de la nuit ouvrent à Ibiza comme ailleurs. Premier de la liste, le Pacha ouvre avant les autres, en 1973. Simple réplique du Pacha de Sitgés, plutôt « peace and love », il fait cependant figure de visionnaire. Il est rapidement suivi par de nouveaux établissements atteints de gigantisme dont le plus grand le Privilège, après des débuts modestes, compte la bagatelle de 10 000 places alors que la moyenne de ces cathédrales sonores en compte entre 3 000 et 5 000.
C'est aussi le tour de l'Amnesia, un club mythique, où triomphe la musique psychédélique chère aux « clubbers » de la première heure : des hippies bercés par la musique des Pink Floyds, que Barbet Schroeder évoque dans son film culte *More* et en 2015 dans *Amnesia*. Le décor est planté, l'hystérie touristique est en marche. Et, la musique techno dont les premiers accents conquièrent les scènes occidentales, n'a plus qu'à convoquer ses stars, commander les plus énormes synthétiseurs et enceintes du monde et déverser ses grondements saccadés en torrents assourdissants, dans les oreilles de jeunes vacanciers dont la majorité n'a qu'un objectif : s'étourdir dans des vagues sonores électroniques avant de réaffronter son quotidien et sa grisaille.
Il est clair que, malgré une proportion non négligeable d'authentiques amateurs, capables de sauter d'un club à l'autre, pour écouter leurs mixages préférés, la grande majorité des vacanciers n'est pas composée de connaisseurs. En quête d'ambiance, de chaleur, de vertige, et de cette « viscosité » dont parle le sociologue Michel Maffesoli, à propos de la société post-moderne qu'il qualifie à juste titre de « dionysiaque », les clients d'Ibiza sont juste jeunes et un brin transgressifs, consommation d'ecstasy oblige. Il faut reconnaître que l'île des Baléares réussit le tour de force de permettre à 80 000 personnes de faire la fête toutes les nuits

d'été et parfois de poursuivre leurs activités festives durant toute la journée grâce à une nouvelle mode largement suivie : celle des « after hours ».

Nés dans les années 1990, les « after » font d'autant plus fureur que la plupart des vacanciers en séjourà Ibiza n'y passent qu'une semaine. Le temps leur étant compté, pas question pour eux de perdre une minute de défoulement et d'ivresse. Car, à Ibiza, la musique ne peut se marier qu'avec un autre cocktail gagnant, celui à base d'alcool bon marché mélangé à des ersatz de jus de fruit que les bar tenders déversent sans interruption dans les gosiers des « clubbers ». Dans cette course à l'ivresse, les bourses plus modestes boivent à même la rue ou à même la plage au cours de ces immenses « botellon » qui terrorisent la population autochtone et épuisent la « Guardia civil » contrainte à de fréquents allers-retours entre plages et hôpitaux.

Les « boat-parties » dont la vogue s'est répandue récemment comptent également parmi les « must » d'un séjour de vacances. Vendues à des tarifs parfois dissuasifs : de 50 à 100 euros et plus, ces virées en bateau durant lesquelles on se saoule, on danse et on s'étourdit, font les beaux jours de nombreuses agences spécialisées peu gênées de troubler la quiétude d'une autre catégorie de vacanciers moins atypiques en quête de détente, voire de silence. En fait, pour les prestataires touristiques, la saison ne dure que de mai à septembre, avec un pic en plein été. Pour empocher des euros, il faut donc non seulement faire vite, mais faire preuve d'inventivité en multipliant les événements, invitant les DJ les plus en vogue de la planète, construisant toujours plus grand.

En résumé, à Ibiza, on est passé en moins d'un quart de siècle du calme à l'urgence, du silence au tintamarre permanent, de la sérénité aux vibrations des tables de mixage, pour produire un tourisme adulé par certains, mais vomi par une majorité de vacanciers qu'il ne faudrait pas qualifier de nostalgiques, de conservateurs ou de grincheux. Malgré une image très forte, entretenue par les voyagistes et l'office du tourisme espagnol qui ne lésine pas sur les qualificatifs excessifs pour dépeindre l'ambiance de l'île : « *Des nuits interminables, une offre illimitée de loisirs, une tolérance qui n'est plus à démontrer…* » Ibiza constitue une sorte de cas d'école, renfermant toutes les contradictions du tourisme contemporain.

D'une part, la douceur de fine fleur de la Méditerranée. De l'autre, l'extravagance, la foule, l'animation à outrance… pour une marge de vacanciers. Car, les jeunes fêtards constituent bien une marge qu'il ne faudrait pas non plus qualifier de contestataires. Selon le philosophe Yves Michaud : « *la transgression à Ibiza se normalise dans une sorte de clandestinité officielle, avec, ajoute-t-il, une intrication du business et de la fête qui est au cœur du système »*. Business ? écrit le philosophe ; il ne croit pas si bien dire. En 2014, les 2,7 millions de touristes, enregistrés à Ibiza représentent près d'un cinquième du nombre total d'arrivées enregistrées sur l'archipel des Baléares, évalué à environ 13 millions. Pour le seul mois de janvier 2015, la popularité d'Ibiza a fait bondir les dépenses touristiques de 61%, selon les données publiées par Ibestat, le centre d'études statistiques des Baléares. Il faut dire que les dépenses moyennes sont estimées à une fourchette allant de 70 à 130 euros/jour. Ce qui n'a rien de négligeable. À titre de comparaison, notez que le Sonar à Barcelone attire plus de 100 000 spectateurs en 3 jours. Le festival électro Nuits sonores à Lyon en attire 130 000 en 5 jours, soit 100 000 de plus que pour sa première édition en 2003.

LAS VEGAS : DU JEU A LA TECHNO

À Las Vegas, le jeu ne représenterait plus que 36% du chiffre d'affaires. Soit une chute de 18% entre 2007 et 2010. Est-ce bien possible alors que la capitale du jeu compte tout de même bon an mal an environ 41 millions de touristes, dont 80% sont américains et 20% étrangers ? Les temps effectivement changent pour cet incroyable « resort » planté dans le désert du Névada dont l'image, connue dans le monde entier véhicule roulettes, casinos, jack-pots, hôtels pharaoniques, piscines extravagantes, paillettes, revues, artistes internationaux et une partie du rêve américain. Aujourd'hui, alors que le touriste moyen est plutôt un quadragénaire, vivant en couple ou en famille, venant passer un séjour de vacances et de détente, la ville du péché a pris un nouveau virage. Celui d'une station déjantée vibrant aux sons de musiques encore plus déjantées diffusées nuit et jour dans de nouvelles cathédrales : des discothèques géantes croulant sous les milliards, les lumières, les artifices et des flots de sons électroniques.
Le XS par exemple et son casino éponyme ont coûté quelque 100 millions de dollars. Tout comme le Hakkasan qui a ouvert dans le MGM Grand et qui est devenu le club le plus cher du pays avec sa scène suspendue, ses multiples étages, ses murs criblés de milliers de LED et ses chutes d'eau. Par comparaison, Le Light, un autre poids lourd de Mandala Bay n'a nécessité que 25 millions de dollars d'investissements de la part de ces visionnaires qu'ont été Steve Whynn, propriétaire de plusieurs clubs anglais, et surtout le Sheikh Mansour bin Zayed Al Nahyan d'Abu Dhabi.
En tout, Las Vegas affiche aujourd'hui 7 night-clubs figurant dans le

Top-10 américain des plus gros chiffres d'affaires et quatre dans le Top-5. Alors que, selon le magazine Nightclub & Bar, leXS est champion toutes catégories des boîtes de nuit américaines, avec 800 000 à 1 million de dollars de recettes par nuit.

Boissons et DJs assurent une partie des recettes

Quant aux DJs tels David Ghetta ou Deadmau5 ou Afrojack qui font la pluie et le beau temps dans cet univers extravagant, ils sont payés jusqu'à 250 000 dollars par séance. De quoi accumuler de véritables fortunes : 66 millions de dollars pour Calvin Harris en 2015, selon le magazine Forbes, loin devant David Guetta qui n'aurait sur son compte que 37 millions de billets verts. Inutile donc de préciser que les DJs ne se font pas prier pour venir faire danser les foules, mais n'hésitent pas non plus à faire monter les enchères.
Sauf qu'attention, à Las Vegas on ne cherche pas à dénicher de nouveaux talents. Ici, on joue sur des valeurs sûres, laissant à Berlin ou Ibiza le soin des bonnes trouvailles. Il convient également de souligner que Sin city a un goût immodéré pour l'argent, qu'elle s'efforce de faire rentrer par flots dans ses caisses avec une technique largement éprouvée pour ses casinos : Les tickets d'entrée – comme les nuits d'hôtel – sont relativement modérés dans les clubs, puis on fait en sorte que les bouteilles dont les tarifs varient entre 500 et quelques milliers de dollars, voire des dizaines de milliers, coulent à flots dans les gosiers des « clubbers ». Lesquels sont pourchassés méthodiquement sur les réseaux sociaux, à condition cependant d'avoir dépassé les 21 ans.
Et que leur propose-t-on ? Des programmes de soirées qui donnent le vertige comme on peut en voir sur le site : electronic.vegas. Là, non seulement on découvre que tous les clubs, tous les soirs ont leur propre programmation, mais que les piscines proposent également des festivités de jour tandis que des événements exceptionnels se succèdent. Après Halloween, on prévoit le réveillon de fin d'année ou l'Electric Daisy Carnival qui promet trois jours de folie à la mi-juin, à un tarif de base de 350 euros. En fait, techno ou pas, Las Vegas ne se repose jamais sur ses lauriers : si l'on compte les constructions en cours ou en projet sur le Strip, on arrive à 7 milliards de dollars. C'est dire que la ville est loin du sous-investissement chronique dans nos pays. Et, parmi les projets les plus éblouissants, c'est le Linq qui est le meilleur exemple. Avec le groupe Caesars Entertainment aux commandes, il devra drainer les 20 millions de visiteurs annuels sur une rue factice bordée de bars, restaurants, clubs musicaux avec tout au bout, la grande roue la plus haute du monde, à

167 mètres, d'où l'on observera la ville dans de grandes cabines pouvant être louées pour des fêtes ou par des couples souhaitant s'envoyer dans les airs.

Grâce à une telle offre, il va de soi que Las Vegas a de beaux jours devant elle, malgré l'attentat horrible en plein concert qui a coûté la vie à 80 personnes en septembre 2017. D'autant qu'elle a opté pour un style d'« entertainment » beaucoup plus conforme à son image, ses capacités d'accueil et surtout à son sens du « business ». À Las Vegas, on ne cherche pas à donner dans les cultures avant-gardistes, ni la recherche, ni le militantisme artistique ni l'extravagance pour l'extravagance. Non, à Las Vegas, il s'agit de faire tourner les tiroirs-caisses et de faire progresser les dépenses moyennes quotidiennes des touristes, établies à moins de 600 euros pour un séjour.

DU MEXIQUE À GOA : L'ÉLECTRO BAT SON PLEIN

Si Las Vegas fait parfaitement bien les choses, à Miami, depuis quelques années, on n'a pas attendu non plus pour récupérer une clientèle touristique qui se chiffre à plusieurs millions d'individus. C'est notamment l'EDM (electronic danse musique), qui fait les folles nuits de la capitale de Floride. En particulier durant la Miami Music Week qui a lieu en Mars, se joue à guichets fermés et permet à la station de se ressourcer en matière de musiques, divertissements et toutes sortes d'idées nouvelles. Car qui dit électro dit bel et bien une avant-garde créative et transgressive pour qui la musique constitue un socle culturel commun sur lequel se bâtissent de nouveaux modes de vie et tant d'autres formes artistiques. De plus, l'Europe est loin de se douter qu'ailleurs, au Mexique par exemple et notamment à Playa del Carmen sur la côte Caraïbe, des festivals de musique électronique totalement extravagants mélangeant bals costumés issus de la tradition nationale et musiques électro attirent des milliers de jeunes.

C'est le cas par exemple du Bpm festival, en janvier, qui investit pendant 10 jours les plages de la station fréquentées par environ 60 000 spectateurs venus de 60 pays. Mais, attention, les autorités locales veillent à la bonne tenue de l'événement, notamment à la consommation abusive d'alcool et de drogues. En Inde, à Goa plus exactement où les « full moon parties » ont surgi spontanément à l'apogée du mouvement hippie, l'électro est toujours bienvenue. Issue de la « trance psychédélique », elle a des racines locales solides qui, en dépit de ses nombreux avatars, lui ont donné une existence légitime dans cet état indien réputé pour ses plages. Mixant la aussi la tradition locale avec la musique, les fêtes colorées de Goa constituent un must sur la route des festivals de musique électro. Tandis qu'en Thaïlande, les « full moon parties » font partie des incontournables du tourisme national.

LES « FULL MOON PARTIES » DE THAÏLANDE

À l'exemple d'Ibiza, d'autres destinations en devenant des hauts lieux de la musique électronique, sont en effet devenus de hauts lieux touristiques : pour le meilleur et pour le pire. Parmi les exemples les plus célèbres : Koh Phangan en Thaïlande et ses « full moon parties ». Encore un territoire qui n'a aucune affinité avec la musique qu'il programme, mais où, tourisme oblige, discothèques et autres maisons de passe y vont toutes de leurs nuits festives et surtout des nuits de pleine lune. Annoncées par le calendrier touristique officiel, ces nuits de fête éclairées par la lune tropicale sont également annoncées par les réseaux sociaux et guides de toutes sortes pressés de rameuter des milliers de jeunes et moins jeunes en quête de défouloirs où alcool, drogues et autres excès, voisinent avec une musique techno déversée à flots continus par des enceintes tonitruantes.

Médiatisées par de multiples sites internet dédiés (www.fullmoonparty-thailand.com), ces fêtes qui aujourd'hui écument de nombreuses autres îles, font également l'objet d'une organisation touristique méticuleuse de la part de quelques tour-operators avisés. Lesquels ont rapidement compris l'intérêt de proposer chambres d'hôtels de standing, transferts ou packages complets à des touristes anxieux d'assister à ce qui leur est présenté comme l'un des clous du spectacle nocturne de cette « amazing Thaïland » vendue par l'Office du tourisme national. Histoire de faire durer le plaisir, d'autres « moon » sont même aujourd'hui sur les rangs : la Shiva moon, la Half moon, des Pool moon dans les piscines des hôtels qui ont poussé comme des champignons depuis trente ans. Bref, on tire à fond sur cette ficelle où la musique techno ne constitue qu'un instrument de qualité très médiocre au service d'une forme de tourisme qui n'a plus rien à voir avec la spontanéité des premières fêtes nées aux alentours des années soixante-dix, quand une poignée de routards découvraient la magie des plages thaïlandaises illuminées par la pleine lune.

En tout cas, chacune de ces nuits « new wave » attire entre 10 000 et 30 000 personnes, selon la saison. Et bien plus, pour celles de fin d'année commercialisées d'une année sur l'autre, par les mêmes opérateurs, sur tous les marchés. Y compris chinois. Car, non contents d'attirer les Occidentaux, les Thaïlandais ont bien compris l'intérêt de cibler une clientèle de proximité dont la génération de l'enfant unique, le « petit empereur », ne cherche qu'à imiter les pratiques de ses contemporains. Jusque dans l'excès. Et comme musique techno et insularité composent le cocktail gagnant du tourisme musical, notons qu'une autre petite île bien sage de la mer adriatique fait aujourd'hui les délices et les délires des jeunes européens en quête d'ivresse sonore.

C'est l'île de Varh en Croatie. Une histoire similaire s'y est jouée : des jeunes la découvrent et y élisent domicile. Ils aiment la musique et la fête. Des DJ's totalement étrangers au territoire y affluent. L'île se transforme en scène de spectacle. Un sort désormais banal pour un espace où la musique se nourrit d'emprunts puisés sur tous les continents et ne revendique aucun ancrage identitaire susceptible de l'arracher à son cosmopolitisme et à celui de ses adeptes.

BERLIN : APRÈS LE MUR

Et puis, il y a Berlin, la capitale incontestée de la techno, celle dont Sven von Lüthen, musicien électro et co-auteur du livre *Der Klang der Familie* a dit « *À Berlin, la techno fait partie de l'ADN de la ville* ». Retraçant l'épopée des pionniers de la techno berlinoise, sur la base d'une cinquantaine de témoignages, il rappelle qu'il y a d'abord eu le Tresor, le premier club à diffuser cette nouvelle musique, puis Hard wax, un magasin de disques spécialisé dans ce son, et une poignée de labels, d'ailleurs associés à ces deux lieux. Mais surtout, en ce début des années 90, il y a eu, historiquement, une conjonction unique qui vraisemblablement ne se répétera jamais : la chute du Mur et l'espoir qui y était associé, mais également, la libération de nombreux espaces qui se sont convertis en studios, salles de concerts et boîtes de nuit, ateliers d'artistes, galeries. Lancée comme une destination alternative pour les jeunes, Berlin connaît alors une envolée touristique considérable qui, depuis 25 ans, ne fait que se confirmer.

PORT BARCARES : UNE NOUVELLE VIE

Cette station de la côte Languedoc-Roussillon s'est trouvé une nouvelle vocation et une nouvelle image grâce à la musique électronique qu'elle déploie durant l'été, à l'occasion d'un festival parmi des centaines d'autres : l'Electro Beach Music Festival. Avec une mise de fonds de l'ordre de 4 millions, la station accueille près de 100 000 spectateurs qui génèrent entre 15 et 17 millions d'euros de recettes. Évidemment, comme elle, de très nombreuses stations jouent cette même carte musicale, *via* toutes sortes de festivals… en montagne et sur le littoral.

CORÉE DU SUD : LA K.POP AU SERVICE DU TOURISME

Dernier en date de ces grands phénomènes touristico-musicaux fabriqués et exportés à des fins touristiques : la K.pop. Un phénomène sidérant qui nous vient de Corée du sud, qui en dit long sur la détermination de l'Asie à conquérir les touristes de notre vieil Occident et sur les capacités de la musique à actionner des leviers stratégiques.

Qu'en est-il exactement de la K.Pop ?

Sur un simple plan « artistique » : il n'y a pas grand-chose à en dire. Le phénomène musical façonné par l'industrie sud-coréenne n'est en rien comparable à la révolution dont les Beatles ont été les protagonistes dans l'Angleterre des années soixante. De très jeunes adolescents systématiquement liftés ou carrément remodelés par les bistouris des chirurgiens esthétiques, se déhanchent, chantent et dansent des chansonnettes édulcorées, dans une mise en scène où, en revanche, rien n'est laissé au hasard. Quant au marketing et à la communication : convenons qu'il s'agit aussi d'un travail d'orfèvre. Tout est contrôlé, interviews, marchandising, événementiel. On ne gagne pas 2 milliards de spectateurs sur Youtube, sans effort. Car, c'est bien de cela qu'il s'agit. Derrière une stratégie parfaitement orchestrée par des pros du « show bizz », se hisse un public gigantesque et inattendu composé d'adolescents occidentaux et asiatiques totalement hystériques à la vue de leurs idoles. En France, place du Trocadéro à Paris, début novembre 2013, ils étaient 20 000 à ovationner Psy. Un chanteur de K. pop au talent ordinaire, venu interpréter sa chanson et la célèbre chorégraphie qui l'accompagne : la *Gangnam Style*. De son propre aveu, lui-même était ahuri par un tel succès. Pourtant, la France compte parmi les pays les plus réceptifs à cette musique. Quelques dizaines de milliers de très jeunes se sont laissés séduire et l'on estime à plusieurs milliers ceux qui rêvent de devenir eux aussi des stars de la scène musicale mondiale. Parmi eux, certains ont d'ailleurs obtenu une invitation du gouvernement coréen à participer à plusieurs festivals de K.pop. Une aubaine pour ces jeunes à qui l'on a octroyé le statut d'ambassadeur du pays en France. Car, pour les Coréens, il ne s'agit pas de simple générosité, mais bel et bien d'un échange de services.

La stratégie d'exportation coréenne

Le succès commercial de la K-pop est en fait révélateur de l'expansion culturelle coréenne. Selon un article récent, la K-Pop est un instrument du « soft-power » grâce auquel le secteur culturel du pays « *est passé de 5 millions de dollars de bénéfices à l'export en 1997 à 268 millions en 2005 et 793 millions en 2011* ». Des chiffres qui, à eux seuls, traduisent le professionnalisme des dirigeants coréens décidés à mettre les bouchées doubles pour exister sur la scène internationale. « En 2014, le pays devait encore approfondir sa politique culturelle à l'étranger et, selon le ministère de la Culture, des Sports et du Tourisme, on devrait dépenser 33,5 milliards de wons [environ 22 millions d'euros] de plus pour promouvoir la culture nationale. » De quoi lui permettre d'engranger quelques centaines de milliers de touristes supplémentaires. Car c'est une politique touristique que le gouvernement coréen a mise en place *via* ses exportations culturelles. Accueillant quelque 10 millions de touristes annuels, la Corée a des objectifs nettement supérieurs.
Pour ce qui est de la K.pop, elle estime à un million, soit 10% ceux qui viennent visiter le pays dans le seul but de côtoyer les stars de cette musique, voire de s'y initier. Mais comme ceux-là ne viennent pas spontanément ni de leur propre chef, le gouvernement laisse le leadership de l'organisation à l'une des plus gigantesques entreprises de divertissement au monde, qui organise les tournées et les concerts géants, non seulement en Asie, mais aussi aux USA et en Europe. Ainsi, les concerts du groupe Big Band à Londres ont vu déferler 20 000 ados hystériques qui ont payé plusieurs dizaines de livres sterling.
Autre stratagème, en France par exemple, Visit Korea proposait des questionnaires lui permettant de mieux connaître cette clientèle. En échange, on pouvait obtenir des récompenses pour les répondants, allant

des billets d'avion avec séjour à des places de concert, des DVD, des albums… de K.pop. De plus, notons que les agences de voyages françaises spécialisées sur la destination – Cap Corée, Corée Voyages… – offrent des séjours promettant un contact direct avec les stars de K.pop *via* la visite des studios d'enregistrement ou celle des cafés et restaurants fréquentés par les chanteurs.

Le Hallyu aux racines du phénomène

Au-delà de la K.pop, l'historique de la stratégie coréenne trouve ses racines au sein du mouvement de diffusion à l'étranger des biens culturels, le Hallyu ou « vague », qui a contribué à refaçonner en profondeur l'image de ce petit pays au marché domestique étriqué, colonisé jusqu'en 1945 puis séparé en deux et coincé entre deux géants, le Japon et la Chine. La première incarnation du Hallyu au début des années 2000, a consisté dans le phénomène des « dramas », séries TV produites en quasi flux tendu dont *Sonate d'hiver* est le symbole absolu. Provoquant l'hystérie au Japon et dans le reste de l'Asie, ce « drama » a généré la venue de milliers de touristes sur les lieux de tournage. De plus, les « dramas » ont promu les codes de beauté coréens et permis par la même occasion de faire de la Corée du Sud une destination de référence pour le tourisme esthétique. Un autre de ses produits phares qui pourrait rapidement détrôner les destinations concurrentes asiatiques comme la Thaïlande.

Des investissements prometteurs

Pour rivaliser avec les grandes destinations touristiques mondiales, la Corée affûte enfin des armes plus traditionnelles. Parmi les nombreux investissements en cours concernant parcs à thèmes et ressorts de luxe, la destination mise sur les jeux d'argent. Elle envisag donc de construire une « ville de tourisme » immense et ridiculement coûteuse, édifiée en forme de 8, un chiffre porte-bonheur en Chine, afin d'attirer spécifiquement le tourisme haut de gamme chinois. Ce projet de 220 milliards d'euros baptisé 8City sera trois fois plus grand que Macao, quand il sera achevé d'ici 20 ans. L'installation de 80 kilomètres carrés (à titre de comparaison, Paris a une surface de 105 km²) sera réalisée dans la troisième plus grande ville du pays, Incheon, dans les îles Yongyu-Muui. Selon CNN, les plans comprennent « *des équipements de tourisme et de loisirs allant d'hôtels de luxe, de copropriétés, de casinos et de centres commerciaux à un parc à thème, un parc aquatique, une piste de course de Formule 1, une salle de concert de*

50 000 places, un centre de tourisme médical et une 'ville hallyu' présentant les divertissements coréens ». Les promoteurs prétendent avoir déjà attiré près de 3,8 milliards de dollars d'investissements. Mais avec de telles ambitions, c'est une goutte d'eau dans l'océan pour cette ville qui devrait voir arriver environ 134 millions de touristes chaque année, en créant des emplois pour plus de 930 000 personnes. Avec de telles stratégies, il est clair que le basculement du monde d'Ouest en Est se confirme. Même si l'Europe restera le continent préféré des touristes pendant un certain temps, l'Asie progresse à toute vitesse. D'autant qu'elle sait utiliser des armes marketing particulièrement offensives dont l'impact sur les jeunes générations est incontestable. Pour autre preuve, l'extraordinaire pénétration des « mangas » japonais dans la bande dessinée occidentale. Une référence dans le monde de l'image.

LE POSITIONNEMENT MUSICAL DES VILLES RESTE À FAIRE

Analyse comparée : New York et Paris

Josette Sicsic

Si l'image globale de certaines villes est imprégnée de genres musicaux connus dans le monde entier, les différentes traditions musicales ont en général élu domicile dans un quartier limité : la Boca à Buenos Aires, le French Quarter à New Orleans, l'Alfama à Lisbonne et surtout Broadway à New York. Un quadrilatère dont les grands concerts et spectacles musicaux figurent solidement dans les agendas de bon nombre de touristes nationaux et internationaux. Lesquels ne sont pas forcément des amateurs du genre, loin s'en faut, mais estiment que l'expérience d'une soirée dans une salle mythique, fait partie intégrante de la mythologie urbaine et du récit de voyage. Attirés majoritairement par les têtes de file des hit-parades, ces touristes n'hésitent pas non plus à fréquenter des scènes moins connues et moins onéreuses. Car les scènes prestigieuses n'ont qu'un défaut : elles atteignent des sommets tarifaires dissuasifs.

NEW YORK ET BROADWAY : PARADIS DE LA COMÉDIE MUSICALE

Pour évoquer le sujet, commençons par évoquer New-York et son célébrissime quartier de Broadway qui compte bel et bien parmi les grandes artères touristiques du monde. Bien situé dans la ville de la « Grosse pomme » qui n'en finit pas de faire rêver les touristes urbains, Broadway mérite parfaitement un succès mondial, dû à sa longue tradition musicale. Non seulement, l'avenue compte plus d'une quarantaine de théâtres, de style et de tailles très différentes dont les architectures constituent souvent des modèles, mais ceux-ci accueillent à longueur d'année, sur plusieurs séances par jour, des spectacles musicaux battant parfois des records de fréquentation.

Formidablement populaires grâce à l'intervention d'Hollywood qui les a souvent transformées en films et en a fait des succès planétaires, les comédies musicales de Broadway n'ont pas vraiment de concurrentes à l'exception de celles produites à Londres et dans une autre mesure à Las Vegas. Elles attirent donc les foules séduites par l'idée de côtoyer un pan de la culture américaine dans des décors variés et raffinés qui font le bonheur des passionnés d'architecture. Style byzantin, vénitien, art déco… Les théâtres de Broadway dont beaucoup avaient frôlé la faillite lors de la grande dépression et l'avènement du cinéma, ont bien trois cordes à leur arc : le spectacle, le décor et en prime l'ambiance particulièrement exceptionnelle d'une ville qui a vu triompher des stars internationales comme Judy Garland ou Barbra Streisand et des spectacles comme *Funny Girl* en 1964 qui a consacré la fille de Vincente Minnelli. *Un Américain à Paris, Les Ziegfeld follies, Cats, Mary Poppins, The sound of music, La belle et la bête, West side story, Stomp* comptent parmi *les blockbusters*, tout comme *le Fantôme de l'opéra* qui a été représenté 11 367 fois.

Vendus par des sites internet internationaux comme Viator qui dispose d'une offre considérable de loisirs, visites, sorties, spectacles urbains, à des tarifs légèrement discountés, les théâtres de Broadway sont aussi présents sur tous les canaux commerciaux existants : agences réceptives, voyagistes étrangers, autocaristes, sites internet locaux. On estime donc en 2014 à plus de 12 millions le nombre de spectateurs des théâtres new yorkais pour une recette de 943 M$, alors qu'à titre de comparaison, on estime à 13,9 millions les spectateurs des théâtres londoniens du West End pour des recettes de l'ordre 717 M$. Car, les grands rivaux de Broadway sont bel et bien les théâtres du West End de la capitale britannique, à peu près équivalents en nombre, où les publics nationaux et internationaux se laissent très aisément séduire par un genre artistique typique de leur culture que la France n'a pas su imiter. Un genre et une industrie bien sûr. On estime qu'au cours de la saison 2014-2015, Broadway a contribué à l'économie new-yorkaise pour 13,1 milliards de dollars et comptabilisé 86 000 emplois. Les touristes pèsent pour 70% dans la billetterie des théâtres. (Source : *Broadway League*, 2015).

PARIS : ENTRE HIER ET AVANT-HIER

En revanche, la comédie musicale ne fait pas encore recette de l'autre côté du Channel, dans notre douce France. Longtemps inexistante, elle essaie c'est vrai, et depuis quelques années, d'imiter ses prestigieuses aînées grâce à des productions typiquement françaises comme *Notre dame de Paris*, ou d'attirer les hits des spectacles anglophones. Notamment au théâtre Mogador racheté en 2005 par le groupe néerlandais Stage Entertainment – propriétaire de 25 théâtres dans le monde – qui, avec *Le Roi Lion* par exemple, a attiré plus d'un million de spectateurs sur trois saisons et continue de présenter ses propres productions internationales comme *Mamma Mia* ou *Sister Act* et *La Belle et la bête*. Mais, relativement étrangères à la culture nationale, ces productions ne font pas franchement recette auprès des touristes étrangers. Trop standard, trop mondialisées, elles ne méritent guère qu'ils leur consacrent une soirée dans une ville comme Paris où d'autres genres musicaux typiquement français font la réputation de la capitale.

Du Moulin Rouge aux Folies Bergères

Parmi les phénomènes musicaux nombreux et complexes qui, selon les époques, ont évolué de la musique bourgeoise à la musique populaire et investi d'une rive à l'autre, des quartiers très divers de Paris, il en est un qui ravit la première place à tous les autres, et cela depuis plus d'un siècle : c'est l'opérette dont sont issus les grands tubes du French cancan. Une danse étrangement née à Londres puis mise à la sauce parisienne par des danseuses intrépides et délurées, sur des succès du plus populaire des musiciens du XIXe siècle : Jacques Offenbach.

Pour lui rendre hommage, au pied de la Butte Montmartre, le Moulin Rouge, dont les ailes appartiennent à la mythologie de la capitale, et qui fut, soit dit au passage, le premier établissement électrifié de Paris, rafle la première place des salles de concert à vocation touristique. Il faut reconnaître qu'il attire bel et bien quelque 620 000 spectateurs par an, sur trois séances quotidiennes au cours desquelles les danseuses ne lésinent pas sur les pirouettes pour rappeler la réputation musicale de ce village où le tout Paris venait s'encanailler dans des effluves de cigares et des flots de champagne. Héritier d'une histoire prestigieuse illustrée par des légendes comme *Valentin le désossé* ou la célébrissime *Goulue,* mille fois croquée par le peintre Toulouse Lautrec, puis par Mistinguett et Maurice Chevallier, et dans les années suivantes, par tant d'autres célébrités du monde de la chanson et de la danse comme Ginger Rogers, Zizi

Jeanmaire, Liza Minnelli, Dalida, Luis Mariano, Charles Trenet, le Moulin est une pépite touristique. Admirablement géré et commercialisé par la totalité des agences réceptives parisiennes, notamment sur les cibles internationales qui constituent la moitié du public, Chinois et Américains en tête, le Moulin Rouge est achalandé par un ballet incessant d'autobus desservant les nombreux hôtels de la capitale. Ce qui lui permet de rivaliser habilement avec une autre institution du Paris by night : son concurrent direct le Lido.

Sur les Champs-Élysées, cet étendard des nuits parisiennes, de ses talents musicaux et de ses penchants pour la débauche, reçoit tous les ans quelque 500 000 spectateurs. Célèbre dans le monde entier pour la plastique parfaite de ses danseuses : les fameuses Bluebell Girls, le Lido propose jusqu'à 5 séances par jour, à des tarifs capables de s'envoler à plus de 300 euros, dîner compris. Des sommes qui, malgré tout permettent à peine de rentabiliser les mises de fonds colossales exigées par les revues. Ainsi, environ 25 millions d'euros ont été engloutis par la dernière d'entre elles présentée en 2015 : *Paris Merveilles*. Confiée au génial Franck Dragone, elle devrait durer une dizaine d'années et attirer Français et étrangers et sans doute permettre au groupe Sodexo actuellement propriétaire des lieux d'exporter de nouveau le Lido sur des scènes internationales.

Maxim's : une marque internationale

Autres vitrines des années folles, le Paradis Latin ou les Folies Bergères, moins prestigieux, moins fréquentés et, dans un genre plus confidentiel, mais connu dans le monde entier : le célèbre cabaret Chez Maxim's. Fondé en 1893 en tant que café-glacier, immortalisé par la pièce de Feydeau : *La dame de chez Maxim*, ce lieu, plus petit, dont les spectacles n'ont rien de féerique, est loin d'attirer les foules. Mais, ayant su conserver son fabuleux décor art nouveau et ouvrir un musée d'une richesse exceptionnelle composé de 750 pièces signées par des artistes majeures comme Majorelle, Guimard, Gallé, acquises par le couturier Pierre Cardin, il constitue indiscutablement un « must » dans les itinéraires et imaginaires touristiques.

Restée dans son jus, la salle où affluaient les courtisanes et leurs amants évoque à la fois des personnages futiles comme la Belle Otero mais également Édouard VII, Marcel Proust, Feydeau, Mistinguett, Sacha Guitry, Tristan Bernard ou Cocteau. Autant de célébrités dont les noms signifient encore quelque chose pour les touristes qui viennent y passer une soirée. Tandis que le couturier Pierre Cardin, en parfait homme d'affaires a su décliner l'établissement parisien en ouvrant sept autres restaurants Maxim's dans le monde : à Monte-Carlo, Pékin, Genève, Tokyo, Shanghai, New York et Bruxelles, et en multipliant les licences Maxim's pour des bagages, meubles, linge, vaisselle, vêtements. Une bonne façon de faire de ce cabaret une locomotive promotionnelle de la capitale.

La chanson de Paris : une vitalité exceptionnelle ignorée des touristes

Mais, la belle époque, le french cancan et les fééries du Lido ne sont pas tout et on ne peut pas dire que ces déploiements musicaux soient représentatifs de la diversité musicale de la scène parisienne et encore moins de sa modernité. Cantonnées à une époque joyeuse et insouciante à travers laquelle Paris s'est façonné une image internationale de capitale du plaisir et de la fête, ces revues contribuent à ankyloser la communication de la capitale et à la réduire à un genre totalement dépassé par de nombreux autres styles musicaux, en particulier : la chanson. On pourrait aussi dire, les chansons : chansons d'amour, relatant les amourettes des midinettes et des ouvrières qui, le soir venu, entonnaient dans leurs ateliers des rengaines érigées en succès internationaux. Chansons de la vie quotidienne dont les rues de la capitale bourdonnaient à toute heure du jour, fredonnées par les simples passants appliqués à suivre les paroles sur leur « petit format » ou par des artistes de génie dont la carrière n'était pas encore faite. Qui n'a pas entendu parler des débuts de la Môme Piaf et bien plus tôt de ceux de la célèbre Yvette Guilbert chantant *Le fiacre*. Qui n'a pas en tête une rengaine sur la Butte Montmartre ou les Grands Boulevards et sur les quais de la Seine ? Car, la capitale française, sans aucun doute la ville la plus chantée au monde, compte plus de 200 chansons à son actif et continue d'inspirer les auteurs et les compositeurs, qui chacun à leur façon, sur des tons évoluant au gré de l'actualité, parviennent à façonner des tubes.

Capitale de la chanson à texte enfin, dont les auteurs et les interprètes ont été adulés dans le monde entier, faisant exploser le génie français sur des scènes pourtant réputées difficiles comme celle du Carnegie Hall à New York, Paris s'est surtout illustrée dans les voix de célébrités. Des célébrités indissociables de son image comme Yves Montand, Charles Trenet, Édith Piaf, Georges Brassens, Juliette Gréco... Et des célébrités plus modestes dont les textes et les sons produits rencontrent régulièrement leur public, mais n'atteignent que rarement le touriste de passage. Pourquoi ? En fait, la chanson de Paris souffre de plusieurs maux : d'une part, l'Office du tourisme de Paris ne fait guère la promotion de ces jeunes artistes, tandis que des nouveaux sites restent aussi très peu diserts sur le sujet.

D'autre part, et c'est bien là que le bât blesse, les grands concerts, dont la programmation est connue longtemps à l'avance, jouent à guichets fermés devant un public très français, très amateur et très averti, longtemps à l'avance. Ne restent donc que des strapontins pour les touristes. Enfin, les petits lieux, nombreux, qui improvisent régulièrement des spectacles, ont des adresses confidentielles, voire impossibles à dénicher pour les non Parisiens.

La mémoire des pierres au secours des notes ?

Quant au patrimoine minéral est-il capable de rappeler la musique au bon souvenir des Parisiens et des visiteurs ? Rien n'est moins sûr. Alors qu'au pied de la Butte, quelques théâtres comme le Trianon, l'Élysée Montmartre, la Cigale, l'Européen, le Divan du monde accueillent à longueur d'année toutes sortes de concerts, très rares sont ceux qui sont capables de raconter leur histoire. Dans ce quartier, même l'illustre café fréquenté par la bohème de l'époque, Le Chat noir, est totalement muet sur son passé. Seul Le Lapin Agile, blotti dans l'une des rues les plus pittoresques de la Butte, la rue Saint Vincent, tente soir après soir de faire revivre la mémoire musicale de Montmartre à travers ses murs légendaires et les interprètes contemporains de ses plus illustres pensionnaires : Jean René Caussimon, Claude Nougaro, Georges Brassens, Catherine Sauvage ; le tout dans la même ambiance que celle des veillées d'autrefois, c'est-à-dire « *sans micro, sans sono, sans laser… Mais, avec la voix, rien que la voix* ! » Ce qui rend la soirée en fin de compte ni vraiment authentique, ni vraiment réaliste, ni vraiment réussie.

Quant au légendaire théâtre des Trois Baudets, restauré par la mairie de Paris, son succès n'est pas au rendez-vous. Il l'est d'autant moins que la jeune relève musicale française qui s'y affiche a du mal à trouver un public quotidien. Encore une occasion ratée par Paris de faire revivre un passé recherché par les visiteurs de la capitale et les Parisiens eux-mêmes. Que dire de la place Dalida, où un buste de la chanteuse évoque une idole dont les succès ont traversé les générations et les frontières ? Elle affirme la passion des Parisiens pour la chanteuse, mais elle n'est qu'un point sur une carte et rien de plus, car les quelques petits bars de nuit où l'on pousse à l'occasion la chansonnette ne sont pas légions dans un quartier dont les mètres carrés atteignent des prix astronomiques et réclament le silence.

À l'est de la capitale, qu'en est-il ? Le quartier de la Bastille souvent envahi par des hordes de jeunes issus des rangs d'un tourisme très économique, est loin enfin de présenter le visage que son histoire s'est pourtant efforcée de lui façonner.

Alors qu'il fut jadis l'un des territoires les plus animés de Paris avec sa foule de petits lieux où l'on dansait, chantait et buvait plus que de raison, après des journées en atelier, ce quartier est aujourd'hui défiguré par l'automobile, l'immobilier et un commerce essentiellement vestimentaire bon marché. Finie l'époque joyeuse et débridée où l'on achetait des « jetons de bal » ou des « jetons de mate » pour danser ou simplement « zieuter » les belles ouvrières. Seul le Bal à Jo dans une rue de Lappe bondée, mal propre et mal odorante, permet des incursions musicales au cœur d'une époque totalement révolue, celle des bals. Mais, pour une génération en voie de disparition.

Plus au nord, c'est encore pire. Dans le haut du boulevard Sébastopol, non loin de ce qui fut l'un des plus célèbres Caf Conc' aujourd'hui converti en théâtre, il n'est plus une trace ni un souvenir d'une époque florissante où l'édition musicale battait son plein. Publiant des milliers de textes de chansons imprimés sur ce que l'on appelait alors les « petits formats », les éditeurs de musique faisaient fortune dans ce quartier, avant de disparaître engloutis dans les vagues de la radio, puis du cinéma, puis de la guerre et de la télévision… Témoin ? Seule la petite rue Gustave Goublier, autrefois Passage des industries, qui porte le nom d'un chef d'orchestre et compositeur célèbre de la belle époque. Mais, qui le sait ?

Enfin, rive Gauche, rares sont ceux qui se soucient de marcher sur les pas de la chanson de Paris et de celle qui, après-guerre, a rempli les cabarets comme la célèbre Rose Rouge, le Tabou ou la Méthode ou encore la Contrescarpe et l'Écluse. Il n'est même plus une pancarte pour rappeler les débuts de Juliette Gréco, ceux de Barbara, de Gribouille, de Maurice Fanon ou de Jacques Brel. La rive gauche est moribonde, noyée derrière les vitrines de grandes et petites marques vestimentaires et, les nostalgiques n'ont qu'à se contenter de quelques poèmes de Prévert ou de Boris Vian pour renouer avec l'ambiance frénétiquement créative de l'après-guerre, lorsque dans une atmosphère de paix retrouvée, l'intelligentsia rêvait de lendemains qui chantent en apprenant ses premiers pas de be-bop sur des musiques venues droit des USA, le jazz.

Le Jazz fait heureusement de Paris une capitale

Tout n'est pas perdu. Un genre plaît à Paris et y grave de plus en plus profondément son empreinte : c'est le jazz. Concentrées sur la rive droite, dans le quartier des Halles, et notamment rue des Lombards, les boîtes de jazz entraînées par les plus populaires d'entre elles : le Duc des Lombards et le Sunset ou plus loin le New Morning, sont en pleine santé. Non seulement, les Parisiens les fréquentent, mais elles semblent attirer bon nombre de touristes nationaux et internationaux. Selon un responsable marketing du Duc des Lombards, 10 à 15% de la clientèle vient de l'étranger avec en tête Américains, Chinois, Italiens... Un succès du aux liens étroits entre la scène parisienne et la scène internationale, notamment new-yorkaise, ainsi qu'à la qualité de la programmation : fouillée, accordant autant de places aux nouveaux venus qu'aux grands noms de la scène internationale et surtout capable de dénicher des talents bien français.

Car, contrairement aux apparences, les Français ne se sont pas contentés de parodier les multiples avatars du jazz américain. En élèves non disciplinés, mais doués, ils en ont fait une expression musicale parfois bien « frenchy » que des quantités d'instrumentistes s'emploient à faire évoluer. Comme le remarque un chroniqueur américain du Washington Post en visite à Paris, ils ont également créé une école très typique du cosmopolitisme parisien, grâce aux apports notamment des manouches comme Django Reinhardt dont la musique a fait le tour du monde et dont la légende reste attachée à Paris.

D'ailleurs, pour preuve que la scène parisienne compte, les musiciens européens, africains, américains, sur les traces de Miles Davis, Sydney Bechet, Archie Shepp, sont de plus en plus nombreux à s'établir dans la capitale à laquelle ils reconnaissent bon nombre de qualités sur le plan de la production et de la diffusion. On compterait pas moins de 600 spectacles de jazz par mois dans la capitale. C'est plus que Londres et surtout que New York. De plus, Paris et sa région n'en finissent pas, mois après mois, de programmer des festivals désormais connus des amateurs comme Jazz à Saint-Germain et Jazz à la Villette ou encore Jazz au Parc floral, et le festival d'été du New Morning qui connaît un succès grandissant, grâce à une billetterie très accessible sur toutes sortes de sites internet consacrés au jazz.

Après New York, et bien que n'affichant pas de club mythique comme le Blue Note, Paris semble donc bel et bien être la deuxième capitale du jazz, comme elle l'a fièrement annoncé au cours de la Journée internationale du Jazz qui s'y est tenue en avril 2015 et a rassemblé le gratin de la scène internationale. Une réputation non négligeable sur laquelle elle pourrait faire fructifier son tourisme musical et faire évoluer son image. D'autant que non contente d'avoir un présent, Paris a aussi un passé.

La musique électro au secours de Paris et de la nuit parisienne

Signe des temps, la musique électronique contribue également à faire de la capitale française une scène internationale réputée dont les clubs se comptent par dizaines.

Très bien promus par le site internet de l'Office du tourisme, ces établissements multiplient les concerts et accueillent un public à la fois très parisien et très européen de « clubbers » n'hésitant pas à sauter d'une capitale à l'autre pour assister aux mixages de nouveaux DJs. Certes, Paris n'est pas ni Londres ni Berlin, plus inventives, et sa Techno parade, qui déverse 500 000 jeunes dans les rues, n'est pas la Love parade allemande. Mais, certains artistes français ont une renommée internationale qui éclaire de ses flashs la scène parisienne.

La musique de rue : un genre bien parisien

Enfin, n'oublions pas la vitalité des événements hors les murs : les cours de tango ou de salsa le long de la Seine, quai Saint Bernard, les concerts en plein air dans les parcs, les petits festivals qui animent spontanément bon nombre de quartiers le temps d'un week-end, les chanteurs du métro, sérieusement recrutés par un service dédié de la RATP, les petits bals et la Fête de la musique inventée en 1982 par un ministre de la culture français visionnaire : Jack Lang, qui depuis près de 40 ans, a essaimé partout dans le monde et prouvé le génie français pour la fête, la musique et les musiciens. Elle a également constitué à sa façon le détonateur de la reconquête de la rue à des fins festives par les populations locales pressées de se réapproprier un espace dont elles avaient été exclues par les excès de la fée automobile. Un fait d'armes qui, aujourd'hui fait le charme de la capitale française et de bon nombre de grandes villes soucieuses de privilégier la qualité de vie de leurs habitants tout en prenant soin de leur proposer une vaste palette d'animations parmi lesquelles la musique figure en excellente place.

Prisées par les résidents, ces manifestations sont également très appréciées par les touristes de passage, dont une majorité consomme flâneries et promenades bien plus que musées et expositions. Doit-on pour autant considérer que la musique est une carte maîtresse dans le jeu du tourisme urbain ? Sans aucun doute.

LES MUSÉES MUSICAUX PEINENT À CONVAINCRE

La supériorité anglo-saxonne ?

Josette Sicsic

Quelle que soit sa destination, le touriste affectionne la visite de musées. Les musées consacrés aux musiques actuelles avaient donc toutes leurs chances de glaner ses faveurs. Hélas ! Malgré un succès planétaire, même la musique anglo-saxonne et les énormes investissements que sa conservation a suscités ne parviennent pas à convaincre. À une ou deux exceptions prés. En revanche, des lieux de mémoire plus discrets drainent un public confidentiel, mais régulier. Preuve est ainsi faite que la musique n'est pas une expression artistique comme les autres et que, fort peu à l'aise entre des murs de pierre, elle ne peut s'adapter à des modèles conventionnels, incapables de refléter sa vitalité et sa fantaisie. Du fado au rock en passant par la chanson de variété, les musées consacrés à la musique arborent des muséographies très variées, allant de la simple « maison souvenir » à la restitution ambitieuse d'une époque musicale.
Certains jouent sur la corde de la nostalgie en proposant objets, meubles, photographies, vieux disques, images diverses ayant appartenu à un chanteur défunt et, se contentent d'attirer un public minimaliste d'initiés. Quand d'autres déploient de très grands moyens pour attirer des foules d'amateurs curieux de frayer avec l'intimité de leurs idoles tout en assistant à des concerts cultes projetés sur des écrans géants. Un casque sur les oreilles, les « fans » ont souvent aussi la possibilité d'accéder à des répertoires illimités de tubes ou de chansons méconnues déversés dans les salles d'exposition. Et, pour peu que la technologie soit performante, la magie est complète. Enfin, peut-être pas autant que cela car, malgré des performances honorables, les scores de ces nouvelles institutions ne sont pas à la hauteur de la réputation des genres musicaux qu'elles honorent. Pire. Des échecs cuisants sont à leur passif, et de manière fort surprenante dans deux domaines pourtant chers aux amateurs de musique : le rock et la pop qui sont, rappelons-le, les musiques les plus écoutées dans le monde.

SHEFFIELD : LES ILLUSIONS PERDUES

Premier exemple d'échec, sans doute le plus spectaculaire : celui du musée de Sheffield en Angleterre. Là, les fées semblaient s'être penchées sur The National Center For Popular Music dont le financement de 15 millions de livres provenait en grande partie de la loterie nationale. D'une architecture sans doute trop audacieuse, due à l'architecte Nigel Coates qui conçut quatre bâtiments en forme de tambours, le musée, première erreur, ne parvint jamais à s'inscrire dans le paysage local. Les habitants de la ville ne furent pas au rendez-vous, les touristes non plus. Largement surestimé à 400 000 visiteurs par an, le musée n'en accueillit finalement qu'une centaine de milliers. Trop peu pour assurer son budget de fonctionnement et les salaires de 75 employés.

Ouvert en 1999, ce qui devait être une salle de concert, un centre de ressources et une exposition permanente sur la musique Pop, a donc dû jeter l'éponge. Pourtant, on ne peut pas dire que Sheffield dans le sud Yorkshire n'avait pas de légitimité en matière de musique pop. Dans les années 80, la ville avait abrité de hauts lieux de la vie nocturne dont le mythique Gatecrasher One, un club majeur de la scène britannique qui a lui aussi fermé ses portes en 2007 après un incendie. Sheffield avait aussi vu se former quelques groupes de musique électronique de premier plan comme Heaven 17 ABC et The Human League. Et surtout, c'est à Sheffield que naquit le grand Joe Cocker. Mais, la légitimité ne fait pas tout. Créé en partie pour pallier le déficit d'une économie locale mise à terre par la fermeture des mines et usines traditionnelles, le nouveau venu n'avait pas l'attractivité indispensable à la venue de flots importants de visiteurs extérieurs à la région. Objet de curiosité dans un premier temps, le musée dont l'architecture était contestable, ne pouvait revendiquer un statut emblématique capable à lui tout seul d'attirer le public. L'effet Bilbao, tant recherché par toutes les villes d'Europe en panne de croissance économique, ne pouvait pas fonctionner à Sheffield.

LES RATÉS LONDONIENS

A-t-on mieux réussi à Londres ? Capitale touristique européenne incontestable, Londres attire quelque 30 millions de visiteurs annuels. Le public est donc bien présent dans cette cité animée jour et nuit qui combine modernité et tradition, dont le ciel hérissé de grues confirme le dynamisme bâtisseur et dont le cosmopolitisme génère une exubérance inimitable.

À Londres, aucun problème de notoriété ni d'accessibilité, le tourisme constitue une machine bien huilée. Quant à la légitimité de la capitale en matière de musique, elle est incontestable. Le « swinging London » de la mini-jupe, de Carnaby street, Abbeye road et des concerts géants de quatre garçons dans le vent, est fortement ancré dans les imaginaires de toutes les générations. A la tête d'un mouvement musical, artistique, culturel, idéologique toujours en mouvement, Londres est le berceau et la capitale incontestée de la pop musique et de ses principales stars : des Beatles, des Rolling Stones, des Beach Boys, Pink Floyd, Clapton et autres. Un berceau que des visites guidées proposent de découvrir, en quelques heures.

C'est donc, sous le plus grand chapiteau du monde, celui du 02 Arena – le dôme du Millenium – situé au bout de la nouvelle Jubilee line que les bâtiments du British Music Experience ont ouvert en 2009 leurs 6 salles entièrement interactives, retraçant en images et en musique 65 ans de musique « populaire ». Des lendemains de la guerre et de l'époque du jazz londonien à feu Amy Winehouse, en passant par les groupes mythiques du rock anglais, il n'est pas un tube qui ait été épargné par les documentaristes d'un musée possédant probablement la plus grande collection au monde d'archives musicales anglo-saxonnes du vingtième siècle. Une collection enrichie continuellement d'instruments, disques, bandes sonores, journaux, articles évoquant la carrière glorieuse d'un genre musical en plein mouvement. De plus, au British Music Experience, on pouvait pratiquer la danse en se faisant filmer en vidéo, chanter et se faire enregistrer, tâter des cordes d'une Gibson dans un studio financé par la célèbre marque de guitares. Une preuve que, dans les musées britanniques, le sponsoring n'est jamais très loin.

Mais, « on pouvait » et depuis avril 2014, on ne peut plus. Intransigeante, la logique économique des musées britanniques n'a accordé aucune chance à ce formidable lieu de conservation qui devint rapidement un centre culturel plus qu'un lieu de culte. Apprécié par quelques milliers de spectateurs, il ne pouvait compenser son déficit commercial par une démarche éducative consistant à « *faire progresser par l'éducation et le goût de l'art, l'histoire et la science de la musique britannique* ». Au bout de cinq ans, soit un peu plus que le musée de Sheffield et à peine plus qu'un autre défunt, l'expérience a tourné court malgré l'affluence que draine une salle de concert géante, des cinémas et restaurants du Millenium. Fort heureusement, elle a été recueillie par Liverpool qui, en mars 2017, dans le hall des premières classes de la prestigieuse compagnie maritime : la Cunard, inaugure la nouvelle version permanente du musée. Un musée très présent également sur son site internet www.britishmusicexperience.com, sur lequel une sélection d'artistes de la musique anglo-saxonne présente régulièrement leurs œuvres. Étrangement, une autre attraction située en plein cœur de la ville, à Piccadilly Circus, a également avorté. Le Rock Circus, avec le groupe Tussaud aux manettes, a jeté l'éponge après avoir tenté pendant douze ans, depuis 1989, de séduire les amateurs de musique anglo-saxonne dans un décor très pailleté et très enlevé sur le plan sonore, habité par les silhouettes de cire d'Elvis et de Michael Jackson.

CLEVELAND ET LE ROCK : UN ESPOIR

De l'autre côté de l'Atlantique, dans l'Ohio et dans un pays qui, après avoir fourni au vingtième siècle et au monde, la musique la plus populaire de tous les temps et ses vedettes les plus prestigieuses, ne pouvait rester les bras croisés, que s'est-il passé aux USA ? En 1986, un petit groupe de professionnels de la musique et leur partenaire : le magazine Rolling Stones, créent la *Rock and Roll Hall of Fame Foundation,* avec une ambition : trouver un site capable d'accueillir un musée consacré au Rock afin de continuer à faire rayonner cette musique à travers le monde. L'idée est lancée. Et c'est une bonne idée. À l'issue d'un appel à candidatures, 7 villes, et non des moindres, font une offre. Elles se nomment New York, Chicago, San Francisco, Memphis, New Orleans, Philadelphie et ont toutes quelque chose à voir avec le rock. Mais, l'une d'elles : Cleveland, non contente de revendiquer l'invention du terme de Rock and roll par un disc jockey local : Alan Freed, ce qui pèsera beaucoup sur le choix, s'engage à ne pas lésiner sur les moyens d'accueillir un musée et pour cela se dit prête à en confier la construction à un architecte prestigieux. Grâce aux suffrages de plus de 100 000 votants, la cité de l'Ohio en pleine décadence industrielle est retenue.
En 1995, l'architecte sino-américain I. M. Pei, auquel on doit la pyramide du Louvre, livre le nouvel édifice destiné à la faire émerger sur la carte touristique. La nouvelle carrière de Cleveland est lancée. Une aubaine pour la ville qui n'avait d'autre choix que de se reconvertir pour survivre et enrayer l'exode des classes moyennes, mais qui s'est par la même occasion trouvée confrontée à un défi, celui de maintenir en vie son nouveau musée.
Inauguré par des parades inoubliables et des concerts grandioses auxquels ont participé une pléiade de rockers comme Chuck Berry, James Brown ou Johnny Cash, animé, rénové, dynamisé par un excellent marketing et soutenu par la Fondation qui l'avait créé, le pari est sans doute gagné. Le musée du rock de Cleveland a vingt ans et est fier

d'accueillir en 2015 son dix millionième visiteur, soit environ 500 000 visiteurs par an. Ce qui est peu et beaucoup à la fois comparé aux faibles scores de musées britanniques. De plus, l'établissement est fier d'annoncer avoir contribué à hauteur de 2 milliards de dollars à l'économie locale, grâce à un public touristique à 90% national et 10% international.

Le département éducatif du musée a pour sa part accueilli 50 000 étudiants et enseignants. Fêtes, soirées diverses et concerts permettent de boucler le budget annuel de l'ordre de 30 millions de dollars de cet établissement que les membres de Tripadvisor plébiscitent : 2 276 d'entre eux le jugeaient excellent le 2 septembre 2015. Mais, retenons que la facture s'est élevée à 93 millions de dollars, dont 65 millions ont été financés par le secteur public. Ce qui fait de ce musée l'un des meilleurs exemples nord-américains de partenariat public-privé. Ce qui était loin d'être le cas des musées britanniques contraints à une gestion privée, nettement plus stricte.

ABBA ET LE DISCO À STOCKHOLM : EN ROUTE VERS LA GLOIRE

Maintes fois annoncée, autant de fois reportée, l'ouverture du musée consacré au groupe suédois légendaire, est enfin une réalité depuis le mois de mai 2013. Et, peut-être un premier exemple de réussite sur le sol européen. Au bout de 5 mois d'ouverture, 170 000 visiteurs venus du monde entier : Australie, Allemagne, Finlande… y ont passé quelques heures. Depuis, ses performances sont tenues secrètes. Mais, pourquoi cet établissement fonctionnerait-il mieux que les autres ? Quand on connait le succès planétaire de ce groupe mythique, qui a vendu quelque 350 millions de disques et connu un « revival » à travers la comédie musicale « Mama mia » vue par plus de 40 millions de spectateurs, alors que le film éponyme sorti en 2008 a atteint 20 millions d'entrées au Box Office américain et plus de 13 millions au Royaume-Uni, la réponse passe bien sûr à la fois par la case « notoriété » ; mais aussi par la case « ambiance » ainsi que par la touche personnelle que les membres du groupe ont mise dans la mise en scène de ce lieu.

Aux manettes, ils ont pu l'imprégner de leur personnalité et en faire une vitrine vivante de leur art. Bien établi au cœur de la capitale suédoise, sur cinq niveaux, cette nouvelle halte sur la carte touristique de Stockholm, a en effet une histoire relativement différente des autres musées musicaux. En majeure partie, financé par le groupe lui-même, soucieux de relater son aventure à ses « fans » et d'entrer dans la postérité, le Abba Museum a été pensé par les chanteurs et doté d'une bonne partie de leurs objets personnels, notamment de leurs incroyables costumes, leurs chaussures à plateaux de 20 cm de haut et leurs pantalons à pattes d'éléphants, sans compter des dizaines de disques d'or et de 45 tours à succès.

Enfin, le musée Abba entend aller au-delà de son rôle de conservateur. Conformément à la demande d'un public en quête d'interactivité, il propose donc des animations dont la plus courue consiste à « devenir le 5ème membre d'Abba », en enfilant les costumes de scène des artistes, en chantant aux Polar Studios, où Abba enregistrait ses compositions, en s'émerveillant des illusions produites par des hologrammes ou en faisant son entrée sur scène... avec les quatre membres du groupe Wow ! Et puis, comme la capitale suédoise entend bien profiter de l'occasion pour offrir une découverte inédite de ses rues, la visite du musée est couplée avec une visite de la ville permettant de suivre Abba à la trace dans ses rues. Pour ne pas être en reste, la capitale danoise a également lancé les fondations d'un musée dédié au rock and roll. À l'endroit même où se tient chaque année le festival Roskilde dans le quartier Musicon de Roskilde. La légitimité du lieu est donc là aussi incontestable. Mais, suffira-t-elle ? Destiné à devenir un laboratoire sonore, en interaction avec le public, le musée prévoit de mettre à la disposition des visiteurs des studios où réinventer leurs morceaux de musique préférés et un centre de ressources important. Mais, le futur musée du rock reste très discret sur ses objectifs commerciaux.

EN FRANCE : LES VISITES SENTIMENTALES DES LIEUX DE MEMOIRE

À l'opposé de ces investissements considérables, de petits lieux remportent un succès non négligeable. Nombreux, ils sont souvent le produit d'une action associative, bénévole, cherchant plus à rendre hommage à un artiste célèbre qu'à pulvériser des records commerciaux. Un peu partout, souvent proches de la maison ou de la tombe des illustres défunts, ces musées rassemblent et exposent des disques, des affiches, des photos et quelques objets fétiches que des fans viennent caresser du regard dans une ambiance musicale. Ainsi, La Rochelle en France compte un petit musée du rock. Situé en étage, œuvre d'un véritable mordu, ce musée privé contient 40 000 disques, dont 25 000 vinyles et un inédit de Bowie. Il propose surtout une animation incessante faite de concerts, soirées privées, conférences, ventes de disques… On y aurait même reçu Michel Houellebeq et Jean Louis Auber. Autres exemples : le petit musée parisien consacré à Edith Piaf. Modeste, loin d'incarner le succès planétaire de la célèbre chanteuse, ce musée, grâce à l'un de ses admirateurs de la première heure, Bernard Marchois, permet tout de même à la Môme de survivre à sa mort, dans un petit appartement de Ménilmontant.

A La Planche, près de Nantes, un autre passionné tente de faire revivre la chanson française, avec les moyens du bord. C'est à dire pas grand-chose. En tête des artistes fétiches des Français, Georges Brassens méritait bien aussi un musée. C'est sa ville natale de Sète qui le lui a offert. Sur les hauts de la cité méditerranéenne où il vit le jour, dans un cadre exceptionnel face à la Grande Bleue, Georges revit à travers ses chansons, ses photos, ses affiches, les quelques interviews qu'il a accordées à la presse et des animations ponctuelles. Crédité d'environ 60 000 entrées, le musée se porte bien. Mais, il n'affiche pas des scores à la hauteur de l'immense célébrité de ce troubadour dont tous les jeunes Français continuent à fredonner certains refrains.

Enfin, sur la scène internationale, les Québécois rendent hommage à Félix Leclerc sur l'île d'Orléans dans une fondation plutôt modeste par rapport à la popularité de ce chanteur qui restera longtemps le meilleur porte-parole de la « Belle province ». Pour en revenir aux USA, depuis 2013, à Nashville, notons encore un musée entièrement consacré au chanteur de country Johnny Cash. Pour le plus grand bonheur de ses fans. Bien qu'aucune statistique de fréquentation ne soit publiée, il fait en effet l'unanimité sur les guides touristiques, dans la presse et sur les réseaux sociaux. Janis Joplin, une grande dame morte bien trop tôt, a aussi son lieu de mémoire, au Texas à Port Arthur. Mais, là encore, rien de bien exceptionnel.

ENTRE BUSINESS ET NOSTALGIE

Mais, pour le moment, il semblerait bien que les visites nostalgie, dictées par l'émotion et la passion pour un artiste remportent plus de succès que les institutions prétentieuses, débordant de technologie et de dollars où le public est invité à assister à des rétrospectives qui ne le touchent guère. Expression artistique vivante et évolutive par excellence, la musique se suffit à elle-même. Faite pour être écoutée, elle n'est pas faite pour être vue. Ses concerts lui suffisent. Les radios, les sites internet, les réseaux sociaux qui déversent dans les oreilles des amateurs des flots de notes et de sons parviennent à contenter un public informel, peu enclin à débourser des fortunes pour évoluer dans un cadre rigide, limité, somme toute académique, mais surtout figé dans son histoire. De plus, les archives sonores, les partitions, les instruments passionnent un public d'érudits, de chercheurs, de musiciens, mais peu le grand public plus en quête de pèlerinages et d'hommages, de retrouvailles et de nostalgie. À moins que les muséographes n'aient pas encore trouvé les chemins conduisant au succès et surtout au succès financier. Car, la technologie indispensable à ces nouvelles cathédrales musicales est coûteuse. Fragile, elle est tributaire de coûts de maintenance et de renouvellement conséquents.

LISBONNE ET LE MUSÉE DU FADO

Plus au sud de l'Europe, dans l'une des capitales les plus attachantes et authentiques, une musique étrange n'en finit pas de bercer les habitants et leurs visiteurs. Née dans les premières années du XIXe siècle ou un peu plus tard, le fado qui est à Lisbonne ce que le blues est à la Nouvelle-Orléans ou le flamenco à l'Andalousie, est aujourd'hui lui aussi classé au patrimoine mondial de l'UNESCO. Une consécration pour cette expression musicale aux origines modestes que les marins chantaient en partant en mer. À moins qu'il ne s'agisse d'une synthèse de genres musicaux venus du Brésil comme le Lundum ou le Modinha.
Apparu dans les quartiers populaires de la capitale portugaise, ceux de l'Alfama, le Bairro Alto, Mouraria, ou encore Madragoa où les « fadistes » ou « fadistas » chantent toujours la « saudade », la tristesse, les amours contrariés, les petites histoires du quotidien, accompagnés par des instruments à cordes pincées, dont la fameuse « guitarra » (une sorte de cistre à douze cordes), le fado bénéficie aujourd'hui également de nombreux cabarets où les Portugais viennent passer leurs soirées. Et, consécration suprême, ils disposent d'un musée inauguré en 1998, situé au cœur de l'Alfama, dont la vocation est de retracer son histoire depuis ses origines à travers un riche fonds documentaire et d'importants moyens audiovisuels. Offrant une balade vivante et mélodieuse dont on ressort ravi, bien qu'un brin nostalgique, le musée du fado propose casques et télécommandes, permettant de déambuler en musique ainsi que des peintures, des photographies et des films diffusés sur écrans interactifs permettant aux spectateurs de découvrir les plus grands noms du fado depuis deux siècles. Outre la grande Amália Rodrigues qui contribua à la renommée internationale du fado, est également présentée

toute une jeune génération de jeunes « fadistes » comme Mariza, Ana Moura ou Carminho qui participent à la popularisation de ce genre musical.

La dernière salle du musée recrée enfin l'atmosphère des bars de fado authentiques en diffusant sur plusieurs écrans des représentations musicales rares, comme celles qui, durant les années de dictature, évacuaient les paroles évoquant des problèmes sociaux et politiques au profit des thématiques amoureuses. Mais, attention, un nouveau musée verra bientôt le jour. Signé par deux architectes argentins, ce nouveau venu remplacera le précédent au même endroit et devra devenir le symbole du renouveau d'une ville qui veut garder le cap vers le futur tout en restant attaché à son histoire. Destiné aux Lisboètes et aux touristes, le MUFA (c'est son nom) sera également un lieu de rendez-vous et un auditorium.

LES GRANDES EXPOSITIONS PRENNENT LA RELÈVE

Un genre moins risqué

Josette Sicsic

Le succès d'un musée consacré à la musique n'étant jamais garanti, depuis quelques années, on évite les risques en limitant les investissements sur des structures durables et en leur préférant des manifestations éphémères et tournantes. Dans tous les secteurs de la culture, l'heure des grandes expos a sonné. Reconnaissons que limités dans le temps, ces événements bénéficient d'une aura de rareté qui leur permet, grâce à une médiatisation massive, de drainer des publics plus ou moins conséquents.

Les grandes expositions sont devenues des locomotives touristiques

La cause est entendue. Toutes les villes se battent donc à coup d'événementiels capables de les projeter sous les feux de l'actualité et d'augmenter leurs flux touristiques. Passées maîtres dans l'art d'organiser des manifestations internationales de grande envergure, les musées d'art des grandes capitales en jouent régulièrement : de Courbet à Matisse ou Van Gogh, le public répond systématiquement présent et, malgré les files d'attente et les inconvénients liés à une fréquentation massive, celui-ci semble parfaitement satisfait. Une excellente opération pour les organisateurs, qui du même coup voient leurs statistiques et leurs recettes enfler. Les peintres impressionnistes surtout déchaînent les passions et frôlent le million de visiteurs sur certains artistes comme Monet au Grand Palais en 2010 tandis que Picasso en 2009 recueillait le même score.
Quant aux expositions universelles, elles constituent des blockbusters incomparables : sur six mois, Milan a enregistré 20 millions de visiteurs, dont un million de Français. C'est dire l'activité touristique engendrée par de telles manifestations que les offices du tourisme ont pris l'habitude de médiatiser sur leur programme promotionnel. Une exposition

prestigieuse contribue largement à son charisme et, même si les publics touristiques sont difficiles à comptabiliser, on sait qu'ils injectent dans l'économie locale des sommes non négligeables.

La carte de l'événementiel

Du côté de la musique, certains ont aussi compris l'intérêt de jouer la carte de l'événementiel et de programmer des expositions consacrées à des stars de la musique ou à un genre musical. Paris, à travers la Philharmonie et la Cité de la musique en fait partie. En mars 2015, par exemple, une exposition consacrée à David Bowie s'est installée dans le tout nouveau bâtiment parisien de la Philharmonie, sur le parc de la Villette. Bilan : 200 000 visiteurs en trois mois. Soit, cent milles de moins qu'à Londres. Mais il est vrai que l'exposition londonienne a bénéficié de la sortie inespérée du dernier album du chanteur intitulé : *The Next Day*, son dernier et premier depuis dix ans. Partout où elle est passée par la suite, à São Paulo, Chicago, Berlin, l'exposition a enregistré des performances du même niveau. « *Remettant Bowie au centre des vies de chaque visiteur,* résume un article du magazine Les Inrockuptibles, *il est vrai que cette manifestation a actionné en chacun un curseur émotionnel, un flash égoïste, une image miroir, un "David personnel", et fait résonner des dizaines de chansons immortelles, que l'on soit fan de Hunky Dory ou de Let's Dance, plutôt Major Tom, Ziggy Stardust ou Thin White Duke.* » En quelques mots, tout est dit sur un chanteur pas comme les autres dont on peut estimer qu'il aura marqué la deuxième partie du vingtième siècle tant sur le plan musical que sur le plan sociologique, ainsi que sur un genre muséographique qui semble avoir rencontré son public, grâce à l'audacieux mélange qu'il propose entre objets personnels et grands concerts, donc entre souvenirs intimes et grandes émotions collectives. Décédé depuis, Bowie fait encore plus d'entrées quel que soit le lieu où il est évoqué.

De plus, reconnaissons que l'exposition, éphémère par définition, permet d'éviter de figer musique et musiciens dans des interprétations et des mises en scènes rigides et définitives. Avant David Bowie, d'autres grandes expositions telle celle consacrée à Serge Gainsbourg à la Cité de la Musique à Paris ou *Musiques et cinéma* et surtout *Musiques noires* ont également permis à la musique de devenir un objet et un sujet d'exposition à part entière, capable d'attirer à la fois un public de spécialistes et un public moins averti désireux de mixer utile et agréable. Capable de combiner information et plaisir, sons, images, objets, l'exposition constitue bel et bien un genre multidimensionnel très complet qui, sans avoir la prétention à l'exhaustivité du musée, possède la légèreté des structures éphémères et passagères qui profitent de leur statut pour faire l'événement. « *Notre désir est d'apporter un éclairage nouveau et joyeux sur la connaissance de l'incroyable histoire de la Great Black Music* » écrivait Marc Benaïche, commissaire de l'exposition qui a reçu quelque 200 0000 visiteurs, parmi lesquels touristes et population résidente se sont côtoyés et surtout où toutes les générations ont été invitées. Car, pour garantir son rôle de médiateur, les organisateurs ont également mis au point des parcours familial.

Parmi les succès, on pourrait aussi évoquer celui de l'exposition organisée par la mairie de Paris, sur le thème de la « Chanson de Paris ». Programmée dans un espace relativement réduit, elle a été suffisamment attrayante pour attirer plus de 200 000 visiteurs. Surtout parisiens et français. Mais, les quelques touristes étrangers qui l'ont visitée ont exprimé leur immense satisfaction d'avoir pu faire connaissance avec la chanson française.

QUAND LES VILLES JOUENT LES MUSÉES À CIEL OUVERT

Un pari parfois gagnant

Alors que les musées ont du mal à survivre, certaines villes jouant à fond la carte de la musique réussissent le pari d'attirer des clientèles touristiques tout en rendant un hommage fidèle à leurs artistes. C'est le cas de Liverpool, ville natale des Beatles, elle aussi en pleine déroute industrielle, qui a choisi ce thème pour survivre. C'est également celui de New-Orleans, qui ne pouvait pas faire autrement que de se positionner sur cette musique emblématique du vingtième siècle et des USA : le jazz. Bien entendu, toutes villes n'ont pas la chance d'avoir vu naître des vedettes internationales dont la notoriété planétaire reste intacte. Et, toutes n'ont pas eu besoin d'imposer des stratégies de repositionnement culturel et touristique à leurs populations. Il n'empêche que bien menées, celles-ci peuvent rapporter gros.

MUSIQUE & TOURISME

LIVERPOOL : UNE VILLE TRANSFORMÉE PAR LA BEATLES MANIA

Bruno Rieth

Non contents d'avoir marqué à jamais la musique, les quatre natifs de Liverpool sont les champions toutes catégories de ventes de disques. On estime à 1 milliard le nombre de disques, tout support confondu, vendus dans le monde. La semaine du 4 avril 1964, 12 de leurs singles étaient classés dans le *Billboard hot 100*, magazine américain consacré à la musique, dont 5 aux 5 premières places. Les Beatles détiennent entre autres le record du plus grand nombre d'albums certifiés « platine » (plus de 1 million d'exemplaires vendus), « diamants » (plus de 10 millions d'exemplaires vendus), du plus grand nombre de semaines passées à la première place des ventes (174 au Royaume-Uni, 132 aux USA), etc. En 2010, la maison de disques EMI, qui détient les droits sur l'œuvre des Fab Four, affirmait pour sa part avoir vendu pas moins de 13 millions de leurs albums remasterisés. Par comparaison, l'album de Lady Gaga, *Born This Way*, sorti en 2011 s'est vendu à environ 8 millions d'exemplaires à travers le monde.

Les Beatles aujourd'hui à Liverpool

Voilà pour les Beatles. Pour la génération du baby-boom, admettons que la musique pop a constitué un outil d'émancipation et un ciment générationnel qui, au fil des années, lui ont permis de se constituer une culture et aujourd'hui une mémoire. Sachant à quel point cette génération est mobile et à quel point la nostalgie guide ses pas, la ville de Liverpool n'avait pas le choix : à elle de tirer les bonnes ficelles pour attirer les boomers désireux de renouer avec leur jeunesse et tous les fans du groupe mythique. Une gageure dont elle s'est plutôt très bien sortie grâce à ce talent que les Britanniques ont pour le tourisme et le marketing. …Visite guidée : L'arrivée par avion se fait par le John Lennon Airport, rebaptisé en 2002 en l'honneur du chanteur assassiné. Véritable aéroport-musée, le hall est orné d'une statue en bronze du célèbre musicien et au plafond est peinte la devise de l'aéroport, une phrase tirée des paroles de la chanson *Imagine* : *Above us only sky* (Au-dessus de nous seulement le ciel). On peut aussi admirer des vitrines dans lesquelles sont exposés des objets ayant appartenu au chanteur, comme par exemple le smoking qu'il portait lors de sa rencontre avec la Princesse Margaret lors de la première de *Help*, en 1966. Enfin, une fois sortis de l'aéroport, au moment de héler un cab, on aperçoit le fameux Yellow Submarine.

Mathew street, une rue chargée d'histoire

Dès les premières déambulations dans les rues, l'épopée continue. Il suffit de pousser la porte d'un pub pour s'en convaincre. Dans une ambiance détendue et transgénérationnelle, où se croisent banquiers en cravates, jeunes étudiants dissertant bruyamment et vieux de la vieille accoudés au comptoir, il n'est pas rare qu'au fond du bar, se trouvent un ou plusieurs musiciens en train de reprendre un classique des Beatles. Naturellement, c'est ensuite Mathew street, mondialement connue pour avoir vu débuter les inventeurs de la pop music qui, sur une centaine de mètres, devient le passage obligé des fans de la première heure et des visiteurs néophytes. À l'entrée, on croise de nouveau une statue de bronze de John Lennon, style années 50, vêtu de cuir, adossé contre un mur du Cavern Pub, les mains dans les poches. En dépassant le Lennon's bar et the Beatles Shop, il faut aussi lever les yeux pour apercevoir la sculpture de l'artiste plasticien Arthur Dooley. Une Madone, allégorie de Liverpool, tient dans ses bras les Beatles arborant, surprise, des traits de chérubins. Une plaque au-dessous de l'œuvre mentionne *« four lads who shook the world »* (les quatre garçons qui ont secoué le monde) d'où l'œuvre tire son nom.

The Cavern Club, un temple de la Pop music

Enfin, on accède à la Mecque de la Mecque, The Cavern Club, un ancien abri anti-bombardement reconverti en temple de la musique. Alain Styner en a eu l'idée en s'inspirant du club de jazz Le Caveau de la Huchette qu'il visita lors d'un passage à Paris. Dans les années 1960, les Beatles s'y produiront 292 fois jusqu'à en user les planches. C'est d'ailleurs, lors d'un de leurs nombreux concerts qu'ils rencontreront Brian Epstein, le producteur qui les lancera réellement. Le club mythique détruit en 1973 pour des raisons de vétusté sera reconstruit, sous la pression populaire en 1984, pratiquement à l'identique. Pour accéder aux salles de concert qui se situent en sous-sol, il faut ensuite emprunter un escalier où sont affichées les photos de Chuck Berry, The Who, John Lee Hooker et autres grandes stars y ayant fait un passage. On arrive alors dans une salle installée sous une voûte recouverte des signatures des visiteurs de passage avec au fond, la scène mythique. Véritable sanctuaire dédié aux Beatles, le long des murs, des vitrines exposent des objets ayant appartenu au groupe, guitares, batteries, vêtements ou entre autres, une réplique du contrat qu'ils ont signé le 1er octobre 1962 avec Brian Epstein. Cette scène est exclusivement réservée aux artistes reprenant des classiques des Four Fab. Après avoir dépassé un espace où acheter des tee-shirts, pinces collectors ou mugs en tout genre, on accède à la deuxième salle, ajoutée lors de la reconstruction de l'édifice. C'est là que les autres styles de musique sont joués et qu'en l'absence de concert un écran géant affiche des documentaires retraçant l'épopée du groupe mythique.

The Beatles Story innove

Mais, ce n'est pas fini. Liverpool, grand port marchand a su le rappeler à travers l'aménagement de ses docks qui, combinés aux quatre garçons dans le vent, sont devenus l'un des musées les plus visités du pays. C'est sur ces docks fermés en 1972, que l'on peut en effet visiter The Beatles Story, qui embarque le visiteur dans un voyage dans le temps sur les pas des enfants terribles de la ville. Contée par la sœur de Lennon, leur épopée traverse des reconstitutions impressionnantes comme la Casbah, sorte de bar clandestin où les quatre musiciens ont trouvé le nom du groupe, Mathew street ou the Cavern reconstitués à l'identique. Le ticket permet aussi d'assister à une séance du Fab 4D, film en 4D qui transporte dans un voyage musical sur les Beatles. Ouvert en 1990, the Beatles Story est le fruit d'un partenariat entre La compagnie Wembley PLC (London Stadium) et quatre directeurs de Liverpool dont Mike Byrne, un musicien qui jouait à l'époque des Beatles et qui est à l'origine du projet. En 2008, le musée est cependant racheté par la compagnie Mersey Travel pour un montant estimé à 8 millions de Livres Sterling. Il faut dire que la fréquentation moyenne est de 250 000 visiteurs par an.

Une véritable stratégie de tourisme culturel

Mais, Liverpool tente aujourd'hui de dépasser le simple attrait de la Beatles mania et d'élargir son offre culturelle. Preuve en sont, les efforts et investissements réalisés par la ville. En 2004, plusieurs quartiers obtiennent le statut de Patrimoine mondial tel l'Albert Dock. C'est le déclic. La ville fait ensuite des pieds et des mains pour devenir Capitale européenne de la Culture en 2008. Pari gagné. Une étude de l'université de Liverpool publiée en 2010 estime que le titre a permis à Liverpool d'engranger un pic de visites de l'ordre de 9,7 millions et un impact économique non négligeable de 925 millions d'euros. Plusieurs projets sont lancés la même année. The Hard days night, hôtel de haut standing sur le thème des Beatles, ouvre ses portes à deux pas de Mathew street.

Toujours en 2008, Liverpool One s'achève. Véritable métamorphose de 1700 hectares de terrains inutilisés du centre-ville, elle voit la réalisation d'un centre commercial à ciel ouvert, de boutiques, de restaurants, de bureaux et d'un quartier résidentiel pour un coût total estimé à 920 millions de livres sterling. Autre pari ambitieux qui démontre cette nouvelle stratégie, l'ouverture du Museum of Liverpool en 2011. Le plus grand musée national en Grande-Bretagne depuis 100 ans : il a coûté pas moins 72 millions de livres sterling, soit un peu plus de 87 millions d'euros.

En pleine mutation, la stratégie de la ville semble donner ses fruits puisque, environ 826 000 touristes visitent Liverpool durant un jour et 110 000 visiteurs y séjournent plusieurs jours. Ce qui, en termes d'impact économique, rapporterait à la ville pas moins de 58 millions d'euros. Une réussite ? Sans doute. D'autant que Liverpool a encore bien des idées dans son sac.

MUSIQUE & TOURISME

NEW ORLEANS :
UN QUARTIER DÉDIÉ AU JAZZ

Josette Sicsic

« À *New Orleans,* souligne le site internet consacré au French Quarter, *les jeunes préfèrent devenir musiciens de jazz plutôt que rock stars. La trompette est considérée comme l'instrument le plus sexy de tous et celui qui a le privilège d'accompagner les parades du mardi gras. Beaucoup de ces jeunes grandissent pour devenir des musiciens de jazz sur la scène locale qu'ils contribuent à renouveler en permanence.* » Autre citation extraite du réseau social Tripadivsor : « *Vous aimez la musique, vous y êtes. Bourbon Street vous offre un choix gigantesque de styles de musiques, mais j'ai senti que Bourbon est aujourd'hui un peu dénaturée, et pas aussi présent que je m'y attendais. Pour goûter au blues, jazz et autres musiques typiques, je suggère d'aller passer une soirée dans les bars sur Frenchmen Street, vous en aurez. Pour notre part, nous avons beaucoup apprécié le Spotted Cat...* »
Si l'on prend un guide dont la réputation n'est plus à faire : le Guide du Routard, consacré à la Louisiane, l'information est là aussi, à peu près la même. En fait, elle est comparable sur tous les guides et sur tous les sites. Bien souvent, parce que les rédacteurs de guides n'ont pas une culture musicale suffisamment approfondie pour entrer dans les détails de l'offre disponible et s'en faire les critiques. Autre raison : la plupart d'entre eux se doivent de mentionner les standards afin de ne pas décevoir leurs lecteurs. Enfin, combien de temps passent-ils à New Orleans ? Aussi peu qu'ailleurs. Une bonne raison pour ne pas avoir le temps de découvrir nouvelles adresses et nouveaux artistes.

Et pourtant, New Orleans qui porte haut et fort le souvenir du plus célèbre des musiciens de jazz du monde, Louis Amstrong, le très grand Satchmo et lui consacre un festival en juillet, n'est pas qu'une destination touristique de plus sur la carte du tourisme musical. ÀLa Nouvelle Orléans, les festivals s'enchaînent et font chacun à leur façon la promotion d'une nouvelle scène musicale mélangeant l'authentique jazz « New Orleans » avec le jazz manouche et toutes les influences musicales dont la ville a hérité de l'Afrique à la Caraïbe en passant par l'Europe. Mi-gratuits, mi-payants, ces événements ont une double vocation : répondre à la demande locale et à celle des touristes dont le nombre avoisine les 10 millions soit un niveau équivalent à celui précédant l'ouragan Katrina en 2004.

MUSIQUE & TOURISME

SÈTE REND UN HOMMAGE PERMANENT À GEORGES BRASSENS

Josette Sicsic

Beaucoup plus modestement, une ville peut être synonyme d'un chanteur et d'un seul. C'est le cas de Sète, une ravissante cité lacustre des bords de la Méditerranée qui a vu naître l'un des chanteurs les plus chantés en France et les plus traduits dans le monde : Georges Brassens. Né dans les années vingt d'un père maçon et d'une mère immigrée d'Italie, Georges a eu beau monter à Paris et connaître le succès que l'on sait, il est toujours resté profondément attaché à sa ville, qui le lui a toujours bien rendu à travers un hommage permanent dont la clé de voûte est son musée. Situé dans les hauteurs, l'Espace Georges Brassens est probablement le plus attachant des musées dédiés à la chanson, en Europe. Circulaire, clair, illustré d'une série de photos retraçant l'histoire du chanteur, l'espace offre une rétrospective chronologique sonore qui permet aux amateurs de réécouter une grande partie de l'œuvre du chanteur. Depuis l'enfance et les années d'insouciance jusqu'aux derniers succès, en passant par Paris et l'impasse Florimont où il coula des jours heureux avec sa compagne. Depuis *Les Amoureux sur les bancs publics* à *Brave Margot* en passant par *Les sabots d'Hélène* ou *La non demande en mariage*, Brassens revit le temps d'une visite émouvante clôturée par un spectacle de chansons inédites.
Il revit aussi dans le port de Sète où son célèbre pointu : le Gyss (un nom formé par les initiales des prénoms de Brassens, de son beau-frère Yves Cazzani, de sa demi-sœur Simone et de son neveu), est amarré Quai de Bosc. Il revit encore au restaurant Les amis de Georges, où un spectacle lui est dédié tous les soirs dans un décor qui lui est familier. Il revit enfin, dans la rue où il est né qui porte son nom et, dans ce cimetière marin Le Pymarin où il a décidé d'aller « *passer sa mort en vacances* ». Là, des milliers de visiteurs, tous les jours, viennent lui rendre hommage. Mais, proche, l'Espace Georges Brassens, le musée qui lui est consacré, est loin de battre des records de fréquentation : entre 60 et 70 000 entrées annuelles. C'est peu par rapport à la notoriété du chanteur. Certes, on ne joue plus avec les mêmes phénomènes musicaux mondiaux que sont le rock et la pop music. On ne joue pas non plus avec des centaines de millions de disques et des groupes cultes, connus universellement dont les « hits » font toujours l'objet de ventes faramineuses et, solidement accrochés aux plateaux des DJ, font danser la terre entière.

Non, Georges Brassens, malgré la traduction de son œuvre reste un chanteur et un poète national, notre chanteur et poète favori, dont on apprend les chansons à l'école, que l'on étudie à l'université, celui dont les mélodies sont reprises par toutes les générations. Mais, par on ne sait quelle incohérence, il n'est pas vraiment une star du tourisme musical.

MUSIQUE & TOURISME

THE SOUND OF MUSIC :
UN MUSÉE à CIEL OUVERT à SALZBOURG

Josette Sicsic

Enfin, entièrement dévouée au culte de Mozart, Salzbourg compte également à son actif l'un des plus grands succès musicaux du monde et, depuis une dizaine d'années, l'un des meilleurs fers de lance touristiques de la planète. Mais, un fer de lance bien particulier puisqu'il évolue au grand air sous la forme d'une exposition d'un genre particulier : un parcours spectacle.

La musique populaire de la famille Von Trapp

En fait, et plus concrètement, l'une des institutions musicales de la cité autrichienne, réside dans le succès de la comédie musicale : *La mélodie du bonheur*, plus connue sous le nom original de *The sound of music*, immortalisée par Julie Andrews. Une production hollywoodienne qui a été vue par près d'un milliard de spectateurs dans le monde depuis sa sortie en 1965, et qui génère tous les ans, à Salzbourg, quelque 300 000 visites. Bert Brugger, directeur du tourisme de la ville est en effet formel : Selon lui, « *si Mozart et le Festival de Salzbourg couvrent la musique classique et si, des offres comme les Chants de l'Avent de Salzbourg représentent la culture populaire, The Sound of Music est synonyme de musique populaire* ».
Les visites proposées au public sont donc destinées à un public non élitiste qui, en bus, en vélo, en voiture particulière, en groupes et individuels, viennent à Salzbourg pour visiter la célèbre Villa Trapp habitée autrefois par la famille Von Trapp et faire le tour des sites et paysages dans lesquels cette famille légendaire a inscrit le film de sa vie : du jardin Mirabell, à l'abreuvoir aux chevaux, au cimetière Saint-Pierre, à l'abbaye Nonnberg, au château Leopoldskron et au château d'Hellbrunn, les étapes du parcours sont nombreuses, quoique parfois banales, mais souvent joyeuses car, les visiteurs sont incités à entonner ensemble les chansons les plus populaires de la comédie musicale dont, rappelons-le, le triomphe à Broadway a été affirmé par 1500 représentations. En tête de ces amateurs, les publics japonais dont on estime qu'un sur trois a vu le film et les publics américains, dont 40% seraient venus pour s'adonner à une visite musicale du site. Suivent les Européens, un peu moins motivés, mais tout aussi satisfaits par ce parcours spectacle en plein air dont l'autre dimension du succès est liée à la qualité et à l'enthousiasme des guides.

Championne du marketing touristique, notons encore que la cité autrichienne exploite de mieux en mieux, la célébrité du film. Ainsi, depuis 2011, les théâtres de Salzbourg reprennent sur leur scène la comédie, avec succès, invitant le public à chanter en chœur les plus grands tubes. Au Théâtre de Marionnettes de la ville, qui a fêté son 200ᵉ anniversaire en 2013, *The Sound of Music* figure également au programme. Dix marionnettistes font danser plus de cent marionnettes au son de la musique originale lors d'une représentation de 90 minutes, sous-titrée en anglais, français, espagnol et japonais. Tandis que, pour la cinquantième année anniversaire de la sortie du film, une exposition spéciale a été conçue afin de raconter son histoire, en 3D, en musique et en vidéo pendant que des dizaines de manifestations composent un programme pléthorique destiné à imprégner à jamais l'ambiance de Salzbourg de la voix de Julie Andrews.

Les excès du merchandising dédié à Mozart

Enfin, quelques mots sur l'exploitation du culte de Mozart. N'oublions pas, qu'enterré à Vienne, Wolfgang Amadeus Mozart est né à Salzbourg au numéro 9 de la Getreidegasse. Une opportunité de taille pour la cité autrichienne qui représente probablement le meilleur exemple de dévotion musicale que l'on puisse trouver en Europe. Magnifiquement célébrée par un festival, un musée, des expositions et une promotion continue et intensive, relayée par des tours guidés, des dîners concerts, des spectacles, des festivals, des séjours, la stratégie mozartienne de Salzbourg lui garantit quelque 7 millions de visiteurs tous les ans. Et, parfois plus, comme en 2006, lors du 250ᵉᵐᵉ anniversaire de l'enfant prodige. Une manifestation qui a drainé près de 300 000 spectateurs aux seuls concerts. Un record.

Autre record, la production des fameux « Mozartkugel », des boules de chocolat noir fourrées à la pâte d'amande, à la pistache et au nougat qui sont la spécialité de la famille Fürst depuis 1890. Proposée par une quinzaine de confiseurs, rachetée par la multinationale Mondelez (Cadbury, Milka, Toblerone), leur production annuelle dépasse le 1,5 milliard et demi d'unités. Mais hélas, le merchandising effréné dont Mozart fait l'objet n'est pas toujours du meilleur goût et ne donne pas à la ville la tonalité un brin raffiné que l'on aurait pu espérer. Des perruques poudrées aux biberons aux casquettes, en passant par les parapluies ou des porte-clefs, il convient de regretter que « *le marché du souvenir s'est trop développé* », comme l'affirme Martin Fürst, arrière-arrière-petit-fils de l'inventeur du « Mozartkugel ».

Ira-t-on en arrière ? Et, l'industrie touristique pourra t-elle se passer un jour de cette débauche de mauvais goût côtoyant les plus illustres œuvres musicales ? Rien n'est moins sûr.

TOMBES, MAISONS ET AUTRES LIEUX DE MEMOIRE

La mort est plus payante que la vie

Josette Sicsic

Les tombes constituent souvent de hauts lieux de l'activité touristique. Dernières frontières entre morts et vivants, elles sont d'autant plus considérées comme des sites touristiques que les défunts qui y sont ensevelis bénéficient d'une aura historique, littéraire ou artistique importante. Parmi eux, les chanteurs et les musiciens ne dérogent pas à la règle. La mort récente du rocker Johnny Halliday, enterré à Saint Barthélémy, encore moins que les autres. Mais, tous ces lieux de recueillement ne bénéficient pas de la même mise en scène. Alors que certaines idoles n'ont qu'une simple sépulture à offrir, d'autres bénéficiant de gigantesques investissements sont devenus de véritables parcs à thèmes. Leur public, est donc hétérogène. Partagé entre de véritables passionnés et des simples touristes de passage, il reflète la palette des émotions que la mémoire des musiciens peut susciter.

DE CHOPIN À ELVIS ET PRINCE

En 1791, faute de moyens, Mozart fut enterré à Vienne à la va vite, dans une fosse commune. Ni fleurs, ni musique pour ce musicien qui compte parmi les plus grands que la terre ait portés. En fait, l'enterrement de Wolfgang Amadeus Mozart se déroula comme le voulait la tradition viennoise de l'époque. À l'économie. Et, il fallut attendre un siècle pour que la capitale autrichienne lui érige une stèle non loin de l'endroit supposé de son inhumation initiale. Dans le carré des musiciens situé dans le même cimetière central de Vienne où reposent les dépouilles d'autres compositeurs illustres, et non des moindres : Beethoven, Brahms, Schubert. Au bout du compte, et malgré ses tentatives, Salzburg n'aura donc pas réussi à récupérer la dépouille de celui qu'elle a vu naître en 1726 dont elle exploite inlassablement la renommée.

Si des dizaines de musiciens classiques tout aussi prestigieux, comme Chopin au cimetière du Père Lachaise à Paris ou Stravinski au cimetière San Michele à Venise, font l'objet de visites régulières de la part de leurs admirateurs, on ne peut malheureusement pas dire que l'on se donne autant de mal pour tous les artistes. Y compris pour les plus grands. Paris par exemple ne fait pas grand-chose pour rendre hommage au plus illustre des compositeurs romantiques. Comme si la capitale française à la tête d'un patrimoine artistique pléthorique, n'avait guère d'attention à accorder à des gloires universelles, jugées sans doute trop « immatérielles » pour mériter ses égards. Évidemment, c'est plus à Valldemossa, sur l'île de Mallorque que l'on célèbre le souvenir de Chopin et de sa compagne George Sand qui y passèrent l'hiver glacial de 1838. Quant à l'aéroport de Varsovie, ne porte-t-il pas le nom du musicien ? En fait, il semblerait que le tombeau de Wagner seul, suscite des initiatives dignes des grands de ce monde. Le chœur du Festival de Bayreuth, réuni autour de sa tombe rend en effet tous les ans, un hommage musical très spectaculaire au musicien qui en fut le fondateur. Mort et inhumé lui aussi à Bayreuth, Franz Litz n'a pour sa part, droit qu'à un tombeau auprès duquel des dizaines de milliers de visiteurs se recueillent. Mais, sans plus de cérémonie.

Bien que recherchées par un public relativement élitiste, assidu des salles de concert, les sépultures des musiciens classiques ne drainent donc pas toujours les foules escomptées. Lointaine, la vie de ces artistes appartient probablement trop au monde souterrain de la mort et de l'histoire pour susciter autre chose qu'une considération d'ordre esthétique et intellectuel.

En revanche, quand la mort est plus récente et l'émotion encore intacte, les tombes des idoles symbolisent bel et bien une dernière demeure où le public, lors de rituels parfois étranges, peut venir se recueillir et garantir sa fidélité à l'artiste défunt.

Tourisme informel dans les cimetières parisiens

Au nord de Paris, au Père Lachaise, l'un des cimetières comptant le plus de célébrités au monde, la tombe d'Édith Piaf constitue l'un des lieux les plus visités du prestigieux cimetière. Il faut dire que la môme Piaf amplement ressuscitée par le cinéma et la diffusion régulière de ces « tubes » bénéficie d'une estime internationale intarissable. Adulée par les Français et les touristes étrangers, celle qui chanta l'un des plus gros « hits » de l'histoire de la chanson est visitée quotidiennement. Comme Yves Montand d'ailleurs, autre monstre de la chanson française dont la voix a traversé les époques et les frontières. Et, tant d'autres : Gilbert Bécaud, Alain Bashung, Michel Delpech… Autant de chanteurs dont les sépultures éparpillées à travers le cimetière ne font l'objet d'aucune visite officielle, mais bel et bien de visites clandestines menées par des habitués du cimetière, qui ont bien compris l'intérêt des visiteurs pour les musiciens et s'en sont fait une spécialité en toute illégalité. Bien logé dans le cimetière du Montparnasse à Paris, Serge Gainsbourg pour sa part, n'en finit pas de recevoir des visites. Pour les gardiens des lieux, il est d'ailleurs l'hôte le plus célèbre et le plus visité du cimetière. D'où le plan de papier mentionnant sa tombe, remis systématiquement à l'entrée, afin d'éviter aux gardiens de répéter indéfiniment numéro et direction du tombeau. Non que celle-ci d'ailleurs présente un intérêt architectural quelconque, comme celle du fondateur de la cinémathèque Henri Langlois, toute proche et bien plus spectaculaire.

Non, Gainsbourg est enterré simplement, dans une sépulture minimaliste, aux côtés de son père et de sa mère, sous une dalle de granit recouverte de fleurs, souvent artificielles, ce qui n'aurait pas été pour lui plaire. Mais, sous les fleurs, symboliques de ses chansons les plus populaires, des tickets de métro rappellent l'un de ses plus grands succès, *Le poinçonneur des Lilas*, alors que des mégots de cigarettes et de cigares renvoient à sa silhouette dégingandée et aux volutes de fumée de son personnage favori : le fumeur de Havanes. Autres offrandes : des canettes de bière et des bouteilles de whisky, parmi des photos et des dessins plus ou moins réussis. Malgré sa célébrité, le chanteur ne devrait pourtant pas finir par ouvrir son ancienne maison de la rue de Verneuil à ses admirateurs comme il en fut et en est encore question. À l'autre bout du cimetière, Serge Reggiani en revanche, passe sa mort discrètement. Comme il avait passé sa vie. De rares promeneurs viennent lui rendre hommage. Des initiés. Des passionnés.

Le cas Jim Morrison et Dalida

Mais l'artiste le plus célèbre des cimetières parisiens, demeure Jim Morrison. Légende parmi les légendes, décédé mystérieusement en 1971, ce chanteur trouble à la vie et à la musique tourmentées, laisse derrière lui un tel secret que plus de quarante ans après sa mort, les « fans » défilent toujours en flots continus sur sa tombe du cimetière du Père Lachaise afin d'y déposer de modestes offrandes : fleurs, canettes de bière, mégots de cigarettes ; et tenter, semble-t-il, de percer le mystère de sa disparition. Il est vrai que Morrison condamné aux États-Unis pour « exhibition indécente », exilé à Paris au cours du printemps 1971, en rupture avec son groupe, désormais alcoolique et obèse après avoir été un sex-symbol, semble avoir tout fait pour brouiller les pistes de sa vie et de sa mort. D'où son statut envié de légende, sa notoriété sulfureuse et le succès de sa sépulture dont certains disent qu'elle est la quatrième attraction la plus visitée de Paris. Une exagération de plus dans l'existence de ce surdoué du rock dont le groupe mythique qu'il avait fondé *Les Doors,* a tout de même vendu plus de 30 millions d'albums. Autre lieu, autre ambiance. Au cimetière Montmartre, la vedette se nomme Dalida. Une autre artiste dont le suicide en 1987 a laissé des millions de « fans » inconsolables. Reposant sous une immense statue la représentant triomphante, moulée dans l'une de ses inimitables robes de scène, la chanteuse semble immortelle aux yeux de ceux qui viennent déposer des fleurs, la contempler, se souvenir de ses tubes, de sa voix et de son accent inimitable. Plus loin, sur le haut de la Butte, la chanteuse se rappelle au souvenir de ses « fans » à travers un buste, une place qui porte son nom et une plaque commémorative. Du jamais vu pour un chanteur. Comme si Paris et Montmartre ne se consolaient pas du suicide de cette artiste emblématique dont les chansons continuent de bercer toutes les générations.

Cloclo à Dannemois

Plus national, malgré ses succès internationaux, le chanteur Claude François, foudroyé en 1978, fait l'objet d'un véritable pèlerinage. Inhumé dans le jardin du Moulin de Dannemois, la maison dans laquelle il vécut jusqu'à sa mort, le chanteur reçoit, selon nos informations : 25 000 visiteurs par an, dont 10% en mars au moment de la commémoration de sa mort. Parmi eux, quelque 20% seraient étrangers. Une aubaine pour Dannemois, une petite bourgade du canton de Milly-la-Forêt qui n'en espérait pas tant et tire un parti inespéré de ce tourisme culturel d'un genre bien particulier, qui laisse quelques euros dans ses caisses et un chiffre d'affaires de quelque 500 000 € au moulin. De quoi rémunérer les paysagistes du parc, ainsi que les deux guides, les deux serveurs et les cuisiniers et permettre l'achat d'objets ayant appartenu à l'artiste. Depuis qu'elle a été acquise par de nouveaux propriétaires en 1998, elle propose en effet des visites guidées de la maison, des jardins et du cimetière où repose le chanteur ainsi que des spectacles et des dîners spectacles à des tarifs avoisinant la centaine d'euros pour les adultes, la moitié pour les enfants. Une bagatelle pour une heure et demie de show avec à l'affiche Franck D'auria et ses danseuses, de pâles répliques du chanteur et de ses « claudettes ». Et pourtant, ça marche. À tel point que l'on prévoit aussi d'ouvrir un hôtel.

Il faut dire qu'à lui tout seul, Cloclo représente non seulement des tubes planétaires dont *My way*, l'une des rares chansons françaises à avoir conquis les USA, mais il incarne aussi le dynamisme et l'allégresse d'une époque encore insouciante où les Trente glorieuses avaient beau tirer à leur fin, elles n'en demeuraient pas moins une parenthèse magique dans l'histoire du vingtième siècle. De son vivant, Cloclo était déjà une légende. Il vendit pas moins de 35 millions de disques. Sautillant, trépidant, hurlant tube sur tube d'une voix aiguë, il comptait parmi ces chanteurs cultes qui, grâce à quelques chansons inoubliables, plus un petit je ne sais quoi, déchaînent les passions. Bien avant l'heure des réseaux sociaux, Claude François affichait déjà des dizaines de milliers de « fans » prêts à tout pour l'approcher, lui dire un mot, et pourquoi pas lui faire une bise. Sa mort prématurée en 1978, inattendue et absurde, fut donc un drame qui laissa la France éplorée. Cloclo n'avait même pas la quarantaine. Quelques années plus tard, alors que ses disques continuaient de battre des records commerciaux – il en vend 28 millions après sa mort-, les hommages n'en finissent pas de raviver sa stupéfiante carrière. En 2012, même le grand écran lui consacre des films : *Podium* puis *Cloclo* ! C'est dire à quel point les légendes ont du mal à mourir et peuvent rapporter gros à la géographie touristique.

Antraigues où repose Jean Ferrat

Quant à la tombe du chanteur Jean Ferrat, dans un petit village d'Ardèche, Antraigues-sur-Volane, elle est devenue depuis la mort du chanteur, en 2010, le site touristique le plus visité du département. Modeste, recouverte de fleurs, elle compose avec sa maison ouverte au public une halte affective rappelant que, fait exceptionnel, les obsèques du chanteur ont été retransmises en direct sur toutes les chaînes de télévision françaises. Une fois de plus, là comme ailleurs, le processus mémoriel est comparable : une tombe, des fleurs, une maison-musée, des ouvrages et des disques et, parfois des objets souvenirs, tels ceux proposés par le merchandising des stars internationales. Jean Ferrat l'aurait-il souhaité ? Probablement pas, bien qu'il ait déclaré, mais c'est un autre sujet, être fier d'avoir écrit des chansons qui ont marqué leur époque comme *La Montagne*, un morceau d'anthologie sur l'exode rural de l'après-guerre, *Potemkine* ou *Nuits et Brouillard*.

Le château des Milandes : en souvenir de Joséphine Baker

Labellisé « Maison des illustres », un label décerné par le ministère de la Culture, le château des Milandes en Périgord noir ne se contente pas de constituer une étape de plus sur les routes touristiques d'un département particulièrement gâté par l'architecture, l'histoire, la gastronomie. Non. Cette élégante bâtisse du XVe siècle, construite par François de Caumont, sertie d'un immense parc, doit son originalité et son succès à celle qui fut l'une des plus célèbres meneuses de revues parisiennes. Une Américaine, profondément engagée dans les grands mouvements d'émancipation des noirs, dont la participation à la Revue nègre dans un simple tutu fait de fausses bananes, restera dans les annales du music-hall. Vous avez reconnu : Josephine Baker, qui a en effet acquis cette bâtisse en 1947, en pleine gloire, et s'y est installée accompagnée de sa vaste famille de 12 enfants, tous adoptés, plus connue sous le nom de « tribu arc-en-ciel ». Généreuse, festive, conviviale, la chanteuse qu'une France en pleine quête d'exotisme a surnommée la « Venus d'ébène » va même plus loin, transformant le château et son parc de 300 ha en un véritable parc thématique baptisé le « Village du monde » où avec son mari Jo Bouillon, elle ouvre hôtel, brasseries et donne des concerts dont les plus vieux habitants de la région gardent un souvenir ému. Durant 20 ans, jonglant entre les tournées, ses activités militantes et sa famille, Joséphine incarne la générosité, l'altruisme, la joie de vivre. Hélas, les beaux jours ne durent pas et, abandonnée par le succès et par son époux lassé de ses extravagances, la chanteuse de cet immense succès que fut *J'ai deux amours,* multiplie les dépenses inutiles et accumule des dettes irréparables qui l'obligeront à quitter les Milandes. Fin de rêve.

Fin du règne d'une immense chanteuse dont les dernières images de résistante devant la porte du château émeuvent la France, sans pour autant permettre à Joséphine d'écluser ses dettes et de rester sur les lieux. L'expulsion est prononcée en 1969. Joséphine se rend et gagne Monaco où son amie la princesse Grace Kelly l'accueille. Rachetée par quatre familles successives, dont le couple Chedal en 1994 pour la somme de 12 millions de francs et qui y investit 8 millions supplémentaires, puis par la famille de Labarre, le château accomplit alors plusieurs mues, toutes consacrées à la mémoire de l'artiste, de sa carrière fastueuse et de sa vie tumultueuse. Mais, depuis 2002, grâce à de nouvelles restaurations des bâtiments, toitures, jardins, sous la houlette d'Angélique de Saint Exupéry, le château connaît une dernière mutation parfaitement réussie en un mélange de lieu de mémoire et de musée musical. En effet, quinze chambres retracent l'existence de Joséphine à travers : affiches, costumes, objets, décors, mobilier, photos ; tandis que sa fameuse salle de bain noire et or qu'elle aimait tant et la cuisine où elle se réfugia pour résister aux huissiers constituent les étapes les plus émouvantes de la visite. De plus, le château des Milandes parfaitement sonorisé, depuis l'entrée à la sortie, offre également un hommage musical de grande qualité à une chanteuse que le public semble ne pas avoiroubliée. Une visite réalisée par plus de 200 000 touristes par an, de nationalités aussi variées que celles séjournant dans ce département : français bien sûr, mais aussi européens, nord-américains et désormais asiatiques.

CARLOS GARDEL : UN TOMBEAU MONUMENTAL À BUENOS AIRES

À des milliers de kilomètres de la France, dans un tout autre genre, Carlos Gardel mort accidentellement dans un accident d'avion à l'âge de 45 ans en 1935, est un autre exemple de ces immortels. Reposant au cimetière de Chacarita à Buenos Aires, dans un mausolée toujours fleuri avec une cigarette allumée entre les doigts de bronze de l'incroyable statue grandeur nature qui le représente, Gardel, 80 ans après sa mort, a décidé de ne pas mourir. Alors qu'une plaque de marbre indique « *Carlito chante mieux chaque jour* », des ex-voto sont embrassés en permanence par les centaines de fans qui rendent hommage au chanteur et font de sa tombe l'un des sites les plus visités de la capitale argentine. D'ailleurs, il n'est pas un document d'information ou un site internet qui ne le mentionnent. Figure emblématique du tango, Gardel incarne à la fois un genre musical dont le succès ne se dément pas, mais également une époque, une histoire, et pour les Argentins une culture et un mode de vie. Outre sa tombe, sa mémoire se perpétue également dans le Paseo del Tango logé dans le paseo Carlos Gardel dans le quartier d'Abasto. Un quartier ponctué de statues de bronze dédiées à plusieurs grands musiciens, que la municipalité de la capitale argentine a voulu rénover et promouvoir comme l'un des hauts lieux du tango. Là, un petit musée consacré au chanteur également surnommé El Morocho del Abasto, reçoit le public dans une atmosphère désuète traduisant l'ambiance d'une époque plus ou moins révolue. Très bien noté par les membres du réseau Tripadvisor, ce musée contribue à sa façon à l'immortalité de Carlito.

LE KING A MEMPHIS : LA DÉMESURE DE GRACELAND !

Quant à la tombe du King, à Memphis, inutile de dire qu'elle n'en finit pas de recevoir la visite de files interminables d'adorateurs du roi du rock qui, près d'un demi-siècle après sa mort, continuent de célébrer la mémoire de l'un des plus grands chanteurs de la scène américaine. Et là, on ne fait pas dans la simplicité. Loin s'en faut. Il faut dire que la tombe d'Elvis fait également partie d'un véritable tour guidé, incluant la visite de sa maison au cœur de Graceland où la star vécut une partie de sa vie et mourut.

Immense propriété tapissée de pelouses, la demeure du roi du rock and roll illustre cette fusion désormais classique entre tombe et musée, entre mort et vie. Une fois enterré, il est clair que le roi du rock devait continuer à vivre. Ne serait-ce que pour consoler ses fans mais aussi pour sauver sa famille de la ruine. Écrasée par des charges de l'ordre de 500 000 dollars par an, la femme du chanteur, Priscilla Presley eut vite fait de la transformer en lieu de mémoire afin d'éviter de puiser dans l'héritage de la fille du King. Devenue fondatrice et présidente de l'Entreprise Elvis Presley, elle l'ouvrit au public en 1982 et, malgré une petite période déficitaire, en fit une entreprise hautement profitable. Ce qui n'a pas été sans convaincre la fille du chanteur Lisa Marie Presley de céder 85 % de ses parts dans la gestion financière de Graceland à CKX, une entreprise de divertissement comme l'Amérique sait en compter. Laquelle, d'emblée décida de convertir Graceland en une sorte de parc à thème dédié au roi du rock et d'en faire une destination touristique internationale à la façon de Disney. Augmentant considérablement la surface et la capacité d'accueil de Graceland, cette initiative a permis de doubler la fréquentation, désormais située autour de 700 000 visiteurs annuels. Ce qui constitue un record du genre, témoignant de l'attachement du monde entier à Elvis, mais aussi du savoir-faire déployé sur ce lieu. En effet, la visite vaut le détour. Mise à part la chambre d'Elvis jamais touchée depuis sa mort, toute la maison se visite, y compris la cuisine, le salon, le bar et une salle de billard, la salle des trophées où sont exposés tous les disques d'or et de platine du chanteur, ainsi que photographies et costumes de scène. Tandis que, dans un local séparé, la collection de voitures du chanteur et ses deux avions privés évoquent à leur façon la fortune d'Elvis. Lequel repose à l'extérieur, entre la tombe de son père et de sa grand-mère, sous une dalle de granit relativement modeste.

Un peu comme dans les Caraïbes où madame Marley, non plus, n'a pas pu résister à la tentation de transformer la tombe de son mari décédé en 1981 en un formidable lieu de visite et disons-le, de culte. Nettement plus discrète en revanche, la tombe de Michaël Jackson dans le cimetière de Forest Lawn, près de Los Angeles. On peut y jeter un regard, mais on ne la visite pas. *Gone too soon*, le musicien fait cependant l'objet de statues monumentales dans l'Indiana à Gary, au Brésil et en Inde.

Enfin, pour en revenir à Elvis, sachez que pour convaincre le visiteur de passer par Memphis, le mythe d'Elvis n'est pas seulement entretenu par Graceland, mais également par le Sun Studio, le célébrissime lieu de ses premiers enregistrements et le lieu de naissance du rock n'roll. Offrant des visites guidées par d'anciens musiciens d'ailleurs, le Sun Studio fait également en sorte de fidéliser ses visiteurs en renouvelant animations, expositions et concerts.

L'ÉTERNITÉ DE GRANIT

Dernier témoignage de l'existence terrestre, la tombe quels qu'en soient l'architecture et le décorum, reste donc vouée à sa mission initiale : perpétuer la mémoire des musiciens comme des anonymes. Pour peu qu'elle fasse l'objet de manifestations particulières comme celle de Claude François, d'Elvis Presley ou de Wagner, et le tour est joué : les foules se déplacent et viennent assister à un spectacle de plus dans leur vie. On est à la limite du rite funéraire et du pèlerinage, mais aussi au cœur d'une démarche touristique relativement classique consistant à suivre des personnages illustres dans leur vie, leur œuvre, leur mort. Les maisons d'écrivains sont un bon exemple de cet engouement pour la littérature qui guide les lecteurs passionnés à la source des œuvres littéraires connues et appréciées, et souvent à leur point final : leur sépulture. Les maisons de musiciens, encore trop peu nombreuses, pourraient en faire autant. Restent donc les cimetières, avec un bémol : pour mériter une visite, le musicien ne doit pas se contenter de laisser derrière lui des partitions, ni de s'être fait bâtir une sépulture extravagante, il doit surtout avoir eu une vie de légende, et à défaut une mort de légende.

Voilà sans doute pourquoi, la tombe d'Eddy Barclays dans le petit cimetière marin de Saint-Tropez n'est pas très visitée. Le grand Eddy, découvreur de talents et organisateur notoire des plus mémorables soirées tropéziennes, n'est pas une idole au sens propre du terme. Encore moins une icône. Figure tutélaire du monde du show business, grand ordonnateur des nuits blanches de Saint-Tropez, Barclay dont la tombe incrustée de plusieurs grands vinyles porteurs du célèbre label, vaudrait le détour, reçoit peu de visiteurs dans l'émouvant cimetière marin du petit port varois.

Très discrètes, la maison de Prévert au bout de la Cité Véron à Montmartre et celle de Boris Vian, sous les ailes du Moulin Rouge sont à peine connues. Et pourtant, les artistes qu'elles ont abrités comptent parmi les immortels du quartier. Musiciens et paroliers tous les deux.

Encore une précision : John Lennon, assassiné par un fou furieux à New-York, le plus triste des jours de décembre 1980, a été incinéré. Il n'a donc pas de sépulture. Un drame pour ses millions de « fans » qui auraient bien fredonné avec lui une dernière fois : *Imagine*. Prince pour sa part, décédé au printemps 2016, a aussi été incinéré. Mais, sa propriété de Paisley Park dans le Minnesota, non loin de Minneapolis, a rapidement été transformée en musée, selon ses dernières volontés. Le domaine où le chanteur de *Purple Rain* vivait depuis 1987, enregistrait ses titres et où il s'est éteint sera géré par la même compagnie que celle qui gère la demeure-musée d'Elvis Presley. Un musée virtuel à l'effigie du chanteur existe déjà.

David Bowie quant à lui a été incinéré tout aussi discrètement. Leonard Cohen enfin, décédé en novembre 2016, a vu instantanément le seuil de sa maison se fleurir. Visitée spontanément par les Montréalais et touristes de passage, cette maison devient d'ores et déjà un lieu touristique tandis que le cimetière où il repose voit défiler ses fans qui, selon la tradition juive, déposent une petite pierre sur sa tombe.

ITALIE : L'OPÉRA CÉLÈBRE SES MUSICIENS DÉFUNTS

Et crée une immense activité touristique

Rosantonietta Scramaglia

Connue dans le monde entier pour sa musique classique et pour l'opéra en particulier, l'Italie a donné naissance à des musiciens célèbres qui ont laissé des traces profondes dans les territoires où ils ont vécu ou travaillé. Des traces exerçant toujours fascination, intérêt et admiration parmi les touristes mélomanes et de plus en plus, parmi les profanes, attirés par un nom, une bribe d'histoire, une notoriété, quelques grands airs… Visites de maisons natales, de tombes, festivals, manifestations diverses, rencontres… dynamisent cette mémoire musicale et la transforment en une offre touristique plus ou moins sophistiquée sur laquelle deux régions s'illustrent : l'Émilie et les Marches. Toutes deux ont en effet créé des véritables réseaux sur le thème de l'opéra. En Émilie par exemple, c'est Giuseppe Verdi, le chef d'orchestre Arturo Toscanini, le ténor Luciano Pavarotti, le soprano Renata Tebaldi qui sont à l'honneur. Dans les Marches, ce sont les compositeurs Gaspare Spontini, Pergolèse et Gioacchino Rossini ainsi que le ténor Beniamino Gigli. Promenade à travers l'art de ressusciter la grande musique.

Claudio Monteverdi (1567-1643) : de Crémone à Venise

Si l'on parcourt les lieux de la mémoire musicale italienne selon un ordre chronologique, il convient de commencer par le compositeur Claudio Monteverdi. Son *Orfeo*, créé au palais ducal des Gonzagues de Mantoue, est considéré comme le premier chef-d'œuvre universel de l'histoire de l'opéra qui assure le lien entre la Renaissance, l'humanisme et l'époque baroque. Sa ville natale, Crémone, célèbre pour le musée du violon Stradivari et le fameux théâtre Ponchielli, a dédié au musicien un Festival éponyme éclaté dans toutes sortes de lieux : les cours, les églises, les places de la ville. On peut même embarquer pour une croisière musicale unique, lente et romantique sur le Po, de Crémone à Mantoue, et arriver à Venise, abordant ainsi les trois villes les plus importantes dans la vie du compositeur. À bord, à l'arrivée, et durant l'escale de Mantoue un programme de concerts très soigné divertit le public. Et, en 2017 pour le 450ème anniversaire de la naissance du musicien, il est clair que l'on a mis les bouchées doubles.

Antonio Vivaldi (1678-1741) est oublié par Venise

Chère à Monteverdi, Venise l'est aussi à Antonio Vivaldi, né un siècle plus tard, qui y passa la plus grande partie de sa vie, mais ne possède même pas de sépulture. Prêtre violoniste de génie ayant exercé une influence capitale sur l'évolution de la musique préclassique, admiré de l'Europe entière, Vivaldi fut cependant totalement oublié à la fin de sa vie, sa mort passa inaperçue et, seule une petite plaque près du baptistère dans la belle église gothique où il fut baptisé, rappelle son existence. Un maigre butin pour un musicien de cette envergure, sur lequel on a cependant créé un parcours muséal composé d'une exposition retraçant l'histoire de l'hôpital de la Pitié où il exerça et, présentant une rare collection d'instruments baroques, des vêtements liturgiques et d'œuvres d'orfèvrerie.

Gioacchino Rossini (1792-1868) : de Pesaro à Paris

Gioacchino Antonio Rossini naît à Pesaro, dans une famille modeste pendant la Révolution française. Compositeur d'opéras très célèbres comme *Il barbiere di Siviglia* (d'après *Le Barbier de Séville* de Beaumarchais), *La Cenerentola* (d'après *Cendrillon*) et *Guillaume Tell*, Rossini, une personnalité haute en couleurs, a eu la chance que sa maison natale soit déclarée « monument national » en 1904. Située dans la rue qui lui est consacrée, elle a été transformée en un musée évoquant tout naturellement sa vie et son œuvre, grâce à des outils technologiques des plus innovants : des lunettes multimédia sont offertes aux visiteurs, à travers lesquelles le maître se matérialise à leurs côtés et les accompagne tout le long des chambres où il a passé une partie de sa vie, en égrenant de nombreuses anecdotes et en présentant ses œuvres à l'aide de partitions et estampes. Mais, la vie tourmentée du Maestro, marquée par les révolutions, ayant contraint son père à fuir Pesaro l'a entraîné dans différents pays avant de s'installer à Paris où il s'enferme dans une longue retraite qui durera jusqu'à sa mort, cessant d'écrire des opéras pour se consacrer à la composition de mélodies, de musique sacrée et musique instrumentale. Inhumé dans le cimetière parisien du Père-Lachaise dans un cénotaphe et transporté en Italie seulement en 1887, il repose dans la basilique Santa Croce à Florence où les touristes viennent lui rendre hommage. Tandis qu'à Pesaro à qui il a légué tous ses biens, un important conservatoire à son nom est toujours en activité. Autre témoin du génie du musicien, depuis 1980, le Rossini Opera Festival, l'un des festivals de musique les plus importants d'Europe attire de plus en plus les foules. En 2016, 17 250 spectateurs ont été dénombrés dont 71% d'étrangers. Ils venaient de France, Allemagne, Royaume-Uni, mais aussi du Japon, de Russie, Chine et Hong-Kong. Les recettes ont été de 1,1 million d'euros. Doté d'un budget de près de 5 millions d'euros, ce festival a fait exister Pesaro sur la carte touristique, ce qui n'était pas le cas auparavant. Enfin, selon une étude de l'université d'Urbino, 1 euro investi dans le festival rapporterait 7 euros à l'économie locale.

Le Théatre Pergolesi et le Festival Pergolesi Spontini

Tout près de Maiolati Spontini, à Jesi, le théâtre de l'opéra créé en 1798 a été dédié à Giovanni Battista Pergolesi, plus connu sous le nom de Pergolèse (1710-1736) qui est né dans cette ville et qui a connu un immense succès après sa mort. À l'origine entre autres, de la fameuse « Querelle des Bouffons » déclenchée à Paris par la représentation de sa pièce : *La Serva padrona,* par une troupe d'Opéra-comique italien, le musicien reste dans les mémoires comme celui qui a opposé les défenseurs de la musique française « ramistes » (coin du Roi) et les « rousseauistes » soutenus par Jean-Jacques Rousseau (coin de la Reine), partisans d'une italianisation de l'opéra français. La Fondation Pergolesi Spontini qui, depuis 2005 gère le théâtre et le festival éponymes, a connu une progression spectaculaire ces 11 dernières années. En 2016, elle a organisé 194 événements avec près de 45 000 spectateurs et 14 000 étudiants, avec un budget de 2,8 millions d'euros. Le Festival Pergolesi Spontini pour sa seizième édition en 2016 s'est démultiplié dans plusieurs villes aux alentours, notamment dans l'ermitage des Frères blancs de Cupramontana où les spectateurs du concert étaient invités à déguster des produits locaux, histoire d'associer musique et tourisme. En 2017, avant le Festival de septembre, le « Festival in progress » a permis en deux temps de prolonger le plaisir des mélomanes.

Recanati : la maison de Beniamino Gigli

Plus loin, à trente kilomètres d'Ancône, Recanati est connue des amateurs de musique pour le siège de l'usine de guitares EKO qui, depuis le début des années 1960, se sont répandues dans les orchestres du monde entier. Mais Recanati est aussi, pour les Italiens, le lieu de naissance du célèbre ténor Beniamino Gigli qui, encore enfant, enchantait ses concitoyens en chantant dans les rues ou depuis le clocher de l'église. Propulsé sur le devant de la scène par le Maestro Arturo Toscanini qui, en 1918 lui a fait faire ses débuts à la Scala, Gigli part aux États-Unis en 1920 où les portes du Metropolitan lui sont grand ouvertes et où le public l'applaudit comme le véritable successeur de Caruso. Une consécration pour ce chanteur qui a enregistré près de 300 disques pieusement conservés par les collectionneurs et dont la vie fait l'objet d'une rétrospective permanente au musée qui lui est dédié situé au dernier étage de l'hôtel de ville. Costumes, chaussures, perruques, colliers. On y trouve aussi des reliques de sa vie, son saxophone dont il jouait dans la fanfare du village et, des cadeaux reçus en Italie et aux États-Unis. On y trouve même une canne ayant appartenu à Giuseppe Verdi. Au cimetière de Recanati, le tombeau du grand ténor, en mauvais état aujourd'hui est visité par quelques amateurs de musique, en attendant d'être rénové grâce à une souscription lancée par la municipalité impatiente d'en faire une attraction touristique majeure.

Bergame et la maison de Gaetano Donizetti (1797-1848)

Issu d'une famille pauvre de Bergame, Donizetti est considéré comme l'héritier de Rossini, rival de Bellini, précurseur de Verdi, et fait partie avec eux, des principaux compositeurs italiens du XIXe siècle. Bien que son répertoire très prolifique comprenne un grand nombre de genres, Donizetti est surtout célèbre pour ses 71 opéras dont *Anna Bolena*, ses deux grands opéras bouffes – *L'Elisir d'amore* (1832) et *Don Pasquale* (1843) – et *Lucia di Lammermoor* qui seront représentées partout en Europe et à Paris où il s'éteint misérablement dans un asile d'aliénés d'Ivry-sur-Seine. Ramené par son neveu dans sa ville natale, Donizetti a l'honneur de voir sa maison natale transformée en monument national par un décret royal de 1926. Laquelle, depuis 2016, grâce au projet Empreintes Sonores, offre une visite multimédia de grande qualité basée sur la technique de l'olofonie par laquelle on peut vivre une expérience immersive dans les sons et les bruits que Donizetti pouvait entendre au quotidien dans sa ville, entre le XVIIIe et le XIXe siècle. Depuis 2015, chaque week-end de juin à octobre, la maison est animée par des concerts de musique de chambre organisés par la Fondation Donizetti. Là, les élèves du Conservatoire Donizetti jouent devant à un grand nombre de touristes et de locaux.

La maison natale d'Arturo Toscanini (1867-1951)

À Parme, c'est au tour du célébrissime chef d'orchestre Arturo Toscanini, réputé pour avoir ouvert une nouvelle ère musicale, d'être célébré. En réalité, il n'a vécu que quelques mois dans la petite maison du quartier populaire de Oltretorrente, qui n'appartenait pas à sa famille, mais fut achetée par ses fils dans les années 1960 et donnée à la municipalité qui l'a transformée en musée, à l'occasion du centenaire de sa naissance. Là encore, même scénario : des objets personnels, des partitions, mais aussi des objets ayant appartenu à Wagner, une lettre d'Einstein et d'autres souvenirs qui permettent de retracer les étapes de la vie de l'artiste qui a vécu surtout aux États-Unis où il est mort, et à Milan où il est enterré dans la majestueuse chapelle de la famille au Cimetière Monumental.

La maison-musée de Luciano Pavarotti promeut l'Émilie

Certains tour-operators spécialisés dans les circuits consacrés à Verdi à Parme et Busseto, ajoutent à leur programme le souvenir d'un ténor récemment disparu, Luciano Pavarotti dont la tombe se trouve au cimetière de Montale Rangone, dans le tombeau familial. Aux portes de Modène, on peut également visiter la Maison-Musée que le ténor a conçue jusqu'aux moindres détails et fait fabriquer par des artisans qui ont créé des pièces uniques en suivant ses dessins. Située dans un terrain que Pavarotti a acheté dans les années 1980, cette maison est entourée d'une école d'équitation qui témoigne de sa grande passion pour les chevaux. Là, depuis 1991, pendant 11 ans, Pavarotti a accueilli dans son domaine une compétition prestigieuse de saut d'obstacles, en présence des plus célèbres cavaliers internationaux.
Des voyagistes lient la visite de la maison de Pavarotti à celle des deux musées Ferrari à Modène et à Maranello, en proposant un Passeport « Discover Ferrari & Pavarotti Land ». Outre ces visites, ce passeport comprend aussi des dégustations chez les producteurs de vinaigre Balsamico, de vin Lambrusco et de charcuterie, et des découvertes des centres historiques de Maranello, Nonantola et de Modène. Dans cette dernière, on peut d'ailleurs en profiter pour découvrir les lieux familiers à Pavarotti tandis que, dans la même logique touristique, d'autres itinéraires culturels ont été mis en place, comme « Les rues de la musique et de

l'Opéra » qui fournissent l'opportunité de visiter avec un billet unique les lieux Verdiens, la Maison du grand soprano Renata Tebaldi et le Musée du Violon à Crémone.

La « carte touristique » enfin, visant à favoriser et à concentrer les dépenses des touristes dans la région, permet non seulement l'accès à des lieux de Verdi, mais offre également des réductions dans les hébergements et dans les restaurants et des rabais dans les magasins participants à l'opération.

Giacomo Puccini au cœur d'une destination

Autre exemple toscan, celui de Puccini. Né à Lucques en Toscane, où il a vécu son enfance et adolescence dans une situation économique très difficile, le musicien rachète sa maison natale après le grand succès de *Manon Lescaut* en 1893. Transmise à ses héritiers à sa mort, elle est finalement léguée à la ville en 1973, qui la transforme en un musée ouvert en 1979. Rachetée par la Fondation Cassa di Lucca qui le rénove entièrement, le musée enregistre une augmentation significative de ses visiteurs. Au cours de 2016, ils ont été 33 629, soit 10% de plus qu'en 2015 qui à son tour a enregistré une augmentation de 26% de la fréquentation par rapport à la même période de 2014. Le chiffre d'affaires de 2016 a été de 287 000 euros. Même la librairie du musée a enregistré une croissance de ses recettes. Intéressant aussi, le fait que deux tiers des visiteurs soient des étrangers, principalement britanniques, avec une augmentation sensible des Russes (+253%), Japonais, Latino-Américains, Nord-Américains et Allemands.

En 1891, la famille Puccini se déplace pour l'été à Torre del Lago, près de Viareggio, où le musicien compose la plupart de ses œuvres, de *Manon Lescaut* à *La Bohème* en passant par La *Tosca*. Mort prématurément à Bruxelles, l'artiste repose dans la chapelle créée à l'intérieur de la maison qui, en 2012, s'est transformée en musée après avoir été restaurée sans dénaturer la douceur de l'atmosphère de l'endroit. En visitant sa maison, les visiteurs ont même l'impression que le Maître est toujours présent et qu'il les accompagne dans la découverte de sa musique et de sa vie. Ils y perçoivent son aura. Évidemment, Puccini a droit depuis 1930 à un Festival permettant de réaliser l'un de ses rêves : faire résonner les rives du lac de Torre del Lago de ses œuvres. Inscrit dans un environnement constituant une visite touristique à part entière, ce festival se déroule dans un théâtre en plein air de 3.200 places. De plus en plus connu, il accueille un public différent de celui du Théâtre de la Scala ou des Arènes de Vérone car ceux qui se rendent à Torre del Lago, y vont essentiellement pour Puccini. Amateurs éclairés, ils n'en sont pas moins, depuis quelques années, rejoints par une nouvelle génération de spectateurs profitant des forfaits offerts par les agents de voyage, qui leur donne aussi la possibilité d'explorer les alentours.

« *Un projet qui vise à promouvoir le territoire*, déclarait en 2009, Massimiliano Simoni, le président de la Fondation Festival Pucciniano, *parce qu'il met Torre del Lago au centre d'une offre touristique où le spectacle reste la pierre angulaire, mais qui ouvre une fenêtre sur la géographie locale. Le Festival Puccini devient alors le point de départ idéal pour une découverte de notre terre, la possibilité d'apprendre et d'apprécier les savoirs et les saveurs de notre Versilia.* »

Ainsi, l'objectif de nombreux opérateurs est de réussir à structurer l'offre afin de lier musique et territoire, ou même de transformer le passionné de la musique de Puccini en un touriste passionné de la Versilia et de la Toscane entière et vice versa. Pari tenu ? En partie, car le festival Puccini attire près de la moitié d'étrangers et ses recettes s'élèvent à près d'un million et demi d'euros. De quoi hisser le théâtre à la septième place des théâtres d'opéra italiens sur le plan des recettes. On a enfin calculé que le festival injecterait dans l'économie régionale environ 11 millions d'euros.

La maison-musée Caruso en Toscane

Dernière escale sur le chemin posthume des « maestro » : à moins de 100 kilomètres de Torre del Lago, la maison-musée Caruso située sur les collines toscanes aux alentours de Florence, dans une villa du XVIe siècle, honore le ténor qui en fit l'acquisition en 1906 et y vécut une grande histoire d'amour jusqu'à sa mort en 1921. Rachetée par la Municipalité de Lastra a Signa pour en faire un centre d'études musicales, cette maison abrite de nombreux documents liés au ténor, fournis par le Centre d'études carusiens de Milan. Un musée lui est dédié, mais, malgré sa notoriété, le succès en reste modeste : en 2013, on a compté à peine 4 000 visiteurs dont 7% d'étrangers. Une ultime remarque démontrant que la notoriété d'un musicien ne fait pas tout. Elle ne suffit pas en tout cas à écrire des « success stories » touristiques. Lesquels nécessitent savoir-faire, moyens financiers, stratégies et ambitions.

GIUSEPPE VERDI, EXCEPTION MUSICALE TOURISTIQUE

Animations, festivals, musées…

Rosantonietta Scramaglia

Monument incontesté de la musique italienne, Verdi constitue à lui tout seul une offre touristique illimitée, appréciée par un public diffus, mais grandissant, comptant autant de profanes que de spécialistes. Il faut dire que le musicien de génie né en 1813 à Roncole-Verdi, un petit village près de Busseto dans la province de Parme, a eu une vie et une carrière plutôt longues pour son époque, dont les étapes constituent autant de composantes de visites touristiques.

La maison natale de Roncole

Première escale sur les chemins verdiens : la maison modeste que la famille du musicien avait louée avant sa naissance et qui, jamais modifiée jusqu'en 2001, est transformée en musée après avoir été déclarée « monument national ». Un musée original où le multimédia permet à travers des sons et des ombres, de recréer l'atmosphère de l'époque de l'enfance de Giuseppe Verdi. Là encore, en 2015, la première édition du Roncole Festival dédié à Verdi a eu lieu avec pour mission de diffuser au maximum la musique du Maestro à travers des concerts gratuits. Devant sa maison natale, des musiciens ont même essayé de chercher et de trouver le fameux « *La verdiano* », un la à 432 vibrations par seconde avec lequel Verdi aurait voulu que l'on exécute ses musiques. Verdi avait obtenu de la commission musicale du gouvernement italien un décret de loi normalisant le diapason à 432 Hz. C'est seulement en 1939 que l'on a décidé d'un diapason étalon-mètre à 440 Hz. Très doué, mais pauvre, Verdi fut ensuite secouru par Antonio Barezzi, un riche marchand de Busseto, passionné de musique qui l'accueillit dans sa maison à l'âge de dix ans et lui permit de jouer en public. Transformée en musée en 2001, cette autre maison présente pour sa part des autographes précieux et des peintures retraçant la carrière du maître, ainsi que des portraits des chanteurs du XIXe siècle, des programmes et des affiches.

Un fonds enrichi au fil des années par les dons de l'association des amis de Verdi.

Le musée Giuseppe Verdi

À quelques pas du Monastère de Santa Maria degli Angeli à Busseto, où Verdi avait l'habitude d'aller quand il était enfant et où il avait joué ses premiers concerts, un superbe palais du XVIᵉ siècle, la Villa Pallavicino, abrite depuis 2009 un autre musée : le Musée national Giuseppe Verdi, dans lequel le visiteur peut réaliser un voyage fascinant le long d'un parcours historique représentant les 27 œuvres de Verdi à travers les reproductions des décors originaux, des éclairages, des costumes et de la musique. Le salon, la salle de musique, la salle de la Messe de Requiem composée en l'honneur de Rossini, complètent le voyage. La charmante salle de musique, avec 100 sièges, et le jardin entourant la villa sont également utilisés pour des concerts et des événements de toutes sortes. Mieux, depuis 2014, même les écuries de la Villa Pallavicino abritent un musée. Il s'agit de celui dédié à la grande soprano Renata Tebaldi née en 1922 à Pesaro, la ville natale de Rossini, et morte en 2004 à Saint-Marin. Remarquée en 1946 par Arturo Toscanini, sa carrière dura une trentaine d'années. Elle fut considérée un temps comme la vraie rivale de Maria Callas.

Le Teatro Verdi

Le théâtre actuel est situé dans la forteresse où précédemment existait un autre théâtre où, dans sa jeunesse, Verdi avait dirigé une symphonie pour *Le Barbier de Séville* de Rossini. Construit entre 1856 et 1868, contre l'avis du Maître qui était en conflit avec les habitants de Busseto à cause de leur ingérence dans sa vie privée et parce qu'il le jugeait coûteux et inutile, ce théâtre dont l'inauguration solennelle en 1868, accueillit un public vêtu de vert pour lui rendre hommage, a beau avoir été boycotté par le musicien, il est inclus dans les itinéraires de Verdi.

Villa Verdi, dans la campagne émilienne

Enfin, en 1844, Verdi commence à acquérir des terres à Sant'Agata, près de Busseto, où il a une maison qu'il a agrandie et rénovée suivant ses propres croquis et ses goûts. Après avoir acheté le domaine de Saint Agate et construit son petit « royaume », Verdi entame là une activité de « gentilhomme farmer » dans les paysages de sa chère campagne émilienne. Désormais célèbre et riche, il y trouve l'inspiration dans une atmosphère apaisante très appréciée par les visiteurs de la région. Après sa mort, la villa qui abrite encore la famille de ses héritiers, est devenue un musée très visité, renfermant sa chambre à coucher et sa salle de musique avec son piano, entourée d'un parc de plus de six hectares. En Juin 2016, ces lieux ont accueilli un événement nommé : « Chez Giuseppe Verdi : rencontres entre la nourriture, la musique et les images » qui faisait partie du « GolaGola People & Food Festival ». Un festival qui, pendant trois jours, transforme complètement Parme, une ville récemment nommée par l'UNESCO « Ville créative pour la gastronomie ».

Rencontres, festivals : les lieux verdiens bruissent de musique

Bien que moins nombreux que ceux qui évoquent d'autres genres musicaux, quelques manifestations évoquent l'art du maestro. Parmi les plus connues, citons le Concours International de Voix verdiennes « Ville de Busseto », mis en place depuis 1961 et le Festival Verdi, un important festival d'opéra programmé chaque année en octobre, à Parme, Busseto et sur les terres du compositeur. Créé au milieu des années quatre-vingt, puis relancé, ce festival se passe aujourd'hui en partie hors les murs, dans les rues, les places, les cafés, les magasins et même dans les maisons des habitants de Parme qui possèdent un piano et sont disposés à proposer un concert. Les citoyens ont été aussi invités à suivre le programme « Balconi Verdi » (balcons verts) afin d'évoquer le musicien. Selon les dernières données dont nous disposons, en 2014 ce Festival Verdi a accueilli 14 413 spectateurs auxquels il faut ajouter les 1 500 spectateurs du *off*. 77% du public venaient de l'étranger et de l'extérieur de la province.

Verdi et Milan, une histoire d'amour

Enfin, c'est à La Scala de Milan que Verdi a proposé ses premières œuvres, connu ses triomphes comme l'*Otello* en 1887 et achevé sa carrière. C'est au Musée de la Scala que des souvenirs importants de sa vie sont conservés, comme le manuscrit de sa *Messe de Requiem* et son portrait. Mais, pour les Milanais et les Italiens en général, le Maestro n'a pas été un simple musicien, son génie est lié à l'histoire du « Risorgimento » de l'Italie. Par exemple, *Il ballo in maschera* (Le bal masqué) composé en 1859, avait été censuré avant de devenir le chant du soulèvement en faveur de l'Unité italienne dont le centre symbolique se situait au Teatre de la Scala. Déjà, quelques années avant, quand Verdi y avait présenté le *Nabucco,* les Italiens s'étaient identifiés au peuple hébreu, esclave des babyloniens, qui chantait en chœur sa nostalgie.

Les révoltés utilisaient alors l'acrostiche du nom de Verdi pour hurler et écrire sur chaque mur « Vive Verdi :(V-ictor E-mmanuel R-oi D' I-talie). Il faut dire que Milan n'a jamais cessé de témoigner une adoration sans limites au musicien qui rendit son dernier soupir dans la suite 105 du Grand Hôtel de Milan, juste à côté de la Scala. La ville s'est évertuée à en perpétuer le souvenir et à célébrer son génie partout où des traces du musicien pouvaient être exposées au public. Ainsi, restée intacte, la chambre d'hôtel mortuaire est devenue un lieu de culte pour les admirateurs du compositeur de *Rigoletto* et de *La Traviata*. Un peu comme elle le fut d'ailleurs pour les Milanais qui, à l'annonce de l'agonie du musicien en 1901, étalèrent de la paille sur la chaussée pour étouffer le bruit de la circulation et laisser Verdi mourir en paix. Tout aussi célèbre, la tombe du génie, dans la maison de retraite des musiciens sans ressources qu'il avait fondée peu de temps avant sa mort et qui a pris son nom : Casa di Riposo G. Verdi. Sa tombe y jouxte celle de sa femme Giuseppina Strepponi décédée quelques années plus tôt. Toutes deux reçoivent à longueur d'année les visites d'un public de mélomanes de passage dans la capitale lombarde.

DES ICÔNES ARCHITECTURALES AU SERVICE DU TOURISME

Les opéras jouent les stars

Il serait déplacé d'évoquer les rapports entre tourisme et musique sans évoquer les salles d'inspiration classique ou résolument moderne dans lesquelles musiciens et chanteurs rencontrent leur public. Opéras, théâtres, auditoriums, philharmonies… des centaines de salles ponctuent le paysage urbain international et constituent souvent les icônes de l'attractivité touristique d'une ville. Alors que l'opéra Garnier à Paris, le Bolchoï à Moscou, la Scala à Milan… évoquent parmi d'autres les grandes heures de la musique instrumentale romantique, de la danse et de l'opéra et constituent une part non négligeable de l'iconographie touristique, de nouveaux venus, véritables gestes architecturaux lancés à l'assaut du paysage urbain, incarnent une nouvelle génération de bâtiments entièrement dédiés à la musique dont l'esthétique et parfois l'audace reflètent un nouvel âge. Entre ces deux mondes, l'Italie compte parmi les pays les mieux lotis par les muses.

DE SYDNEY À HAMBOURG : UNE NOUVELLE GÉNÉRATION

Josette Sicsic

Il n'a donc échappé à personne que de nouvelles constructions conjuguant des qualités acoustiques et musicales indéniables se déploient à travers la planète. D'autant que ce déploiement correspond aux besoins des villes de proposer à leur population de mélomanes des auditoriums de qualité, mais aussi à un besoin de trouver de nouveaux emblèmes susceptibles de promouvoir leur image. Suivant l'exemple vedette de l'opéra de Sydney désormais connu dans le monde entier, ces capitales ont également réussi à créer de nouveaux lieux touristiques dont l'une des qualités consiste à servir de point de rendez-vous et de ralliement pour les populations locale et touristique. À quelques rares exceptions près, il semble qu'une sorte d'alchimie spatiale permet bel et bien à la musique et à la ville réconciliées en un lieu, d'aimanter les visiteurs. Exemples :

L'Elbphilharmonie d'Hambourg

Malgré des difficultés financières considérables, Hambourg a finalement inauguré en janvier 2017, son philharmonique, le désormais célèbre Elbphilharmonie. Au total environ sept ans de retard et un budget explosif passé de 86 millions de francs suisses à 846. Ce qui a valu les pires ennuis à ses architectes, le cabinet suisse Herzog & de Meuron auquel on doit, entre autres, le stade olympique de Pékin. Érigé sur un ancien entrepôt en briques, le nouveau venu qui culmine à 110 mètres et forme des vagues de glace au-dessus de l'Elbe a donc bien failli ne jamais voir le jour. Mais, désormais, ouvert aux mélomanes les plus exigeants, il est en passe de devenir l'un des emblèmes touristiques de la ville hanséatique et de la région. Pour le directeur du tourisme : « *L'Elbphilharmonie, que beaucoup de Hambourgeois ont d'ailleurs déjà baptisé 'Elfie', va indiscutablement être le nouveau phare de la ville et son nouveau symbole.* » Un symbole cher payé, mais qui, dans ce cas, annonce d'emblée ses ambitions touristiques en inscrivant dans son architecture un hôtel de 250 chambres.

Sydney : 40 ans de célébrité

En passant par l'Australie, force est de constater que depuis quarante ans, les images de l'opéra de Sydney se sont imposées non seulement dans le paysage musical, mais aussi dans celui de l'architecture contemporaine et dans l'iconographie touristique australienne et mondiale. Œuvre de l'architecte danois Jørn Utzon, cet édifice magistral qui associe divers courants innovants tant du point de vue de la forme architecturale que de la conception structurelle, constitue une véritable sculpture urbaine soigneusement intégrée dans un remarquable paysage côtier, à la pointe d'une péninsule s'avançant dans le port de Sydney. Composé de trois groupes de « coquilles » voûtées et entrelacées qui abritent les deux principaux lieux de représentation et un restaurant, le théâtre est entouré de terrasses qui font office de promenades piétonnes devenues des incontournables d'une visite de la plus réputée des villes australiennes. Accueillant environ 2 millions de spectateurs et visiteurs par an, l'opéra de Sydney, depuis son ouverture en 1973, aurait reçu 100 millions de personnes. Une performance exceptionnelle pour un pays recevant moins de 8 millions annuels de touristes internationaux. Offrant ses ailes à la créativité d'artistes de la lumière, il devient féérique durant le Vivid Festival qui a lieu au printemps (voir photo de couverture).

Los Angeles : le Walt Disney Concert Hall

Autre œuvre emblématique, l'auditorium de Los Angeles, réalisé en grande partie grâce à une mise de fonds de la famille Disney. Ouverte en 2003, œuvre de l'architecte américain Franck Gehry auquel on doit, entre autres, le musée Guggenheim de Bilbao et la Fondation Louis Vuitton à Paris, cette salle abrite l'orchestre philharmonique de la capitale californienne. Très spectaculaire, le bâtiment dans lequel on retrouve l'insolence post-moderne de Gehry est considéré comme l'une des grandes scènes internationales, mais, dans une ville tentaculaire à l'image très installée, il peine à trouver ses marques dans l'iconographie touristique californienne qui n'en a sans doute pas besoin.

Dubaï : une œuvre discrète

Quand on est un émirat en plein essor, doté d'une stratégie touristique offensive et de moyens considérables : 330 millions de dollars, on ne peut pas faire l'impasse sur un édifice musical d'envergure internationale. Lancé à grand renfort de relations publiques, l'opéra de Dubaï, avec ses 2 000 places est pourtant passé relativement inaperçu alors que son auteur, n'a pas lésiné sur l'inventivité. Avec un mélange de matériaux uniques, revendiquant une architecture aussi singulière que celle de l'Opéra de Sydney, puisant son inspiration sur le modèle des bateaux à voiles traditionnels du golfe Persique, les boutres en bois profondément enracinés dans l'histoire maritime de la ville, la construction n'a qu'un handicap. Elle est écrasée par la démesure des gratte-ciel alentour et surtout par les 800 mètres de la tour Burj Khalifa, la plus haute du monde, qui lui fait face.

Pékin : une goutte d'eau en pleine ville

Autre œuvre emblématique inaugurée en 2007 : Le Centre national des arts du spectacle, à Pékin, surnommé l'Œuf. Situé dans le centre historique de la ville, sur un lac artificiel, ce dôme de titane et de verre au design unique en forme de goutte d'eau, signé par l'architecte français Paul Andreu, constitue le symbole de la nouvelle Chine. Durant la nuit, grâce à des jeux de lumière, on peut découvrir l'intérieur de cette architecture composée d'une salle d'opéra, d'une salle de concert et d'un théâtre. Durant la journée, inclus sur des circuits touristiques, on peut en admirer la plastique originale et l'esthétique. Certes, sa notoriété est moins importante que celle du stade olympique, le « nid ». Mais elle s'en rapproche.

Valence, un auditorium signé par Santiago Calatrava

On ne peut pas faire l'impasse non plus sur les extraordinaires réalisations de l'architecte Santiago Calatrava à Valence, qui compose un nouveau quartier entier de la capitale catalane, incluant lui aussi un auditorium. En forme d'immense casque arc-bouté sur le plan d'eau sur lequel repose la totalité du projet, cet auditorium accueille des concerts de musiciens internationaux dans un environnement acoustique unique qui en fait l'une des meilleures salles de concert d'Europe. Outre les quatre espaces distincts à l'intérieur : l'immense hall, l'auditorium, le théâtre et la salle de concert, ce bâtiment constitue surtout un maillon d'une immense chaîne de constructions dédiées à l'art et la culture, tout à fait exceptionnelles en Europe.

Paris : la nouvelle Philharmonie ne fait pas l'unanimité

Pour en venir maintenant à Paris, la capitale française a bien du mal à tirer de sa Philharmonie signée par l'architecte Jean Nouvel, inaugurée en 2016, un aussi bon parti sur le plan promotionnel. En effet, niché entre le périphérique nord et le parc de la Villette, l'édifice ne fait pas l'unanimité. Sur le plan extérieur surtout, le bâtiment sombre est plutôt revêche. Seuls les mélomanes qui viennent y écouter des concerts sont convaincus par l'acoustique exceptionnelle de la salle. Ce dernier exemple voulu par l'état et la ville de Paris, dont le coût a été estimé à 173 millions d'euros lors de son préprogramme en 2006, a en réalité coûté 535 millions (valeur en 2015), selon un rapport de la Chambre régionale des comptes d'Ile-de-France. Soit une augmentation de 208%. C'est dire à quel point les icônes coûtent cher. Fort heureusement, elles sont construites en priorité pour un public national et pour des musiciens. Fort heureusement également, la Philharmonie côtoie un bâtiment à l'esthétique plus convaincante : c'est la Cité de la musique, ouverte en 1995, signée par l'architecte Christian Portzamparc, avec laquelle elle forme un tout.

Tandis qu'un musée de la musique abrite sur 3 000 mètres carrés 1 000 instruments et objets d'art aussi rares et insolites que la guitare tortue, l'octobasse ou encore la flûte en cristal, dont certains ont appartenu à des musiciens cultes comme Django Reinhardt, Frédéric Chopin ou encore Frank Zappa. Évidemment, les animations musicales proposées par le musée, conjuguées aux concerts programmés par les salles de spectacles font de cet ensemble un pôle musical de haut niveau dans la capitale française. Pourtant, selon le directeur, le public touristique est peu au rendez-vous. À peine 10% dans le meilleur des cas pour les expositions consacrées à des stars et sans doute moins de 5% pour les concerts. Ce qui ne veut pas dire qu'une progression ne soit pas possible. Reste en effet à trouver les bons réseaux de commercialisation.

Quant au dernier temple de la musique inauguré fin avril 2017, établi sur l'île Seguin, nul ne peut présager de son succès à venir. Baptisé « La Seine musicale », conçu par l'architecte japonais Shigeru Ban, lauréat du prix Pritzker 2014, associé avec le Français Jean de Gastines, il a nécessité deux ans de chantier pour un auditorium de 1 150 places et une grande salle de 4 000 à 6 000 places.

L'opéra Garnier de Paris, un repère touristique datant du Second Empire

Mais Paris dispose d'un joyau : l'opéra Garnier. Situé sur une place centrale, connu dans le monde entier, à la sortie d'une bouche de métro centralisant de nombreuses lignes du réseau parisien, au bout d'une avenue reliant des monuments incontournables comme le Louvre et le Palais Royal, l'opéra Garnier n'est pas qu'un opéra, c'est un repère.

Surtout pour les touristes qui en fréquentent assidument les marches et s'y donnent rendez-vous, faute de pouvoir assister à une représentation. Lesquelles arborent des tarifs dissuasifs pour beaucoup, bien que relativement comparables à ceux pratiqués par les autres grands théâtres européens, notamment Vienne. En revanche, l'opéra Garnier propose des prix de visite abordables à ceux qui souhaitent découvrir ses coulisses, son architecture secrète, son histoire. Vendues par différentes agences et des sites comme Ceetiz ou Viator, ces visites d'une durée de 2 à 4 heures, deviennent d'autant plus populaires que la grande majorité des opéras du monde en proposent, de Vienne à Sydney. A Paris, on enregistre environ 250 000 billets d'entrée sur cette offre. Une performance, car les tarifs, pour certaines visites plus longues et détaillées, s'envolent autour de 30 euros.

Offrant un complément de revenus à l'institution et un moyen original de mettre les pieds dans le monde impressionnant de la danse et de la musique, cette activité impose l'opéra comme l'une des rares institutions musicales désireuses de s'ouvrir à un public touristique de plus en plus large. Outre les visites des coulisses, cafés et restaurants accueillent également des amateurs. Ainsi, l'opéra Garnier a ouvert un restaurant conçu par l'architecte Odile Decq, dont le décor très contemporain rompt totalement avec l'environnement architectural classique, œuvre de Charles Garnier, qui fut inauguré en 1875.

De son côté, l'opéra Bastille, sur la place du même nom, propose également des visites à des groupes et individuels. Mais son architecture moderne à l'esthétique quelques fois contestée, œuvre de l'architecte uruguayen Carlos Ott, n'est pas aussi attractive pour le public. En revanche, son grand escalier constitue lui aussi un repère et un lieu de rendez-vous pour les Parisiens et de nombreux touristes attirés par l'animation des rues avoisinantes.

MUSIQUE & TOURISME

LE CAS ITALIEN :
L'OPÉRA CLASSIQUE EN VEDETTE

Rosantonietta Scramaglia

Les origines de l'opéra remontent à Florence aux XVIe et XVIIe siècles, et les bourgeois de Venise furent les premiers à ouvrir un théâtre à un public payant, et à diffuser un nouveau modèle « entrepreneurial » avec, en 1637, le Teatro San Cassiano. En 1785, selon *L'annuale indice de' teatrali spettacoli* (la liste annuelle des spectacles de théâtre), la péninsule compte plus de 100 salles. En 1871, elles sont 940. La musique est sortie des églises et des palais pour s'ouvrir à un public plus large dans des édifices laïcs devenus pour certains les symboles de certains genres musicaux. À ce jour, plus d'une quarantaine de théâtres composent la carte musicale italienne. Mais, parmi eux, seuls quelques-uns bénéficient des faveurs des touristes. Lesquels ?

La Scala de Milan : un fleuron international

La Scala de Milan peut se vanter d'être l'un des opéras les plus connus du monde. Célébrissime, bien située au cœur d'une capitale régionale, La Scala a l'histoire pour elle. Inaugurée en 1778, elle doit son nom à l'église de Santa Maria alla Scala détruite pour construire le théâtre ducal qui a pris son nom. Conçue par l'architecte Giuseppe Piermarini, un élève de Luigi Vanvitelli – le célèbre constructeur du magnifique Palais Royal –, sa forme architecturale en « fer à cheval » est rapidement devenue un modèle pour d'autres théâtres, notamment à Paris, Vienne et Londres. Programmant des spectacles tout au long de l'année dont la qualité rarement démentie, attire un auditoire attentif d'amateurs particulièrement exigeants, la Scala se glorifie de cet élitisme qui, dès ses premières heures, et aujourd'hui encore, confère aux « premières » un lustre mêlant élégance et ostentation, permettant comme autrefois à la bourgeoisie locale d'exhiber ses toilettes et sa distinction, mais pas forcément son érudition musicale. Occupant les loges, cette population mondaine a en effet peu à voir avec les vrais amateurs d'opéra regroupés dans les balcons supérieurs, le « loggione » qui sont aujourd'hui, réunis dans une association : « Gli amici del loggione » (Les amis du loggione), font trembler les orchestres et les chanteurs à la moindre fausse note, brisant sous leurs huées les carrières de sopranos ou de ténors jugés indignes de persévérer.

Considérée encore aujourd'hui comme le temple de la danse, de la musique symphonique et de l'opéra, La Scala compte parmi ces lieux mythiques qu'il convient de visiter lors d'un séjour dans la ville. Sa façade néoclassique, qui, avec le Duomo, est l'un des symboles de Milan, est généreusement représentée sur les cartes postales et dans les brochures touristiques et abondamment photographiée par les visiteurs nationaux et internationaux. Bien qu'impossible à quantifier avec exactitude, des touristes nationaux et internationaux, comme à l'opéra de Vienne et de Paris, s'y pressent tous les soirs afin de côtoyer un peu de l'histoire de l'Italie et de sa musique. Non spécialistes, ils se déplacent pour La Scala et font peu de cas des autres spectacles musicaux proposés par des salles moins prestigieuses. Il faut dire qu'à La Scala, on est dans le Saint des Saints. Un lieu où l'on regarde autant qu'on écoute, et où l'on entend probablement battre le cœur de l'Italie. Peu importe le prix qui atteint parfois des sommets, compris entre 100 et 2000 euros pour les grandes représentations qui, pour leur part, attirent un public de connaisseurs.

Diffusés par des agences de voyages, les conciergeries d'hôtels et autres sites internet, les billets pour la Scala figurent parmi les *must* d'un séjour touristique milanais. Y compris ceux permettant simplement d'assister à une inauguration ou à des répétitions générales. Pour ne citer que quelques chiffres, en 2015 à la Scala, on a dénombré 408 événements, dont 161 opéras, 45 ballets, 67 concerts symphoniques qui ont engendré des recettes de plus de 48 millions d'euros. Mais les visiteurs ne se limitent pas aux spectacles. Situé dans le Casino Ricordi – un palais proche du Teatro alla Scala où l'éditeur de musique Ricordi avait son siège jusqu'à sa transformation –, le musée du Théâtre La Scala accueille de nombreux touristes dans des salles abritant une riche collection de costumes, de maquettes de décors, des lettres de compositeurs, des portraits, des partitions manuscrites de Giuseppe Verdi, Gioacchino Rossini, Giacomo Puccini ou encore Gaetano Donizetti et, d'anciens instruments de musique, des bustes et des portraits. La bibliothèque sur laquelle on peut jeter un coup d'œil compte, pour sa part, 150 000 volumes, souvent rares, publiés à partir du XVe siècle. Ce qui en fait l'une des bibliothèques les plus importantes du monde en matière de théâtre, opéra, musique et danse.

Le Gran Teatro La Fenice de Venise

Autre perle témoignant de la suprématie italienne en matière d'opéra, le majestueux Gran Teatro La Fenice, en plein cœur de Venise, à quelques pas de la magnifique Piazza San Marco, qui doit sa renommée à la haute qualité des œuvres musicales représentées. Inauguré en 1792, le théâtre détruit et réaménagé à maintes reprises brûle pour la deuxième fois le 9 janvier 1996. Un drame aux origines criminelles qui n'a pas manqué d'ébranler les mélomanes du monde entier et incité la commune à reconstruire le théâtre à l'identique, avec la devise : « *Ce que c'était, où il se trouvait.* » Inaugurée en décembre 2003, avec un concert dirigé par Riccardo Muti, cette nouvelle version de la Fenice accueille des représentations quotidiennes dans le cadre de sa saison d'opéra et de nombreux concerts dans celui du Festival Internazionale di Musica Contemporanea. Un festival fondé en 1930 couplé avec la Biennale, qui a présenté les premières mondiales de Stravinsky, de Prokofiev et de tant d'autres auteurs. De plus, la Fenice accueille le plus beau concert italien du Nouvel An qui attire quelques touristes fortunés. Comme celui de Vienne. Enfin, après une période de crise, La Fenice qui affiche un total annuel de 150 000 spectateurs, a mis en place une activité touristique à part entière à destination des publics scolaires et touristiques, via des ateliers et des visites qui sont en augmentation de 20%, engendrant des recettes d'un million d'euros.

Naples et le spectaculaire San Carlo

Enfin, voulu par Charles de Bourbon, considéré lors de sa création comme la plus belle et la plus grande maison d'opéra en Europe, le théâtre San Carlo compte parmi les richesses touristiques de la capitale du Royaume des Deux Siciles, depuis son inauguration le 4 novembre 1737. Symbole de la puissance de Naples, instrument de gouvernance, ce théâtre a cependant aussi connu un sort tragique. Complètement détruit par un incendie en 1813, il a cependant été reconstruit en quelques mois, identique à l'original. Une prouesse qui a soulevé l'admiration de tous les visiteurs de passage, notamment Stendhal qui, en 1817, écrivait : « *Mes yeux sont éblouis, mon âme ravie. (…) Rien de plus frais, et cependant rien de plus majestueux. (…) Il n'y a rien en Europe, je ne dirais pas d'approchant, mais qui puisse même de loin donner une idée de ceci. Cette salle, reconstruite en trois cents jours, est un coup d'état…* » L'écrivain ne croyait pas si bien dire : après plusieurs rénovations, le San Carlo accueille 250 000 spectateurs par an et, par ailleurs, participe à un programme encourageant des initiatives visant à rapprocher de la musique environ 50 000 jeunes.

Les Arènes de Vérone : une affaire qui marche

Et puis, l'Italie, ce sont aussi des vestiges antiques reconvertis en salles de spectacles comme les prestigieuses Arènes de Vérone qui exercent un formidable attrait touristique. Vaste amphithéâtre romain en bon état de conservation et, parfaitement adapté, à moins qu'il ne pleuve, à l'accueil de 15 000 spectateurs par représentation, ce théâtre situé dans le centre historique de Vérone, est le symbole de la ville tout comme la maison de Juliette à quelques pas est le lieu d'un défilé incessant de touristes en quête de littérature et de romance.

Après avoir reçu durant sa longue histoire des gladiateurs, le martyre des premiers chrétiens, des luttes judiciaires et les bûchers des hérétiques au Moyen Age, des compétitions sportives et des spectacles de cirque, de la tauromachie à l'époque napoléonienne, des courses de chevaux, des célébrations politiques, des jeux de bingo auxquels même l'empereur d'Autriche assistait… l'Arena a également accueilli en 1890 et 1906 le célèbre *Wild West Show*. Le cirque des Indiens et du cowboy Buffalo Bill. Mieux, en 1913, le festival d'opéra devant célébrer le centenaire de la naissance de Giuseppe Verdi a marqué son histoire contemporaine et en a fait, avec la mise en scène d'*Aïda*, le plus grand opéra en plein air du monde. Une supériorité que Vérone conserve encore aujourd'hui et qu'elle exploite avec habileté. D'autant que les Arènes présentent une offre musicale complète capable d'attirer non seulement les amateurs d'opéra, mais aussi les fans de musique pop qui se produisent ici tout au long de l'année. Autre atout, la ville est située au centre d'un vaste territoire touristique qui la rend facilement accessible depuis toute l'Europe du Nord et l'Italie. Proche du lac de Garde et de ses millions de vacanciers, elle est aussi très proche de villes très touristiques comme Vicence, Padoue et Venise. En outre, à seulement 12 km du centre-ville, l'aéroport de Villafranca enregistre plus de 2 millions et demi de passagers chaque année. Un succès dû à la compagnie aérienne Air Dolomiti, partenaire officiel de la fondation Arena, depuis 2006, qui a baptisé ses avions avec les noms des œuvres des compositeurs italiens et distribue à son bord des brochures de spectacles tout en proposant un programme d'écoute musicale.

Une promotion supplémentaire ayant permis aux Arènes de recevoir en 2015, 408 000 spectateurs pour un total de 54 spectacles et pour des recettes de 23 millions d'euros, obtenues grâce à des billets vendus entre 25 et 226 euros. Indicateur de satisfaction éloquent sur la programmation : la présence de plus en plus importante de jeunes. En 2016, compte tenu seulement du festival d'Opéra arrivé à sa 94ème édition, le théâtre a enregistré, en 47 soirées d'été 370 000 spectateurs avec un revenu moyen pour chaque soirée de 467 000 euros, soit 8% de plus qu'en 2015 ; et un total de 21 960 243 euros. Comme les années précédentes, le spectacle de l'*Aida* de Verdi a été représenté 16 fois devant environ 123 000 spectateurs. Pour la troisième année consécutive, le festival a consacré à la danse une soirée avec *Roberto Bolle and Friends*, qui a attiré, pour sa part, plus de 13 000 spectateurs. Enfin, notons qu'en 2016, 30% des spectateurs étaient des Italiens, suivis par des Allemands, 19% et des Britanniques, 11%. De plus, toujours dans le vent de l'histoire, soulignons que les Arènes de Vérone utilisent les réseaux sociaux pour entretenir leur notoriété et communiquer sur leurs programmes. Sur Facebook et sur Twitter, elles comptent 23 863 « followers ». Avec plus de 357 000 « likes », elles confirment aussi les records qu'elles avaient déjà battus les années précédentes, les mettant à la troisième place dans le classement international parmi les fondations lyriques et symphoniques, immédiatement après le Metropolitan à New York et l'Opéra de Sydney.

À tout cela on peut ajouter le succès de l'initiative Tweet Sièges. Une initiative originale donnant la possibilité aux spectateurs de tweeter l'opéra en direct avec leurs smartphones, grâce aux places très proches de la scène qui leur sont réservées. La Fondation des Arènes de Vérone gère également un musée, AMO, niché dans le cadre magnifique du Palazzo Forti où résidaient entre autres Napoléon et le maréchal Radetzky, et qui, à travers un parcours documentaire et multimédia de plus de 30 salles, initie le visiteur à ce qui fait le prestige de Vérone dans le monde : l'Opéra. En fait, AMO révèle le processus créatif menant à la mise en scène d'un opéra : livrets, photographies, lettres, partitions, dessins, croquis, décors.

De Palerme à Vicence

Juste quelques mots encore sur Théâtre Massimo Vittorio Emanuele de Palerme, le plus grand et le plus majestueux d'Italie et le troisième en Europe après l'Opéra de Paris et la Staatsoper de Vienne. Les Bourbons avaient décidé sa création au milieu des années 1800, mais avaient rencontré de nombreuses difficultés qui ont reporté son ouverture en 1897 en présence de 3 200 spectateurs. De 1974 à 1995, fermé pour rénovation puis rouvert avec une capacité de 1 358 sièges, il propose un riche programme d'événements musicaux et en 2013, il a célébré avec succès le bicentenaire de deux des plus grands compositeurs de tous les temps : Giuseppe Verdi et Richard Wagner. L'extraordinaire beauté de l'endroit ne met pas au second plan l'importance de l'événement musical. Les spectateurs en 2015 ont été 114 112 (contre 105 860 en 2014, soit une augmentation de 7,8%) tandis que les recettes ont enregistré une augmentation totale de 12%. Mais tout aussi important est le chiffre d'affaires du Café du Théâtre ouvert en 2015 qui enregistre un chiffre d'affaires de quelque 85 000 euros.

En plus des théâtres déjà mentionnés, n'oublions pas le Teatro Carlo Felice de Gênes reconstruit récemment, le Teatro Regio (Théâtre Royal) de Turin et surtout le Théâtre Olimpico de Vicence considéré comme l'un des plus beaux théâtres du monde. Conçu par Andrea Palladio, le remarquable architecte et théoricien de l'architecture vénitienne qui, pendant la Renaissance italienne, a conçu de nombreuses villas, églises et palais, principalement à Vicence où il a fait ses études et vécu, ce théâtre date de 1580. Il est le premier édifice au monde aux toits maçonnés, avec des intérieurs de bois, stuc et plâtre et fait partie de la Liste du patrimoine mondial de l'UNESCO comme les autres palais signés par l'architecte dans la région.

Les nouveaux gestes architecturaux

Enfin, trop attachée à la musique pour la négliger, l'Italie a aussi eu à cœur de construire de nouveaux édifices dédiés à la musique classique et contemporaine. La capitale des Médicis, Florence, est dotée d'un complexe contemporain signé par le cabinet d'architectes ABDR. Parfait sur le plan technique et acoustique, ce théâtre a été conçu pour reconnecter la ville et le Parco delle Cascine, véritable âme du projet. Capable d'accueillir simultanément trois concerts et de les diffuser dans les environs immédiats et dans toute la ville de Florence, cet édifice a été couronné par un grand prix d'architecture en 2014. Il accueille aussi quelques concerts d'un festival annuel d'opéras, de ballets et de pièces de théâtre qui dure 40 jours en mai.

Rome : entre académisme, antiquité, modernité

Quant à la capitale italienne, outre deux théâtres classiques et les Terme di Caracalla qui, avec une capacité de 20 000 places, peuvent se transformer en une immense salle de spectacles, elle compte également un auditorium récent : le Parco della Musica, créé par l'architecte génois du Centre Beaubourg de Paris, Renzo Piano. Grand amateur de musique, celui-ci a défini son Auditorium romain comme une véritable « usine de la culture » comprenant salles de concerts, de théâtre, d'exposition, de congrès. Mais, « *La plus belle aventure pour un architecte,* explique Renzo Piano, *est de construire une salle de concert... C'est le son qui commande...* » Cet auditorium est devenu emblématique d'une nouvelle génération de bâtiments originaux capables « *de fertiliser le tissu urbain, de soustraire la ville à la barbarie et de lui redonner la qualité extraordinaire qu'elle a toujours eue dans l'histoire* ». Immergé dans un grand parc de vingt hectares habité par la musique, l'auditorium n'en est pas moins connecté à la réalité contemporaine puisque son toit abrite un potager de culture biologique, qui est partagé par les visiteurs et les amateurs, les élèves de l'école primaire du quartier et les habitants de deux maisons familiales. Depuis son inauguration en 2002, plus d'un million de personnes, y compris les spectateurs et les participants aux diverses manifestations, l'ont fréquenté.

Crémone : le musée et l'auditorium du Violon

Crémone n'a pas d'opéra ou de philharmonie. Mais, ce petit centre historique de Lombardie, ville natale de deux compositeurs, Claudio Monteverdi et Amilcare Ponchielli, plus récemment d'une chanteuse pop, Mina, surnommée la « tigresse de Crémone », et de plusieurs luthiers dont le plus connu est Antonio Stradivari, dit Stradivarius, mérite un détour. Depuis la naissance de ce luthier de génie, il existe en effet un lien indissoluble entre Crémone et la lutherie. D'une part, celle-ci dispose d'une école spécialisée, considérée comme fondamentale pour l'identité de la ville et dont l'importance a été reconnue par l'UNESCO, qui a ajouté Crémone à la liste des patrimoines immatériels de l'humanité. D'autre part, elle possède un musée : le Museo del Violino (Musée du violon – MdV) qui, en 2013, a fourni à la communauté internationale une structure musicale originale et de grande qualité fonctionnant à la fois comme musée, salle de concerts et centre de recherche.

L'auditorium Giovanni Arvedi qui fait partie du musée a été réalisé par trois architectes qui en 2016 ont gagné le prix plus prestigieux du design : le « Compasso d'Oro » « *pour avoir réalisé, avec beauté et élégance, le concept de l'harmonie dans un grand instrument de musique, le Violon.* » En effet, l'auditorium a la forme d'un violon qui donne à chacun de ses 460 spectateurs une expérience d'immersion totale dans la musique. Les lignes sinueuses tracent une grande sculpture harmonieuse qui interprète la propagation des ondes sonores. La scène se trouve au milieu de la salle, le public « enveloppe » les musiciens, ce qui crée une empathie dont l'intensité et la qualité dépassent la conception traditionnelle du concert. Quant aux activités qui se déroulent autour du musée et de l'auditorium, elles sont très riches. Exemple : le Concours « Triennale » International de Lutherie, qui en 2014 avait attiré 355 artisans venus présenter 462 instruments, de 34 pays du monde : les plus nombreux, Italiens exclus, étant les Japonais, les Chinois et les Coréens du

Sud. Dès 2009, la Fondation Stradivari a aussi servi à promouvoir le network « Friends of Stradivari ». Une partie du « Stradivari Festival » est également dédiée aux enfants. De quoi attirer un public grandissant.

En 2016, le lieu a été visité par plus de 94 000 personnes, soit 8,5% de plus qu'en 2015, sans compter les participants aux congrès et aux événements divers qui l'ont visité gratuitement. Parmi eux, de nombreux étrangers dont 20% d'Européens et 12% d'extra Européens. Enfin, le succès de ces initiatives sert également de catalyseur pour d'autres lieux culturels de la ville, comme le théâtre Ponchielli.

L'opéra en chiffres

Grâce au site operabase.com en 29 langues, consulté en 2017, on peut connaitre les statistiques des spectacles lyriques dans le monde. Premier point : selon le classement des compositeurs et des opéras, basé sur le nombre de productions des cinq saisons 2011/12 à 2015/16 (c'est à dire le nombre de fois qu'une œuvre a été mise à l'affiche, et non pas le nombre de représentations) Verdi est le plus joué avec 16 265 productions dans le monde. Mozart suit avec 11 876. La cinquième et la sixième place reviennent Puccini (11 494) et Rossini (5 070), suivis par Wagner (4 456) et encore par un italien : Donizetti avec 4 393 productions. En regardant la totalité des représentations par pays, pour la saison 2015/16, c'est l'Allemagne avec 6 795 spectacles pour presque 82 millions d'habitants qui arrive en tête, suivie par les États-Unis avec 1 657 représentations pour 309 millions d'habitants, la Russie avec 1 490 pour environ 142 millions d'habitants. L'Italie pour sa part occupe la quatrième place avec 1 393 représentations pour environ 60 millions d'habitants, alors que l'Autriche peuplée seulement de 8 millions d'habitants affiche 1 163 représentations, juste devant la France et ses 1 020 représentations pour environ 66 millions d'habitants. Mais, si l'on divise le nombre de représentations par million de citoyens, l'Italie dégringole à la 17ème place avec 23,1 représentations, à peine plus que la France qui arrive à la 22ème place, avec 15,5 représentations. En classant les villes par le nombre de représentations, toujours pendant la saison 2015/16, c'est Moscou qui arrive en première place avec 582 spectacles, suivie par Vienne (535), Berlin (527) et Londres (427). Paris arrive à la onzième place avec 245 représentations. Quant aux Opéras italiens, s'ils sont nombreux, ils sont moins actifs. À Venise, la ville qui en compte le plus, on enregistre seulement 139 spectacles, soit vingt de plus que Rome, suivie par Milan (109), Florence (102), Naples (88), Turin (77), Vérone (72) et Palerme (67).

FESTIVALS : L'ENFANT CHÉRI DES TOURISTES

Entre traditions et renouveau

Locomotive incontestable, le festival constitue l'une des offres les plus dynamiques du duo musique et tourisme. Très largement implanté dans le paysage touristique international, notamment durant les mois d'été, spécialisé dans certains genres musicaux ou au contraire polyvalent, il constitue un produit particulièrement éclectique dont l'intérêt provient autant du contenu et de la vocation que du cadre dans lequel il évolue et de son histoire. Mais, alors que la France reste plutôt traditionnelle dans sa production, l'Italie a évolué, tout comme les USA et autres pays européens qui investissent dans des manifestations de plus en plus polyvalentes, plus adaptées aux nouvelles attentes d'un touriste soucieux de consommer du « deux ou trois en un » sur un mode festif.

UN MONDE HÉTÉROGÈNE EN MOUVEMENT

Josette Sicsic

Avant d'aller plus loin, notons que dans le mot « festival », il y a fête ! Un terme compris par la majorité des Occidentaux et qui, autre avantage, suscite d'emblée la vitalité, la joie, la bonne humeur et le dynamisme. Avec un tel champ sémantique, le terme de festival est donc infiniment plus porteur que les simples concerts, récitals, événements. Il est donc nettement plus adapté à la terminologie touristique. Il comprend aussi la dose de flou l'autorisant à s'ouvrir à tous les genres musicaux, toutes les expressions artistiques, tous les styles. Souple, malléable, évolutif, le festival est pluriel, mieux, il est reconfigurable à l'infini. Une bonne façon de renouveler son attractivité. Autre point : au sein de la grande famille des festivals de musique, les variantes sont multiples. Certains festivals ne sont en effet qu'une plus ou moins longue succession de concerts conjuguant toutes sortes d'artistes et de musiques.

D'autres, en revanche, sont fondés sur de véritables rencontres entre musiciens nationaux ou internationaux et peuvent également se doubler d'un marché entre industriels de la musique. Quelques festivals sont, pour leur part, clairement basés sur une compétition entre artistes à l'issue de laquelle les nominés et les gagnants peuvent bénéficier d'une promotion spécifique. C'est le cas du festival italien de San Remo. Véritables découvreuses de talents, ces manifestations sont les moins nombreuses, mais les plus médiatisées. Il convient également de distinguer les manifestations nées spontanément de la passion et de la volonté d'un habitant ou d'une association locale, de celles décidées par des collectivités qui les inscrivent dans le cadre d'une politique culturelle et touristique officielle et les dotent d'emblée d'un budget, de personnel, et d'outils de promotion.

Autre remarque : alors que certains festivals mettent la musique au cœur de leur démarche et de leur programmation, d'autres encore cherchent davantage à valoriser un territoire, un paysage, un patrimoine à travers concerts et spectacles musicaux. Une mutation accomplie avec succès par les festivals italiens qui, très novateurs, ont d'emblée joué cette carte avec succès, témoignant ainsi de leur avant-gardisme et leur compétence en matière de tourisme culturel et de tourisme tout simplement. Comment exactement ? C'est ce que nous verrons dans les lignes suivantes.

Dernière variable indispensable à la thématique de cet ouvrage : le ciblage du public. Alors que la majorité des festivals sont nés de la volonté d'offrir des animations à la population locale, d'autres au contraire, et ce sont ceux qui nous intéressent, sont plutôt destinés à des publics touristiques qui, cumulant le rôle de spectateurs de concerts et celui de visiteurs, injectent dans l'économie locale des recettes qui ont fait l'objet de très nombreuses études. Œuvres d'économistes, ces travaux réalisés un peu partout dans le monde sont désormais tellement systématiques que nous n'y reviendrons pas, excepté dans les exemples ci-dessous choisis plus pour leur valeur d'exemplarité touristique que pour leur valeur économique.

Last but not least : depuis quelques années, les produits locaux, par exemple, l'écologie et l'engagement solidaire se sont introduits dans les thématiques et les programmations de certains festivals de musique. En France, la raison d'être de *Solidays* par exemple, la plus grande manifestation francilienne de musiques actuelles, est la lutte contre le Sida. Mais, ce festival n'a rien de très touristique au contraire de *Rock en Seine* qui, fin août réunit pendant trois jours, 150 000 festivaliers dont 10% à 20% viennent de l'étranger et d'autres régions de France.

Dans certains cas, la musique met également un point d'honneur à se faire accompagner par d'autres expressions artistiques comme la poésie, la peinture, l'architecture qui deviennent l'objet de représentations contemporaines. Une transversalité qui semble de plus en plus dans l'air du temps. En effet, récemment, une consultante spécialisée expliquait à propos du *Festival de Coachella* en Californie qui, durant deux week-ends, attire 150 000 festivaliers, l'importance des manifestations mixtes combinant plusieurs expressions artistiques. À l'appui de ce constat, Paul Clemente, le directeur du festival déclarait également qu'«*aujourd'hui, les visiteurs attendent quelque chose de plus grand, plus ambitieux, en matière d'art* ». Pour sa part, il a donc été chiner des œuvres fortes à la Biennale de Venise, à celle de la Havane et à Art Basel. Le développement personnel comme le yoga et la méditation se conjuguent également à un art dont les fonctions thérapeutiques sont éprouvées. Pour le moment, c'est plus le propre des festivals nord-américains où les *wellness festivals* se sont multipliés. C'est le cas aussi des *Wanderlust festivals* par exemple qui sont plus d'une centaine à travers le monde à mélanger toutes les déclinaisons du yoga à des spectacles musicaux, des master-class de musique et des concerts.

Mais, en France, comme l'écrit Evelyne Lehalle, spécialiste du tourisme culturel, « *le cloisonnement domine. Pour les grands événements du printemps et de l'été, nous avons un choix par thématiques : Cinéma à Cannes, Théâtre à Avignon, Chanson à Bourges, Jazz à Vienne, Antibes ou Marciac, etc. Avec des spectateurs passionnés et des journalistes spécialisés par thématique* ». Soit une offre sur mesure qui ne rend pas compte de la pluralité des arts et qui, « *à force d'excellence, d'exigence, de prises de risques, comme disent les artistes, ne parlent pas à tout le monde, loin s'en faut* ». Hiérarchisée, cette offre presque « académique », ne reflète en rien les pratiques actuelles de co-création et la demande de consommation en libre-service d'un public qui prétend participer à une sorte de picorage culturel : un concert le soir, une exposition l'après-midi, un atelier de cuisine le matin.

L'internationalisation en question

Enfin, un festival réussi, c'est beaucoup d'argent. Voilà pourquoi, Perry Farrell, ex-chanteur de Jane's Addiction, groupe phare des années 1990, est le créateur de Lollapalooza, dont la première édition a lieu aux États-Unis en août 1991. Le festival, itinérant et indépendant, se pose alors comme la vitrine du rock alternatif. Farrell, seul maître à bord, y convie ses amis tels Henry Rollins, Butthole Surfers ou Siouxsie et The Banshees. Puis, il l'ouvre aux locomotives du moment, Red Hot Chili Peppers, Nirvana…

Au fil des ans, il transforme ainsi l'événement en « machine à fric », selon ses propres mots, si bien qu'en 1997, Lollapalooza disparaît. Mais, il ressuscite en 2005, porté par les ambitions financières de la multinationale du spectacle Live Nation, qui l'installe à Chicago, avec l'idée de le transformer en franchise, exportable partout dans le monde. Voilà donc le festival exporté à Berlin en 2015 et à Paris dès 2017. Avec, au programme, des poids lourds du rock et des indémodables du groove, ainsi que quelques groupes français calibrés pour faire danser les foules. Programmé à l'hippodrome de Longchamp, ce festival n'a pas fait que des heureux. Ainsi, l'ancien ministre de la Culture français Jack Lang qui a inventé la Fête de la musique, ne s'est pas retenu de critiquer les risques d'un tel commercialisme. Selon lui : « *l'invasion de multinationales américaines sur la vie musicale française* » n'est pas sans danger. « *Live Nation, déclare-t-il, étend son empire sur l'organisation de concerts en France alors que le groupe américain AEG, déjà scandaleusement présent dans le capital de Bercy* [la salle de spectacles] *rachète Rock en Seine tout en bénéficiant des subventions locales* ».

C'est donc la diversité culturelle de la France et de sa musique qui est de nouveau menacée, tout comme les petits festivals indépendants et cela, sans que les pouvoirs publics s'en alarment. Certes, d'aucuns diront qu'en compensation, le festival incarne la volonté d'attirer parmi le public des flots de touristes internationaux considérés comme indispensables à la réputation de ces manifestations. Ce qui n'est pas totalement faux.

Mais les promesses de flux touristiques internationaux dans une région comme l'Île-de-France, qui n'en est pas dépourvue, valent-elles une dévalorisation de la création musicale nationale et les quelques emplois créés ?

MUSIQUE & TOURISME

L'ORIGINALITÉ DES FESTIVALS ITALIENS

Rosantonietta Scramaglia

À titre d'exemple, naviguons maintenant dans le monde des festivals italiens. Le monde des grands festivals de musique réunis au sein de l'association Italia Festival, créée en 1987, représente 28 festivals. Son but : protéger, promouvoir et favoriser les intérêts communs des festivals, en particulier des moins célèbres, auprès des institutions publiques et privées, nationales et internationales. De son côté, le site de l'ENIT, l'Agence Nationale du Tourisme, n'est pas avare de louanges concernant le patrimoine musical de la péninsule : « *Des Alpes à la Sicile, dans de nombreuses villes, on chante et on joue,* note le site. *Et, si à Bari on joue du jazz, à Padoue on découvre de nouveaux accords de Pop, pendant qu'à Viterbo résonnent les notes des plus célèbres opéras et qu'à Pérouse naissent de nouvelles étoiles du blues.* » De plus, preuve que la musique peut être considérée comme une attraction touristique majeure et mettre en évidence la beauté d'une région : « *Ici, là où les montagnes règnent, elles deviennent le cadre naturel de chaque événement. Les anciens châteaux et les maisons somptueuses deviennent des scènes des concerts. Une plage ou une falaise servent de décor à un orchestre à cordes…* »

En quelques lignes, tout est dit. En Italie, comme souvent en Europe, la variété du paysage et l'immense patrimoine culturel et artistique du pays se conjuguent admirablement pour offrir des scènes inédites éphémères, particulièrement esthétiques, à toutes sortes de programmations musicales que l'on peut diviser là comme ailleurs en deux groupes : les festivals de musique classique, et ceux de « musica leggera ». Dans certains cas, ce sont donc les Dolomites qui servent de salles de spectacle, dans un autre, ce sont les eaux du lac Majeur, dans d'autres cas encore ce sont le soleil et les versants de la côte Amalfitaine qui contribuent à sublimer la musique offerte aux amateurs. Certes, la France exploite aussi à merveille des sites patrimoniaux de renom pour offrir des spectacles : le théâtre d'Orange accueille les Chorégies, l'amphithéâtre de Menton avec vue imprenable sur la Méditerranée, abrite depuis 1950 un festival de musique classique réputé. Les vignobles du Bordelais, la pinède maritime de Juan-les-Pins, le théâtre de la mer de Sète offrent aussi leur décor à toutes sortes de manifestations musicales. Néanmoins, l'Italie est non seulement plus volontaire dans sa démarche, mais elle a intégré l'autre démarche, celle de la polyvalence artistique évoquée plus haut. Pour le prouver, prenons quelques exemples.

« I suoni delle Dolomiti » : la montagne à l'honneur

Ce festival de musique qui a lieu chaque année, aux mois de juillet et août dans plusieurs refuges autour des Dolomites, n'existerait pas sans la contribution d'un environnement exceptionnel. Les Dolomites, qui comptent dix-huit sommets s'élevant jusqu'à 3 000 mètres d'altitude, font partie des sites italiens inscrits au patrimoine de l'UNESCO. Ils offrent donc l'une des scènes les plus spectaculaires du monde pour laquelle de nombreux touristes font le voyage. Née en 1995, l'idée de base du festival, est simple : « *La musique est un langage universel, la montagne est un lieu de liberté.* » Ce festival unit l'amour de la musique à celle de la montagne, la passion pour l'art et pour l'environnement. Voilà pourquoi on y mélange l'ensemble des cornes du Théâtre de la Scala de Milan avec les voix du peuple Sami, par exemple, et musique pop à New Age, chœurs et solistes. Mais la ligne directrice du festival est aussi l'ascension. Le public est en effet convié à escalader la montagne à travers ses bois, ses pâturages, le long de ses cours d'eau, jusqu'aux sommets où les refuges se transforment en salles de fortune, où la musique et le souffle de la nature fusionnent.

Très fréquentée, « L'Alba delle Dolomiti », qui débute à 6 heures du matin, permet à plus de 5 000 spectateurs d'attendre le lever du soleil avant le concert. Payants, les trekkings sont pour leur part réservés aux experts de ce sport. Immersions dans la montagne et dans la musique, ils durent trois jours et s'achèvent par des concerts gratuits. Quant aux concerts d'ouverture, ils jouent sur l'originalité : ainsi, en 2012, 10 chorales se sont produites dans 10 refuges disséminés dans les vallées du Trentin. Autre exemple : lors de l'ouverture de la dix-neuvième édition du festival en 2013, l'une des voix féminines les plus intéressantes de la pop italienne, celle de Nina Zilli, avec Fabrizio Bosso, un virtuose de la trompette jazz, ont rendu hommage à Amy Winehouse à plus de 2 400 mètres d'altitude devant 4 000 personnes ! Signe de la forte demande de « mindfulness », la musique peut aussi se conjuguer avec des séances de méditation ou avec des conférences qui cherchent à faire évoluer le monde dans le bon sens. Hélas, le succès de ce festival ne fait pas que des heureux. Trop connu, trop original, il n'est plus du goût des mélomanes dissuadés par l'affluence d'un grand public parfois peu respectueux des musiciens.

Les semaines de la musique de Stresa : tourisme avant tout

Sur le lac Majeur, tout au nord du pays, autre décor, autre programme. Stresa, la destination des élites, organise depuis 1961 : « Le Settimane

Musicali di Stresa e del Lago Maggiore », à l'initiative d'un avocat de la noblesse vénitienne dont la villa a été fréquentée aussi bien par Arturo Toscanini que par le compositeur Umberto Giordano. Orchestres de toutes les régions du monde et jeunes lauréats de concours internationaux de musique participent à ce festival composé de trois phases présentant des œuvres de qualité en provenance des pays méditerranéens. Mais, la véritable raison d'aller à Stresa réside dans les découvertes touristiques que l'on peut faire alentour : l'ancienne église romane de Baveno ou la Salle des Tapisseries du Palais Borromeo située sur l'Isola Bella, ou la « Loggia del Cachemire » dans les jardins Borromei. D'ailleurs, le directeur du festival n'en fait pas mystère : « *Je crois surtout en l'idée du voyage, dit-il, vous prenez le bateau, vous montez des escaliers en pierre et vous entrez dans un ermitage ou vous arrivez entre les tapisseries d'un palais merveilleux et puis vous revenez par le lac en pleine nuit. Cela aide à se rapprocher des chefs-d'œuvre de Bach et de Beethoven avec le cœur et l'esprit.* »

Cortone : musique et lâcher prise

Évidemment, la Toscane ne peut être en reste de ce déploiement musical dont les festivals les plus connus ont choisi Sienne, Florence, Lucques, Pise et San Gimigniamo comme décors. Néanmoins, le « Tuscan Sun Festival » constitue le plus singulier de ces événements. Né à Cortone dans l'esprit d'un entrepreneur américain et celui de l'écrivain Frances Mayes, auteur du célèbre roman *Under the Tuscan Sun*, il rassemble des musiciens, des chanteurs et des artistes de toutes disciplines autour d'un événement dont l'une des originalités réside dans la variété de l'offre et notamment dans les séances de pratiques de développement personnel comme le yoga et la méditation. De plus, c'est souvent le cas en Italie, des dégustations de produits locaux ont lieu tous les soirs ainsi que des démonstrations culinaires. Attirant de nombreux touristes, notamment nord-américains, le festival qui a eu pour marraine et parrain d'honneur Robert Redford, Anthony Hopkins, Sophia Loren et Sting… illustre sa vocation internationale à travers ses émules nord-américaines. Depuis 2006, le « Sun Festival » est également organisé dans le cadre splendide de la vallée de Napa, en Californie, où il a déjà reçu une reconnaissance officielle. En 2007, enfin, une troisième version de deux « Sun Festival » est née en Asie, à Singapour, offrant des événements musicaux de grande qualité voisinant avec des conférences littéraires, des expositions de peinture et séances de yoga et tai-chi.

Spolète et le « Festival dei due Mondi » : des rencontres internationales

Autre exemple : à Spolète, une petite ville historique située dans la province de Pérouse en Ombrie, territoire et musique offrent autant d'attraits. La cathédrale Sainte-Marie-de-l'Assomption, édifiée en 1067, l'une des plus belles de l'art roman ombrien constitue la toile de fond idyllique du « Maratona di Danza » et des concerts de gala et de clôture du « Festival dei due Mondi » (des Deux Mondes) qui se tient sur sa grande place tandis que d'autres manifestations se déroulent dans les nombreux théâtres, églises et cours de palais. Créée en 1958 par Gian Carlo Menotti, un compositeur et librettiste italien émigré aux États-Unis où son œuvre a été consacrée par de nombreux prix, cette manifestation avait pour but, dès le départ, de créer un terrain de rencontre entre deux cultures et deux mondes artistiques, l'américain et l'européen, d'où son nom. Et de fait, le Festival de Spolète a inspiré deux événements analogues « le Spoleto Festival USA » de Charleston, fondé en 1977, et le « Melbourne International Arts Festival » qui date de 1986, qui ne sont pas des répliques de la manifestation italienne mais jouent sur un effet de réseau.

Fréquenté par des artistes venus de tous les horizons musicaux et artistiques en général, le festival a créé en 1989 une section *« SpoletoScienza »* dédiée à la science. Une originalité de plus pour un festival qui, dès 1962, a lancé la mode des expositions de sculptures de rue qui, une fois le festival terminé, y demeurent afin de constituer un véritable musée à ciel ouvert. Autre innovation, des artistes représentant tous les arts sont conviés. Ce fut le cas de Luchino Visconti, Rudolf Noureev, Roman Polanski, Ezra Pound, Luciano Pavarotti, Juliette Greco, Woody Allen, Gérard Depardieu, Charlotte Rampling. De quoi redynamiser un événement qui, agonisant en 2007, enregistre en 2016, 80 000 entrées sur 200 manifestations et des recettes de 700 000 euros. Un petit chiffre certes, si on le compare avec le Festival de Salzbourg par exemple, qui peut compter sur un financement de 38 millions d'euros !

Sur la côte amalfitaine, de l'aube à la nuit

Enfin, à Ravello, près de Naples, la beauté du site va de pair avec le charme de la musique que l'on y joue. Créé en 1953, le premier festival de musique de Ravello constitue l'un des plus anciens festivals de musique en Europe. Il se définit de plus *« comme le Festival de la créativité musicale où le soleil et la mer libèrent l'âme et l'esprit »*. En effet, la magie de ce festival n'est pas seulement due à la beauté de la musique, elle est également liée au paysage exceptionnel de la côte amalfitaine, où la terre plonge, depuis le belvédère de la Villa Rufolo, sur la mer en contrebas. *« J'ai trouvé le jardin enchanté de Klingsor ! »* s'écria Richard Wagner en 1880 quand il entra dans le jardin de la Villa Rufolo à Ravello, situé au-dessus d'Amalfi. C'est dire. De plus, tous les spectacles du Festival, en juillet et en août obéissent à une programmation tout à fait exceptionnelle, étalée de l'aube à la nuit. Ravello s'est fait une spécialité du « Concert de l'aube », sans aucun doute le plus spectaculaire et le plus intense en matière d'expérience. Loin des horaires traditionnels, il débute, c'est son originalité, à 4 heures du matin, et se termine avec le lever du soleil. Au-delà de l'impressionnant concert de l'aube, des concerts de musique symphonique et de chambre, jazz et pop, des spectacles de danse et de théâtre, des rencontres littéraires et scientifiques complètent le programme, émaillé également de cours et de formations artistiques de toutes sortes.

En pleine ascension, ce festival progresse d'année en année. En 2015, en 80 jours de programmation, 17 000 billets ont été vendus, près de 20 000 spectateurs ont assisté aux concerts et aux rencontres gratuites et plus de 80 000 personnes ont visité les deux expositions de la Villa Rufolo, malgré les conditions météorologiques les plus mauvaises jamais enregistrées. L'édition de 2015 a affiché le plus gros succès du festival : + 3% par rapport à 2014 et + 38% par rapport à 2013, soit une augmentation permettant de couvrir près d'un quart de l'ensemble du budget de l'événement. De 2010 à 2015, la billetterie est bel et bien passée de 289 000 à 543 000 euros. Dans l'édition de 2016, notons encore une initiative intéressante : le projet #ReidRavello, qui permet aux personnes âgées de contribuer au succès du festival en offrant des services bénévoles.

Sur la côte amalfitaine, le « Amalfi Coast Music & Arts Festival » constitue une autre manifestation internationale particulièrement originale, qui en 2015 a célébré son 20ème anniversaire. Conçu par Sasha Katsnelson, figure exemplaire d'intellectuel polyglotte et citoyen du monde, le festival est né aux États-Unis via le Centre d'Études Musicales de Washington DC. Différent, fondé sur « un modèle néo-humaniste », obéissant à une volonté de rapprocher les hommes, il a généré une communauté de centaines d'étudiants en chant et musique classique et d'enseignants des universités américaines les plus prestigieuses. Il rassemble aussi des Asiatiques, des savants et des amateurs.

Située dans la ville de Maiori, près de Ravello, la manifestation propose pendant un mois, des concerts gratuits de musique de chambre, opéra, et autres musiques, pour les habitants et pour les touristes. Plus qu'une série de concerts, l'événement réunit des artistes, écrivains et poètes conviés à travailler ensemble. Cours de peinture et de céramique et ateliers intensifs complètent son programme.

Essaimant tout au long de la côte amalfitaine et dans la région, y compris parmi les fouilles de Pompéi, Ravello et les sites où Wagner a composé *Parsifal*, les temples grecs de Paestum, et l'île de Capri, il profite à fond au tourisme régional.

Le « Ravenna Festival » : trois mois d'événements

Enfin, célèbre pour ses mosaïques et ses fresques ainsi que pour le tombeau de Dante Alighieri, Ravenne compte 8 monuments inscrits au patrimoine mondial de l'UNESCO et, depuis 1990 une nouvelle attraction : le « Ravenna Festival » qui dure trois mois et transforme la ville en une immense scène. Depuis les basiliques cloutées de mosaïques anciennes aux théâtres historiques, aux cloîtres, jardins, places, bâtiments antiques jusqu'au port et ses archéologies industrielles, ses plages, sa pinède où Dante Alighieri a séjourné, les concerts sont omniprésents. Les sujets abordés au cours des années sont nombreux, passant des thèmes plus directement liés à la musicologie à ceux plus visionnaires qui ont projeté Ravenne dans de nouveaux paysages géographiques, littéraires, spirituels… allant d'un hommage à Dante Alighieri en 2015, 750ème anniversaire de sa naissance, à un autre à Nelson Mandela, culminant avec un concert de Joan Baez. En payant un seul euro on pouvait assister aux soixante représentations à côté de la tombe de Dante et aux 60 vêpres de San Vitale.

Attesté par la présence de 50 000 spectateurs et des recettes de l'ordre de 600 000 euros, notons encore que, depuis 1997, année du premier concert historique à Sarajevo, le festival de Ravenne est lié à « Le Vie dell'Amicizia ». Une initiative du chef d'orchestre Riccardo Muti qui consiste en une sorte de pèlerinage laïque que l'orchestre dirigé par Muti fait dans les villes déchirées par la guerre comme Beyrouth, Damas et Jérusalem.

MUSIQUE & TOURISME

LE CONFORMISME DE LA FRANCE ET DE SES 2 000 FESTIVALS

Josette Sicsic

À titre de comparaison, revenons en France. Avec 1 887 manifestations de musiques actuelles recensées en 2015, l'Hexagone est l'un des pays les plus prolifiques en matière de manifestations musicales. Et cela, malgré les coupes budgétaires qui ont affecté le monde de la culture ces dernières années. Mais, face à l'éclectisme des manifestations italiennes, nord-américaines et anglo-saxonnes, l'Hexagone reste, on l'a dit, très traditionnel. À Aix-en-Provence : l'art lyrique ; à La Roque d'Anthéron : la musique classique ; à La Rochelle : la chanson francophone dans le cadre des Francofolies ; à Bourges : la chanson française aussi ; à Lorient : la musique celtique ; à Nice : le jazz. Autant de manifestations ayant atteint un âge avancé, prouvé leurs qualités, testé leur public parmi lequel la population de proximité côtoie un public touristique, essentiellement français auquel se joignent quelques étrangers quand la saison et la région le permettent et quand la programmation le justifie. Car, bien que très largement promus à la fois par les organisateurs et les territoires, la plupart des festivals français ne drainent pas un public international. Loin de là.
Sur les 80 000 spectateurs des concerts du Printemps de Bourges, 80 % viennent de la région. Comme à La Rochelle ou aux Vieilles Charrues à Carhaix. Compte tenu de leur géographie, les Eurockéennes se distinguent légèrement. Avec 150 000 spectateurs, la manifestation compte environ 40% de transfrontaliers. Ajoutons que cette manifestation organisée par le Conseil général du Territoire de Belfort a aussi à cœur de promouvoir cette région. Outre la composante géographique, il est vrai que le festival doit avoir une envergure internationale pour bénéficier d'une médiatisation internationale donc d'une notoriété traversant les frontières. On peut donc parler de public touristique certes, mais d'un tourisme national et régional. Ce qui n'est pas si mal. Sachant que pour atteindre un public international, il faut jouer dans la cour des grands voire des très grands comme c'est le cas par exemple du festival d'art lyrique d'Aix-en-Provence créé en 1948. Invitant des vedettes internationales, ce festival est médiatisé partout dans le monde, par la presse spécialisée et grand public. Il fait également l'objet d'une promotion via des réseaux associatifs de mélomanes qui constituent l'essentiel du public aixois.

Les musiques actuelles donnent le tempo

Dans ce contexte relativement figé, nous avons choisi d'évoquer les festivals français à travers la vitalité des festivals dits « actuels ». Composées de chansons, musiques traditionnelles et du monde, de jazz, blues et musiques improvisées, musiques amplifiées ou électroniques : électro, rap, pop, métal, rock, reggae… les musiques actuelles sont les plus représentées parmi les manifestations musicales françaises. Selon une étude réalisée à partir des données 2014 par le CNV (Centre National de la chanson, des Variétés et du jazz), l'Irma et la Sacem, celles-ci sont en moyenne 70 par région, avec des pics en Île-de-France où elles atteignent 217 manifestations, en Rhône-Alpes où l'on en dénombre 198 et en Paca où l'on en compte 162. Relativement concentrés géographiquement, les festivals le sont également sur l'espace temporel : 70% de manifestations sont programmées en été, soit durant la saison touristique. Payants pour 80% d'entre eux, ces festivals durent pour plus de la moitié d'entre eux moins de 3 jours.

Les musiques électroniques et leur économie

Installées dans le paysage musical depuis plus de 30 ans, les musiques désignées par le vocable flou d' « électroniques » qui regroupent en fait la « house », « dance » et « la techno » sont parfois, on l'a dit, à l'origine d'un tourisme de masse particulièrement conséquent. Très impliquée, la France à laquelle on doit les balbutiements de ce genre musical dès la fin des années 50, grâce aux travaux du Groupe de recherches musicales de Pierre Schaeffer, compte parmi les scènes les plus dynamiques du monde. Une aubaine de plus pour son tourisme. Depuis 1998, date de la première Techno parade, autorisée par le ministre de la Culture de l'époque Jack Lang, qui a d'emblée compris l'intérêt culturel de ces musiques, l'électro n'a cessé de créer de nouvelles manifestations dont les plus célèbres « Nuits Sonores » à Lyon, « Astropolis » à Brest, « Nordik Impact » à Caen ou le « N.A.M.E Festival » à Lille sont rejointes en 2013 par Paris qui se dote de deux festivals : le « Weather Festival » organisé par l'agence Surprize et le « Peacock Society » par l'agence We Love Art.
Environ 60 en 2016, ces festivals s'additionnent aux événements de musiques actuelles qui ont inclus à leur programmation des nuits électroniques à part entière. L'eau a donc coulé sous les ponts de la scène électro française incarnée par des DJ de renommée internationale comme Laurent Garnier couronné par une Victoire de la musique en 1998, Daft Punk ou David Guetta dont les cachets et le public explosent partout où ils se produisent. Car, le public jeune, très connecté et très

expert, n'hésite pas à réserver longtemps à l'avance ses spectacles favoris à des tarifs relativement élevés étalés entre 30 et 100 euros. Consommés le plus souvent sur place, ces concerts le sont aussi dans le cadre des festivals qui, concentrés sur le printemps et l'été, sont également concentrés géographiquement sur trois régions : Provence Côte d'Azur, Île-de-France et Occitanie, alors que les clubs et discothèques sont nombreux en Ile-de-France (un tiers) en Paca (un quart) et en Pays de Loire. De quoi provoquer également des déplacements que l'on a du mal à comptabiliser, mais qui indéniablement génèrent des recettes massives pour l'économie locale.

À la traîne des grands festivals

Enfin, selon l'étude de la Sacem, ces festivals pèsent à eux seuls 47 millions d'euros, alors que les clubs et autres discothèques pèsent pour leur part près de 300 millions d'euros. De faibles performances par rapport aux énormes festivals de dance music qui existent dans le reste de l'Europe ou aux États-Unis, dont le plus célèbre est « Tomorrowland », créé en Belgique par l'opérateur hollandais ID&T en 2005 et désormais propriété de l'américain SFX Entertainment. Ceux-ci accueillent des centaines de milliers de spectateurs. Déclinés en Amérique et au Brésil, ils n'ont pas encore réussi à pénétrer le marché français. Mais cela ne saurait tarder. À moins que l'exception culturelle joue toujours son rôle et que la loi Evin de 1991 continue à empêcher les grands alcooliers de financer entièrement ces festivals mastodontes, comme ils le font dans le reste de l'Europe et ailleurs.

À titre d'exemple, retenons que le festival californien de Coachella (cité plus haut), selon des données publiées par le Huffington Post, affiche des retombées d'environ 50 millions USD pour les deux week-ends contre 17 millions USD en 2007. L'affluence de 579 000 personnes dont 150 000 pour les concerts et les tickets rapportent : 224 à 269 USD par personne pour un week-end. Des « forfaits VIP » comprenant des parkings et les meilleures places se vendent 1 450 USD pour deux personnes. Si bien que le Billboard Boxscore qui calcule aux États-Unis l'économie des événements en profite pour communiquer les chiffres relatifs aux ventes aux investisseurs afin qu'ils s'engagent au plus vite, pour l'année suivante. Cette belle machine que représentent les festivals ne serait cependant rien sans quelques stars internationales, manifestations événements accusant des âges avancés et surtout des succès réguliers. Nous en avons examiné quelques-unes.

MUSIQUE & TOURISME

LE JAZZ ET SES FESTIVALS :
UN GENRE PLANÉTAIRE ASSUMÉ

Josette Sicsic

En troisième position des festivals les plus populaires, les festivals de jazz restent les enfants chéris des amateurs de musique, tout en obéissant à des problématiques diverses. Alors que quelques-uns sont totalement destinés au public local, d'autres jouent la carte touristique. Certains festivals n'ont-ils pas eu pour mission d'étendre la saison touristique ? Près de 460 en France, selon la Sacem, ces festivals devraient être plusieurs milliers dans le monde. De Tokyo à Berlin, de Copenhague à Buenos Aires, en passant par la région Caraïbe et par la ville de Cape Town, le site http://jazzfestivalsworldwide.com, en recense bel et bien des centaines. Même un pays comme l'Indonésie en compte une bonne vingtaine. Une bonne raison de consacrer un chapitre à ce genre. Certes, tous les festivals ne sont pas de durée, de qualité et de prestige égaux, mais, bon nombre d'entre eux via un public où se mêlent initiés et nouveaux convertis, ont le mérite d'exister et d'offrir une musique inventive, originale et surtout émancipée des formalismes ambiants. Ouvertes à l'air du temps et à l'humeur de leurs interprètes, ces manifestations riment avec liberté donc avec diversité. De plus, elles contribuent à l'économie locale.

La France, terre de jazz

Commençons par la France. En 2016, Jazz in Marciac a affiché 52 800 entrées payantes, selon les chiffres communiqués au magazine *Challenges* par les organisateurs et, pas moins de 230 000 festivaliers sur trois semaines. De son côté, le festival de Vienne a atteint 74 000 entrées payantes, avec une fréquentation totale de 208 000 spectateurs grâce à ses concerts off. Des performances qui placent ces deux événements parmi les plus grands d'Europe, juste devant le festival mythique de Nice qui enregistre cette même année 46 300 billets vendus, alors qu'un autre poids lourd du jazz, le festival de Montreux, en Suisse, a totalisé 240 000 festivaliers et 92 000 entrées payantes. Certes, les performances des Français présentent quelques faiblesses dues probablement à une pléthore de concerts et de festivals.

Même tendance positive pour l'autre festival historique de jazz, celui de Juan-les-Pins et pour Jazz sous les Pommiers, à Coutances en Normandie. Un événement plus récent, mais qui joue dans la cour des grands avec 75 000 festivaliers et 35 000 entrées payantes. Selon les chiffres que *Challenges* a collectés, les cinq principaux festivals de jazz de l'Hexagone ont attiré plus de 600 000 spectateurs durant l'été 2016 et un nombre des festivaliers nettement plus important. Quiconque a sillonné la France en été s'est en effet rendu compte que les concerts pullulent, y compris dans les coins les plus reculés. Comme, par exemple, à Le Poët Laval, village de la Drôme de 940 habitants, qui a créé son festival, où ont joué deux grands musiciens, Bojan Z et Michel Portal. « *La France a une créativité musicale unique au monde, avec une capacité extraordinaire à mélanger les styles musicaux,* s'exclame le pianiste cubain et compositeur Omar Sosa. *Et vous avez un public qui remplit les salles.* » Certes, les réductions de subventions publiques ont poussé certaines manifestations, comme à Orléans, à réduire la voilure. Mais les grandes manifestations résistent et parviennent à amplifier la caisse de résonnance de territoires touristiques qui, sans cette manne, sombreraient à la fois dans l'ennui et l'anonymat et ne pourraient prétendre à un complément de recettes liées aux dépenses touristiques des festivaliers venus parfois de suffisamment loin pour devoir se loger et se restaurer sur place.

Jazz in Marciac : quand le jazz réinvente la vie d'un village

Revenons dans le Gers, à un exemple très significatif : Marciac. Rien ne prédisposait une petite commune d'un millier d'habitants, située en pleine campagne, à devenir l'un des hauts lieux du jazz. Or, 40 ans, après sa première édition, le défi a été relevé et l'exploit réussi. Le festival « Jazz in Marciac » accueille tous les étés, durant près de 3 semaines, quelques milliers de spectateurs venus de toute la France, d'Europe et parfois des USA. Une affluence qui lui permet de recueillir environ 7 millions d'euros de retombées économiques, après avoir déboursé en 2014 plus de 3, 6 millions d'euros dont 3% proviennent de l'État, 5% de la région et 4,7% du département. Ce qui est peu, mais déjà trop pour les organisateurs qui estiment plus raisonnable de démarcher des partenaires privés comme Total ou Air France et qui entendent surtout compter à hauteur de 70% sur la billetterie pour assurer la viabilité et l'autonomie de la manifestation. À titre d'exemple, le festival d'Avignon bénéficie de 60% d'aides publiques, 10% d'aides privées et ne s'autofinance qu'à hauteur de 30%. Celui des « Vieilles charrues » en Bretagne, nettement plus court, 4 jours, bénéficie d'un budget plus élevé : 9 millions d'euros qu'il autofinance à 95%. Mais, sa programmation très grand public peut lui garantir 200 000 spectateurs en peu de temps. « Jazz in Marciac » réussit aussi un autre exploit : le festival est en effet parvenu à déborder les dates du seul événement estival, pour devenir à longueur d'année, un haut lieu du jazz et jouer les locomotives du développement local. Ainsi, d'octobre à juin, des concerts mensuels se succèdent avec des musiciens très en vue. Ces concerts sont couplés avec des stages de formation ouverts aux amateurs désireux de se perfectionner, pendant tout un week-end, sous la houlette de musiciens confirmés. Il faut également ajouter les « Territoires du Jazz », étonnante réalisation qui met les techniques les plus modernes de l'audiovisuel au service des visiteurs, pour un parcours « initiatique » dans l'univers de la musique négro-américaine.

Enfin, Marciac assure, depuis 1993, des ateliers d'initiation à la musique de jazz au collège. Sa session « Jazz au collège », qui couvre un cursus complet de la 6ème à la 3ème, est ainsi devenue une pépinière de talents qu'a récemment consacrée une Victoire du Jazz. Les musiciens formés depuis leurs débuts au collège reviennent même à Marciac pour créer, côtoyer les plus grandes stars de la scène internationale, et s'y produire. De plus, nouvelle clé de voûte de l'édifice, une salle de concert de 500 places d'un coût de 5,4 millions d'euros, est adossée à une médiathèque où 35 années de documents sonores et vidéo exceptionnels sur le jazz, sont diffusés. Ce nouvel équipement qui accueille une programmation permanente s'ouvre aussi à d'autres disciplines artistiques comme le théâtre, la danse ou les arts visuels. A raison de 150 jours d'occupation (résidences, enregistrements...) par an, il contribue pour sa part à faire du village un pôle d'excellence rurale labellisé par l'État, explique le maire Jean-Louis Guilhaumon qui, depuis une quarantiane d'années, porte à bout de bras son festival.

Devenu synonyme de jazz grâce à la persévérance d'une équipe et grâce à la qualité de sa programmation, le miracle de Marciac s'affirme enfin dans son développement économique. Accueillant quelques entreprises, la ville compte aussi quelque 200 habitants supplémentaires. Quant à sa fréquentation touristique, elle est fluide, mais non négligeable durant toute l'année. Ce qui a permis à Marciac de s'adjuger une place parmi les 17 « Grands sites de Midi-Pyrénées ». Sur le plan touristique encore, notons que Marciac va même jusqu'à compter une résidence hôtelière du groupe Pierre & Vacances. Une « danseuse » pour le groupe, mais un hébergement indispensable pour le festival. Quant au label « Jazz in Marciac » qui consacre une nouvelle collection de CD dont le premier album *From Billie Holiday to Edith Piaf* a connu le succès, il contribue à faire la promotion de cette petite bourgade gersoise. Par ailleurs, on ne peut pas faire non plus l'impasse sur le talent des bénévoles recrutés par « Jazz in Marciac » et sur cette nouvelle forme de vacances qui consiste à donner un coup de main à un festival pour profiter de sa programmation et de son site. « Jazz in Marciac » propose de véritables séjours à des bénévoles originaires de toutes les régions de France, parfois d'Espagne ou du Royaume-Uni et d'Allemagne… Leur assurant le gîte et le couvert contre quelques heures quotidiennes de travail, le festival leur offre surtout des entrées gratuites pour l'ensemble des concerts. Une aubaine qui attire une grande partie d'amateurs patentés qui, sans cette opportunité, n'auraient pu s'offrir des concerts aux tarifs dissuasifs pour leurs bourses.

Tous les ans, ils sont ainsi 600 à 700, répartis dans tous les services : sécurité, technique, restauration, billetterie, information… et, autre spécificité, ils appartiennent à toutes les classes d'âge. Même si les jeunes sont les plus nombreux, ceux-ci sont en effet épaulés par bon nombre d'adultes, voire de seniors qui, tous trouvent dans cette formule, les ingrédients de vacances réussies : musique, convivialité, divertissement, utilité sociale et générosité…. Certes, on est loin d'Antibes et du charme de la pinède Gould où les enfants du baby-boom et leurs parents découvraient Charlie Mingus, Miles Davis, Ella Fitzgerald, Luis Amstrong et l'histoire des populations noires bafouées par l'esclavage puis par l'absence de droits civiques. Mais, la renommée de Marciac est telle que la grande région touristique d'Occitanie l'affiche parmi ses manifestations estivales musicales et touristiques majeures.

Montréal et ses deux millions de spectateurs

De l'autre côté de l'Atlantique, le Festival de Montréal joue dans une autre catégorie. Celle des très grands festivals. Depuis 1978, avec 500 concerts et plus de 2 000 artistes, il attire en effet quelque 2 millions de spectateurs. Un succès sur le plan musical et sur le plan touristique, puisque, en 2013, ce festival a enregistré une augmentation de 33 % des revenus générés par la vente des forfaits touristiques et une hausse équivalente du nombre des participants aux activités touristiques comme la Croisière Jazz, les circuits à pied et les balades culinaires. Certains grands hôtels du centre-ville ont pour leur part noté une croissance de fréquentation de l'ordre de 30 %. Essentiellement, des Nord-Américains. Il faut dire que la médiatisation du festival ne laisse pas à désirer : 400 journalistes accrédités venus de 16 pays représentent 135 médias dont une grande partie transmettent en direct ou en différé bon nombre de concerts.

Du côté du budget, partenaires publics et privés couvrent plus de la moitié des coûts de l'événement et en assurent la tenue. Le gouvernement du Québec avec Tourisme Québec, le secrétariat à la Région métropolitaine, le ministère de la Culture et des Communications ainsi que la Société de développement des entreprises culturelles unissent leurs moyens à ceux du gouvernement du Canada, la Ville de Montréal, Tourisme Montréal, le Fonds pour la création musicale et le British Council et à ceux de partenaires privés tels Bell, Loto-Québec, la Société des Alcools du Québec, Heineken, Häagen-Dazs, Galaxie et Pepsi-Cola et tant d'autres. Véritable aimant à touristes pour Montréal, le festival contribue ainsi au PIB à hauteur de 64 millions annuellement, injectant dans l'économie plus de 15 $ pour chaque dollar de subvention qu'il reçoit et générant dans les coffres de l'État des revenus de fiscalité de près de 20 millions de dollars (au Québec et au Canada), mais il y a plus. Outre les retombées économiques, il semble que le festival soit aussi un vecteur de liens entre les différentes communautés de la ville et les touristes de tous horizons : « *Un peu comme l'Expo 67, il permet aussi chaque année à 1 500 étudiants de connaître un premier emploi et de s'ouvrir à une expérience humaine hors du commun.* »

La singulière histoire de Montreux : entre jazz, pop music et palaces

Enfin, le long du lac Léman, autres temps, autres mœurs. Bien que les imaginaires liés à la Suisse aient plus à voir avec le chocolat, les montres Rolex et des sommets enveloppés de brume et de neige qu'avec une quelconque tradition musicale, entre montagnes et lacs glaciaires se niche l'une des villes européennes les plus prisées par l'élite de la musique Internationale et notamment du jazz. Nous voulons parler de Montreux qui, durant deux semaines, tous les étés, affiche complet. Rien pourtant ne prédisposait Montreux à devenir un mythe pour les amateurs de rock et une Mecque pour les fous de jazz et de musique pop. Constellée de palaces d'un autre siècle aux dorures et aux miroirs abondants dans les salons desquels les anciens et nouveaux riches de la planète viennent perpétuer la tradition d'une époque révolue, il est clair que la musique de chambre se serait sentie plus à l'aise à Montreux que les saxophones et les guitares électriques.

Mais le hasard en décida autrement : en 1967, un jeune Vaudois employé à l'office du tourisme local, du nom de Claude Nobs, comprend l'intérêt de réveiller la station et de distraire les vacanciers par des concerts tels qu'il en a vus aux USA. Passionné par les premiers sons sortis des trompettes, des saxos, des voix et des pianos de Miles Davis, Quincy Jones, Oscar Peterson, Nina Simone ou de Ray Charles, il songe à les produire dans sa ville natale. Mais, le jeune homme n'est pas insensible non plus aux premiers accents de la musique pop qui déferle en Europe en provenance d'Angleterre. Enthousiaste, il comprend très vite l'intérêt d'accueillir à Montreux les stars de cette musique naissante dont les « fans » cassent les fauteuils de l'autre côté de la frontière et se font refouler par les municipalités françaises excédées par leur hystérie. Multipliant les efforts, il parvient à organiser les premiers concerts d' Eric Clapton, Prince, David Bowie, Bob Dylan, Gilberto Gil, B.B. King, Leonard Cohen, Santana… devant un public de rockers déchaînés, dont la simple présence permet cependant de transformer l'image pétrie d'ennui de Montreux en une image moderne, dynamique, déjantée.

Sur la carte internationale des festivals et sur celle du tourisme européen : Montreux désormais existe et conquiert une place enviable. En fait, deux invités de marque ont contribué à écrire la légende de Montreux : Deep Purple d'une part qui, durant un incendie pendant un concert de Zappa, y a écrit l'une de ses chansons culte *Smoke on the waters*. Laquelle se vendra à quelques millions d'exemplaires. Et, Freddie Mercury, autre magicien et chanteur de génie de Queen, qui s'y établit dès les années 1970, enregistre l'album *Jazz avec Queen*, puis y achète l'un des studios d'enregistrement le plus populaire de l'époque : le Mountains. Lequel voit défiler durant près de 20 ans, tout ce que la pop music compte de gloires : David Bowie, Led Zeppelin, Iggy Pop, Brian Ferry, les Rolling Stones, Stan Getz.

Et comme qui dit chanteurs dit fans, eux aussi accourent, prêts à tout pour récupérer un autographe ou une photo de leurs idoles. Mieux, le Mountain studio enregistre avec Queen, le dernier album du groupe *Made in Heaven* dont le lac Léman orne la pochette. Disque d'or au Royaume-Uni et disque de platine aux USA, le disque se vend d'autant plus que le chanteur décède peu de temps après sa parution en 1995. Mais, toujours consultée par des millions de fans sur Youtube, la pochette de *Made in Heaven* est devenue un collector qui s'arrache à prix d'or, témoignant de l'immense popularité de Freddie Mercury. Lequel s'est vu offrir une statue de bronze sur les rives du Léman aux pieds de laquelle des milliers de fans viennent toujours déposer des fleurs. Il faut dire que, dans son costume d'ouverture du concert de Wembley en 1986, le poing gauche levé, Freddy Mercury sculpté par Irena Sedlecka, et commandité par les membres restants de Queen, restera gravé dans la légende musicale du vingtième siècle.

Mieux, Montreux a inauguré en décembre 2013, au sein du casino

Barrière, une exposition permanente en l'honneur du chanteur et de son studio. Intitulée le « Queen studio expérience », cette exposition accueille les amateurs qui peuvent aussi mixer quelques tubes et complète désormais à merveille le détour par l'ancien studio dont les murs recouverts de messages d'admiration et d'amour, font l'objet de visites intensives. Ne reste plus qu'à rouvrir le restaurant où les stars et leurs musiciens venaient se restaurer. Et, pour ne pas se faire oublier, notons enfin que Montreux fait sa promotion à longueur d'année à travers un réseau de cafés intitulés « Jazz in Montreux » dont l'un des derniers s'est ouvert dans le hall de la gare de Lyon à Paris. Un emplacement de choix pour le festival, mais moins pour le jazz que l'on y entend à peine.

Newport : le pionnier nord-américain

Si Montréal caracole en tête des grands festivals de jazz nord-américains, n'oublions pas qu'à quelques centaines de kilomètres de là, Newport depuis 1954, poursuit sa glorieuse épopée. Une épopée de pionnier qui doit tout au génie du producteur de musique : Georges Wein qui, dès la fin des années cinquante, a compris l'intérêt de réunir les têtes d'affiches de la planète jazz. Là, Miles Davis en 1955 devient immortel grâce à son solo sur le thème de *Round Midnight,* et Duke Ellington en 1956 avec son *Diminuendo and Crescendo in Blue.* Cinq ans plus tard vient le tour de la musique folk et celle du Newport Folk festival qui, dès 1959 a joué un rôle immense dans le mouvement des droits civils tandis que Bob Dylan en 1965 y a été le premier musicien à jouer sur une guitare électrique. Une épopée synonyme aussi de turbulences, car, devant l'hostilité de la population locale, le festival n'a pas eu la vie facile et a dû déménager à New York en 1972 et à Saratoga Springs en 1978, avant de revenir en 1981 à Newport où il s'implante au Fort Adams State Park en bord de mer, sur trois scènes indépendantes.
Étape mythique incontournable sur la route des grands festivals, Newport, malgré ses avatars, a cependant toujours su y faire sur le plan touristique puisque des séjours forfaitisés d'une journée ou de plusieurs jours permettent de se loger tout en participant aux multiples concerts qui, sur plusieurs scènes mélangent les genres et les générations, les puristes et les avant-gardes. On y enregistre environ 10 000 entrées par jour. Certes, malgré des performances remarquables en termes de fréquentation, on est loin des records battus par un festival mythique comme celui de New Orleans par exemple qui, pour sa quarante huitième édition, a attiré en 2017, 425 000 spectateurs, soit l'un de ses meilleurs scores depuis l'Ouragan Katrina qui a ravagé la ville. Mais, un

score modeste par rapport à celui de 2001 où la billetterie avait explosé avec plus de 650 000 spectateurs.

Moments et spectacles de fête et de plaisir, le festival constitue indéniablement une chance pour le tourisme. À condition de savoir évoluer tout en préservant ses qualités artistiques et créatives, donc sa liberté. En évitant de succomber aux sirènes de l'argent facile.

« Il Festival della Canzone Italiana » à Sanremo

Pour donner un dernier exemple, prenons le cas du festival de Sanremo. Un festival national créé en 1951, largement retransmis par les radios et les télévisions nationales et internationales. Profondément lié au territoire, il promeut le charme et les richesses régionales et fait découvrir de nouveaux talents qui atteignent parfois le sommet des hit-parades. Une génération entière, celle du baby-boom, ne peut pas oublier les succès des vainqueurs comme Domenico Modugno qui en 1958 chantait : *Nel blu dipinto di blu*, Gigliola Cinquetti en 1964 avec *Non ho l'età* ou d'autres jusqu'aux années 80, comme Claudio Villa, Bobby Solo, Adriano Celentano, Al Bano, Toto Cotugno, et les gagnants plus récents comme le groupe Il Volo en 2015.

En fait, l'événement que l'on a défini comme « la métaphore de l'Italie » ou « roman-photos du pays », est une véritable compétition plus qu'un festival, que tous les Italiens suivent avec passion et que l'industrie de la musique exploite à fond. Étalé sur plusieurs jours, en février, il fait parler de lui des mois à l'avance. Les magazines rendent compte des débats sur le choix du présentateur, la vraie star, avant toutes les autres. Même le choix des deux présentatrices à ses côtés est l'objet d'un débat national. En 2017 le Festival a enregistré plus de 12 millions de téléspectateurs. Actuellement, le festival se déroule au Théâtre Ariston de Sanremo et n'est pas sans générer un bond dans les arrivées touristiques qui se répandent sur toute la région avec des augmentations spectaculaires : de l'ordre de 110% à San Lorenzo al Mare par exemple. Il faut dire, qu'avec 64 000 spectateurs contre 58 000 l'année précédente, le festival est de plus en plus populaire.

LE SILENCE DES OPÉRATEURS TOURISTIQUES

Difficultés ou incompréhension ?

Josette Sicsic

Malgré le peu d'enthousiasme des tour-opérateurs pour la musique, quelques professions ont cependant fait des tentatives heureuses pour conjuguer musique et tourisme. Elles sont rares dans un secteur historiquement dominé par la découverte du patrimoine, celle du paysage ou l'offre d'activités de loisirs sportifs, culturels et de détente proposée par les lieux de vacances. Pourtant, quelques initiatives commencent à démontrer que le créneau est porteur et mériterait bien plus d'attentions qu'il n'en suscite. Hors système associatif s'entend. Un secteur très actif dans lequel les mélomanes se retrouvent par milliers pour partager leur passion, écouter de la musique, voyager ensemble.

Dans le monde du tour operating

À l'heure où les grands portails internationaux sont capables d'informer et de distribuer une offre touristique planétaire, les petits voyagistes qui proposent des déplacements cousus main survivent certes, mais, péniblement. De plus, notons un fossé entre Europe et Amérique. En Europe, c'est la musique classique qui est privilégiée par les voyagistes, via des groupes constitués par les multiples associations musicales que comptent nos pays. *Européra* par exemple propose billetteries et nuits d'hôtels lors des grands festivals, et en particulier des weekends à la Fenice de Venise, en passant par le Gran Teatro del Liceu de Barcelone, la Scala de Milan, la Bayerische Staatsoper de Munich, la Staatsoper de Vienne, l'Opéra national de Paris, la Deutsche Opera de Berlin. *Intermèdes* en France en fait autant, y compris à Nantes pour « La folle journée » et pour tous les prestigieux concerts de Nouvel An : Vienne, Varsovie, Palerme. Les programmes sont bien évidemment élitistes, les tarifs également, quant au public, il se recrute parmi une population très restreinte de mélomanes plus enclins à développer un entre soi qu'à le partager avec d'autres.

Clio un autre voyagiste spécialiste des voyages culturels en fait autant. Toujours sur la même cible. Une cible vieillissante et fortunée. Dans un autre genre, *Terre d'aventure* a programmé des circuits à Oman par exemple, accompagnés par un musicien chargé de jouer quelques morceaux de musique classique sur fond de désert. Le pari est risqué. Mais, même si le produit ne suscite aucun achat, il constitue une vitrine pour le voyagiste.

Les voyagistes nord-américains jouent la partition musicale

Alors que l'Europe reste timide dans ce domaine, aux USA, le tour operating n'est pas totalement étranger à la musique. Loin de là. Aux USA, évidemment, le rock, la pop, la musique country et le jazz font l'objet de city tours proposés par des réceptifs locaux via de méga sites internet comme Viator. De San Francisco à New York, en passant par Chicago ou Austin au Texas qui revendique l'une des premières places de la scène musicale américaine avec 150 clubs, les USA jouent la carte musicale présente et passée. À défaut d'un patrimoine architectural capable de concurrencer le patrimoine asiatique ou européen, le patrimoine musical inégalable que le pays a produit, séduit ainsi une clientèle nationale et internationale d'amateurs plus ou moins éclairés pressés de découvrir les studios et les scènes où se sont produits les géants du rock, du disco, du jazz… Des dîners croisières font aussi le plein ainsi que les tournées des clubs de Harlem à New York ou de New Orleans. Et de nombreux festivals proposent les prestations touristiques allant de pair avec la billetterie, via leur site internet. Une habitude que les Français ont également prise. En effet, les sites internet des Francofolies ou des Eurockéennes ou du Festival Interceltique de Lorient permettent l'achat de billets (lesquels sont aussi revendus par les réseaux des Fnac ou Carrefour ou encore Cora) et proposent par la même occasion dans leur rubrique « pratique » une liste d'hébergements vers les sites à partir desquels on est re-routé. Simple, rapide, pratique, ce procédé permet à tout un chacun d'accéder à l'offre touristique couplée à un festival.

Le succès des croisières musicales

Un autre produit à consonance musicale a le vent en poupe, et cela depuis longtemps, ce sont les croisières. Exemple : à l'occasion du cinquantième anniversaire du premier concert des Beatles aux USA, la compagnie maritime légendaire la Cunard a organisé une croisière entre New York et Southampton. Au programme : huit jours sur le Queen

Mary 2 pour rendre hommage aux quatre garçons dans le vent, revisités par les musiciens de la « Beatles Experience » qui, depuis dix ans réussissent un remake étonnant des concerts du groupe mythique et se produisent avec succès un peu partout dans le monde. Événement de prestige consacré à l'un des plus grands groupes de pop musique de la planète, cette croisière a rapidement affiché complet, malgré ses tarifs prohibitifs. Premier prix : 1 300 euros.

Plus accessibles, des centaines de croisières thématiques embarquent tous les ans, à bord de paquebots démesurés en quête de publics complémentaires à leur public habituel. Affrétées par des associations culturelles ou par toutes sortes d'autres organismes, ces croisières ponctuelles rassemblent musiciens de renom et public assidu, dans un entre soi touristico-culturel qui en fait en partie la saveur. Bien représentée, la musique classique n'est cependant plus la seule à écumer les mers. Des croisières entièrement dévolues au jazz prennent aussi le large. Ainsi, en 2014, le dernier-né de la flotte Costa, le Costa Fascinosa appareillait au départ de Venise pour une grande croisière de jazz. Entraînée par Ahmad Jamal, l'un des derniers grands génies encore en vie du jazz américain, cette croisière embarquait à son bord d'autres légendes vivantes comme Archie Shepp et des musiciens de talent comme Wycliffe Gordon, Roy Hargrove, Roberta Gambarini- Yusef Lateef, Lucky Peterson. De son côté, une petite agence marseillaise, Voyages Byblos, en partenariat avec Croisières de France a lancé une croisière de 8 jours consacrée aux blues. Au programme : six artistes de renom du Chicago Blues. Pour ce voyage inédit, 300 cabines ont été réservées sur le paquebot l'Horizon, certaines ayant déjà été vendues depuis le lancement du produit sur le marché.

Mais le gros des croisières musicales est le produit des compagnies de navigation américaine qui écument les Caraïbes avec à leur bord des centaines de musiciens et des milliers d'amateurs de toutes les musiques du monde : country, jazz, blues, classique, rock, pop, gospel, irish. De durées diverses, ces croisières ne font que répondre à une forte demande d'animation à bord de la part de passagers désireux par ailleurs et surtout de pimenter leur voyage par des rencontres et du divertissement : deux ingrédients que seule la musique peut leur apporter. Notons enfin que la compagnie italienne MSC n'a pas hésité à baptiser ses paquebots de noms à connotation musicale : Musica, Opera, Melodie, Orchestra, Armonia, Sinfonia, Lirica. Ce qui lui confère l'obligation de proposer à tous ses passagers un programme régulier et quotidien de concerts exécutés par des orchestres permanents, embarqués à bord de ses croisières.

La croisière « Âge tendre et tête de bois » : un « must »

On ne peut conclure ce chapitre sans mentionner un événement musical transformé en une véritable institution en France : la croisière « Age tendre et tête de bois », qui n'est autre qu'une croisière en Méditerranée embarquant à son bord les idoles rescapées de l'époque yéyé et par la même occasion, le public des « fans » aux cheveux grisonnants qui les adule. Larguant les amarres pour la première fois en décembre 2008, la croisière fortement médiatisée connaît un succès d'autant plus fulgurant qu'elle s'inscrit dans une tournée de concerts à travers la France déchaînant l'enthousiasme des baby-boomers nostalgiques de leur adolescence. Près de 4 millions de spectateurs se pressent dans les Zénith et autres chapiteaux pour acclamer Sheila, Georges Chelon et Hervé Vilar… ravis de retrouver un public qui les avait oubliés.

Mais l'économie de ces tournées est fragile. En 2015, la dernière partition de la société de production Appels s'est jouée au tribunal de commerce de Lyon avec pour note finale une liquidation judiciaire. Six millions d'euros de passif, des concerts annulés, mais un bilan populaire tel que les envies de renaissance clairement affichées par le producteur Michel Algray ont trouvé preneurs. En novembre 2017, la tournée reprend. La Croisière aussi. Pendant une semaine, elle embarque 25 vedettes des années soixante sur le Spendida de MSC croisières. De Gênes à Marseille, pour un millier d'euros ou le double selon la cabine choisie, la musique yéyé bat son plein. Jusqu'à quand ?

Cafés, hôtels et autres lieux publics

On aurait pensé que la musique de variété inspirerait les opérateurs touristiques. On aurait imaginé qu'hôtels, restaurants, villages de vacances auraient à cœur de puiser dans un genre musical spécifique non seulement son ambiance sonore, mais sa décoration et ses animations. Eh bien, non ! Si la plupart des bars aujourd'hui, de jour et de nuit, déversent des flots de musique, nombreux sont ceux qui se branchent indifféremment sur n'importe quelle station de radio, pourvu qu'elle diffuse un son censé plaire à leur clientèle. En fait, selon une étude de la Sacem publiée en 2014, près de 85% des clients préfèrent des ambiances musicales à des ambiances neutres qu'ils considèrent comme déprimantes. De plus, il semblerait que la musique motive les employés à 89% et crée de la bonne humeur. D'autres études ont également démontré que la musique stimule l'achat, dans les commerces qui en diffusent. Mais, qu'observe-t-on ? La plupart des lieux publics sont branchés sur *Fun radio* ou *Skyrock* et peu importe les clips de publicité insupportables qui entrecoupent les programmes et écorchent les oreilles des auditeurs. Dans d'autres, à l'inverse, l'ambiance sonore fait partie d'une mise en scène scrupuleuse dans la mesure où elle participe entièrement à l'attractivité du lieu et à sa personnalité : jazz, musique latino-américaines, chanson à texte, musiques électro. Mais, ceux-ci sont nettement moins nombreux que les premiers et se recrutent plutôt parmi les bars de nuit. En France, le phénomène est flagrant et ce ne sont pas les quelques pianistes employés par les palaces qui changent véritablement l'univers musical dans lequel un touriste étranger est plongé quand il vient en France. Quant aux petits établissements qui se donnent la peine de produire des musiciens, ils sont de moins en moins nombreux. Silence oblige ! Surtout dans une ville comme Paris où les prix des mètres carrés imposés aux riverains ne sont pas compatibles avec ce qui est considéré trop souvent comme des nuisances sonores. On est loin de la Havane, de Rio et même de Berlin ou de Séville.

« Hard Rock cafés et hôtels » : un parcours sans fautes

Heureusement, il existe quelques établissements ayant résolument opté pour une thématique musicale. Ils sont rarissimes. Seule la chaîne fondée en 1971 des Hard Rock Café a acquis une notoriété internationale. Elle est aujourd'hui présente dans une soixantaine de pays *via* 158 établissements. Parmi eux, on compte désormais 26 hôtels situés essentiellement aux USA mais également en Espagne, à Ibiza et Ténérife, mais aussi à Macao, Goa, Penang, Pattaya. Une partie d'entre eux est même dotée de casinos, quelques-uns de golfs, presque tous incluent un spa dans leurs équipements et quelques-uns ont mis en place des « music lab », sortes de studio dans lesquels les jeunes dès l'âge de 12 ans et les moins jeunes peuvent venir faire de la musique, rejoindre un groupe, s'enregistrer...

Mais le succès mondial de la chaîne réside surtout dans son fulgurant développement, à travers les destinations les plus réputées de la planète, notamment en Chine, à Dubaï et à Abu Dhabi où sortent de terre des unités de plusieurs centaines de chambres, ultra contemporaines, épousant en partie la décoration et la nourriture locales, mais offrant toutes une ambiance musicale exclusive de grande qualité programmée par des connaisseurs qui sillonnent le monde à la recherche de nouveaux talents. Elle organise aussi un tremplin international ouvert à tous les musiciens amateurs et quantité d'événements musicaux permettant de mettre en valeur des musiciens régionaux ou internationaux, allant de la soirée hommage à un groupe mythique à la soirée de découverte. La

chaîne Hard Rock International qui assure son développement *via* des joint ventures avec d'autres chaînes comme Sol Melia, Ong Beng Seng/Hotel Properties Limited, Loews Hotels, et la nation indienne des Séminoles, ne se contente donc pas d'exploiter une image de rockeuse susceptible de séduire une clientèle plutôt jeune, plutôt argentée, plutôt « mainstream ». Elle se positionne parmi les découvreurs et les programmateurs de milliers de concerts autour du rock, donnant carte blanche à ses équipes qui, comme à Nice par exemple, ont créé le Zeppelin Lounge. En moins d'un demi-siècle, elle est devenue le partenaire incontournable du rock ! Toujours à Nice, un mur tactile interactif permet de visiter la plus grande collection de *Memorabilia rock*.
En mai 2017, la chaîne a annoncé un événement vintage de taille confortant son rôle de première marque d'art de vivre-musique de l'industrie hôtelière : le lancement de WAX. Dans le cadre d'un partenariat avec Crosley, l'un des plus grands fabricants de tourne-disques du monde, et Sony Music Entertainment, une société internationale de musique enregistrée, les clients ont l'unique occasion de participer à la résurgence des disques en vinyle sous la forme de la mise à disposition de tourne-disques en état de marche et de disques. De la communication bien sûr, mais pas seulement. Largement en tête des établissements dédiés à la musique, les Hard Rock n'ont évidemment pas de concurrents. Mais on en trouve tout de même quelques-uns. Ainsi, à Budapest, l'hôtel Aria est consacré à quatre courants musicaux majeurs : Classique, Opéra, Jazz et Contemporain. On peut donc écouter du Listz, Jean-Sébastien Bach, Nat King Cole, les Beatles, les Supremes ou encore Amy Winehouse et Whitney Houston qui font partie des artistes mis à l'honneur par l'hôtel, selon les saisons. Le Prima music hôtel à Eilat en Israël consacre pour sa part une salle à l'écoute de vinyles et thématise chacun de ses étages avec un genre musical à part entière.

Blue note et Jazz in Montreux : clubs et cafés

Dans le domaine du jazz, signalons quelques tentatives de mettre en réseau cafés et clubs. Elles sont très rares, elles aussi. On peut cependant citer le club de jazz *The Blue Note* dont le premier maillon a ouvert à Greenwich Village en 1981, à l'initiative de son propriétaire et fondateur Danny Bensusan. À cette époque, le célèbre label Blue Note Records est en plein déclin, et sa dissolution est effective en 1981. Le club new-yorkais démarre alors son activité avec un nom qui lui assurera une notoriété internationale. Dès le début, des vedettes du jazz viennent jouer régulièrement et contribuent à la renommée du club. Puis, se développent des franchises : en 1988 à Tokyo. Viennent ensuite les ouvertures des *Blue Note* d'Osaka en 1990 qui change d'enseigne par la suite, de Las Vegas en 2000 qui ferme faute de succès et de Nagoya en 2002. Le club de Milan pour sa part est inauguré en 2003, soit plus de 10 ans avant que la marque The Blue Note ouvre deux nouvelles enseignes, en 2015 et 2016 à Hawaï et à Pékin. Quant au réseau de cafés *Jazz in Montreux*, inspirés du festival de jazz éponyme, nés de la passion de Claude Nobs pour la musique et la gastronomie, ils ont été imaginés comme des lieux conviviaux où la cuisine et la musique se conjuguent. Mais, l'ambiance musicale espérée fait défaut. À Paris en tout cas, alors qu'elle est plus présente à Abu Dhabi, Zurich, Genève, Singapour.

L'ÉPOQUE RÉVOLUE DES CHANSONS DE VACANCES

La nostalgie n'est plus ce qu'elle était

Josette Sicsic

Reste à évoquer la magie des chansons et des chansons liées aux vacances, au départ, à l'été, à des moments heureux. La France plus que tout autre pays, a composé des milliers de rengaines évoquant les belles heures des premiers congés payés, puis celle de l'après-guerre et de la liberté retrouvée, puis celles encore des années soixante et de la grande époque yéyé quand les teen-agers dansaient le slow en écoutant Adamo et Richard Anthony. De *Route Nationale 7* à *Capri c'est fini*, *Tombe la neige*, *la lambada* ou *A white shade of pale*, la musique de variété a constitué le meilleur partenaire du temps des vacances. Sauf que la musique qui coule aujourd'hui à flots à travers de nombreux canaux ne se prête plus à la confection de « tubes de l'été ». Une vérité démentie par l'incroyable succès durant l'été 2017 de « Despacito », chanté par Luis Fonsi. Cette chanson a enregistré quelques semaines après sa sortie 3 milliards de vues sur Youtube. Puisque c'est désormais sur ce réseau social que se mesure le succès d'un tube de l'été. Une révolution qui n'est pas sans conséquence.

Reprenons…

On le sait, la musique a le pouvoir fabuleux de s'insérer dans la mémoire pour des durées très longues, parfois pour toute la vie. Les chansons de vacances comme les autres, souvent encore plus que les autres, restent accrochées à notre mémoire et sont dotées d'un pouvoir d'évocation incomparable. Il suffit de quelques notes pour que des images, parfois des odeurs et d'autres sons ré affluent dans le cerveau et l'inondent de sensations diverses, malheureuses ou heureuses. À ce titre, la chanson de Laurent Voulzy *Rock collection* remplace les discours théoriques légèrement pédants des neurosciences. « *On a tous en tête un petit air oublié… des vacances en maillot…* » Oui, quel que soit notre âge, nous avons en tête des centaines de chansons capables de nous remémorer des souvenirs précis.

Un outil de marketing efficace

Voilà pourquoi la campagne télévisée du Club Méditerranée en 2014 (voir encadré) a rapidement été un succès. Conscient de l'efficacité de la musique, en 2015, le Club a aussi lancé sa première application de programmation musicale ultra-personnalisée, lui permettant à la fois de définir son identité sonore, mais aussi d'offrir 700 heures de musique personnalisées. Autre exemple : dans les années quatre-vingt-dix, les stations de montagne françaises avaient opté pour une stratégie sonore en utilisant dans leur excellente campagne « La montagne, ça vous gagne » une chanson de Barry White capable de rappeler aux plus anciens le souvenir de leurs vacances d'adolescents. Bel effet, succès assuré. La campagne a fait fureur sur les petits écrans durant plusieurs années. Mais les exemples d'utilisation marketing de la musique sont rares alors que les tubes de l'été ont occupé et occupent encore parfois, une place à part entière dans le quotidien des Occidentaux et dans l'économie musicale.

La belle époque des tubes de l'été

Tout a commencé dès les années cinquante avec le grand Elvis et *Love me tender* ou Bill Haley avec *Rock around the clock* qui faisaient danser les jeunes partout sur la planète. Tout comme les Platters avec le célébrissime *Only you* ou Ella Fitzgerald avec *Summertime* et Dean Martin en 1964 avec *Every body loves some body sometimes* et Louis Prima avec *Just a gigolo*. Des succès internationaux toujours incontournables dans les playlists des discothèques et des surprise-parties auxquels on peut encore ajouter : *A whiter shade of pale* de Procol Harum en 1967, qui affiche toujours plus de 33 millions de vues sur YouTube, *Night in white satin* des Moodie blues, la même année et, pour rester dans le registre anglo-saxon, Ray Charles et sa célébrissime *Georgia*. Plus tard, alors que les vacances d'été se démocratisaient, l'industrie musicale française a réalisé le formidable impact des succès de l'été sur son chiffre d'affaires grâce à des hits comme celui de Dalida en 1961 qui a fait fureur avec la musique entraînante et les paroles futiles de « *Son petit itsi bitsi teenie weenie tout petit petit bikini. Qu'elle mettait pour la première fois* ». Quelques années plus tard, ce fut l'énorme succès de *Capri c'est fini* d'Hervé Vilar qui s'est vendu à 2,5 millions d'exemplaires en 1965, et d'*Aline* de Christophe ou de *Tombe la neige* d'Adamo, plus adapté aux discothèques des stations de sports d'hiver dont les Français commençaient à prendre le chemin. Des tubes impérissables auxquels on pourrait encore rajouter *L'été indien* de Joe Dassin, *Le Sud* de Nino Ferrer... Et tant d'autres mélodies gravées à jamais dans les mémoires des adolescents du baby-boom et dans les livres des records des maisons de disques, conscientes du formidable parti que leur chiffre d'affaires pouvait en tirer. Mais le concept de « tube de l'été » a vraiment connu ses heures de gloire dans les années quatre-vingt-dix, quand la crise du disque n'existait pas et quand il est devenu un concept marketing faisant l'objet d'une stratégie imparable. Ainsi, *La lambada,* lancée à l'été 1989, s'est vendue à 2 millions de singles en 12 semaines et a fait de son producteur français Jean Karakos un milliardaire. Il faut dire qu'il avait su habilement négocier des partenariats avec TF1, Sony France et Orangina et mettre en place une sorte de cahier des charges infaillible préconisant une collaboration entre une maison de disque, une chaîne de télévision, une musique festive à tendance « *world* », un clip ensoleillé (si possible sur une plage) et une chorégraphie simpliste. De quoi faire aussi triompher en 1996 *La Macarena* qui se vend à 4 millions d'exemplaires sur le sol américain et un million en Europe, mais cette fois, c'est M6, entrée dans la compétition, qui rafle la mise.

Les réseaux sociaux tuent les tubes de l'été ?

Les belles années ne pouvaient durer. En France tout au moins. Dès 1999, le Conseil supérieur de l'audiovisuel fixe à une minute trente la durée minimale des clips. En se raréfiant sur les petits écrans, les tubes perdent leur principale source de promotion. Par ailleurs, dès les années 2000, la crise de l'industrie du disque limite les capacités financières des majors. Le disque se vend moins. Le téléchargement illégal fait fureur parmi les jeunes. Comme le rappelle un journaliste de Slate.fr : « Selon les estimations du site Infodisc, la meilleure vente de single en 2008 est *Tired of being sorry* d'Enrique Iglesias avec 286 200 exemplaires. C'est dire à quel point les temps ont changé. Et les ventes de MP3 sont très loin de compenser cette perte de chiffre d'affaires. Dans ce contexte, les maisons de disques ont davantage intérêt à se concentrer sur les albums, qu'il est encore possible de vendre en masse à un public adulte, comme en témoignent en 2008, les six cent mille ventes de l'album de Cabrel : *Des roses et des orties*. En fait, à l'ère de l'Internet, ce ne sont plus les programmateurs qui font la pluie et le beau temps, mais l'auditeur seul devant son ordinateur qui n'est plus dépendant d'un tube imposé par les radios. Il peut désormais faire sa cueillette sur Youtube. Gratuitement.

Un langage universel sous-utilisé par le marketing touristique

Bien que les temps aient changé, bien que les audiences se calculent en milliards, la musique n'en reste pas moins sous-exploitée par le marketing touristique. En mars 2009, le registre des marques de l'Union européenne recensait plus de 200 000 marques figuratives contre une centaine de marques sonores. L'explication la plus plausible telle qu'elle est rapportée par un chercheur de l'EHESS, concerne les difficultés rencontrées lorsqu'il faut traduire les volontés d'une marque en signes sonores et la nécessité de trouver un langage commun constitué de références musicales tout aussi communes. Quant à l'exploitation de musiques existantes, on sait les coûts qu'elles entraînent auprès de la Sacem. On comprend donc qu'elles ne conviennent pas à toutes les bourses. Dans ce cas, pourquoi ne pas investir dans la composition d'une musique originale comme l'a fait la marque *Sofitel* utilisant le chanteur Berry et le compositeur de jazz manouche pour créer la musique de sa campagne « Life is magnifique » ? Le résultat est moindre, mais, à la longue, la chanson peut d'autant mieux finir par s'imposer qu'elle est de qualité.

« Darla dirladada » : un tube de l'été en chiffres

Un bon exemple ou contre-exemple réussi de marketing sonore est donc la campagne télévisée du Club Méditerranée en 2014 qui a été rapidement un succès. Largement relayée, diffusée et commentée par la presse, il faut admettre qu'elle a touché une corde sensible. Celle des nostalgiques d'une époque fastueuse où le « Club » emblème des Trente Glorieuses et de son optimisme béat, naviguait sur des ondes paisibles, à l'abri des crises économiques, climatiques et terroristes. Comment ? Il y a certes eu des ballerines en tutu, un scénario irréprochable et la présence de l'acteur Thierry Lhermitte, vedette du film *Les Bronzés*, consacré au Club. Mais, il y eut par-dessus tout la chanson de Dalida : *Darla Dirladada*, née dans les années soixante-dix, remise au goût du jour par les GO et GM dans tous les villages du Club, et dans *Les Bronzés*.

Accompagnée par les fameux « crazy signs », la chanson, composée de nouvelles paroles typiques du « sea sun and sex » ambiant, compte parmi les plus symboliques de cette institution que fut le Club Méditerranée au plus beau de sa carrière. *« Darla Dirladada : y a du soleil et des nanas… On va s'doucher sur la playa… »* Une nouvelle fois, avec quelques notes de musique et quelques paroles si futiles soient-elles, une chanson a démontré ses incroyables capacités à susciter des émotions, raviver des souvenirs et déclencher des envies : dans ce cas, celles de retourner au Club, revivre de beaux moments, passer de belles vacances, et encore mieux « redécouvrir le bonheur », le slogan de la campagne. Mais, le Trident n'a pas lésiné sur la dépense. Il a investi 20 millions d'euros dans cette campagne signée par l'agence Saatchi & Saatchi.

EN AVANT LA MUSIQUE :
AVEC DEUX L OU UN L ?

Josette Sicsic

Qu'ajouter ? Toutes les ballades, ces petits poèmes médiévaux colportés de ville en ville, de château en château, ont une fin. Mais, les balades à travers la musique n'ont pas de fin, car la musique, langage universel permettant à l'ensemble de l'humanité de communiquer, a l'éternité devant elle pour continuer de créer, inventer, assembler des notes, des rythmes, des mots. Non contente de permettre aux hommes de se comprendre, la musique a une autre qualité : elle traduit mieux que n'importe quel art les sensations et les émotions, la tristesse, la douleur, l'amour, la joie… elle dicte au corps ce mouvement indissociable qu'est la danse, parfois la transe. Présente parmi toutes les sociétés, dotées de fonctions spirituelles, festives, politiques, elle est donc irremplaçable. Mieux, en tant que reflet d'une époque, d'un territoire, d'une population, elle complète admirablement la somme des connaissances et des émotions auxquelles un touriste devrait pouvoir accéder pour profiter de ses voyages et en tirer un plaisir optimal.

Avec un seul L, la balade touristique à travers le patrimoine musical de l'humanité mérite donc plus d'égards, d'attentions, de compréhension de la part des acteurs du tourisme. « Tourisme, en avant la musique » ou « Musique, en avant le tourisme » pourraient devenir un slogan et un diktat ! Le philosophe Friedrich Nietzche en était conscient, lui qui écrivait dans *Le crépuscule des idoles* : « Sans musique, la vie serait une erreur ». Une affirmation qu'il complétait quelque temps plus tard par : « La vie sans musique est tout simplement une erreur, une torture, un exil. »

Josette Sicsic. Paris, le 25 octobre 2017

ANNEXES

Josette Sicsic

LES BIENFAITS DE LA MUSIQUE SUR LE CERVEAU

Pourquoi une chanson produit-elle de tels effets ? Aujourd'hui, les différentes études faites sur le cerveau sont formelles : la musique dispose de nombreux pouvoirs. Lesquels ?

Une meilleure mémorisation du son que de l'image

La musique impacte plus la mémoire que les images. Elle constitue en effet le patrimoine le plus facile à mémoriser. *« Quand on a tout oublié, indique un médecin spécialisé dans les maladies d'Alzheimer, on retient cependant de la musique »*. Affirmation approuvée par les anthropologues qui constatent qu'une fois qu'un peuple a tout oublié de son histoire et de ses rituels, il conserve la mémoire de ses rites et de ses sons musicaux. Mieux, il est désormais entendu que la musique écoutée à doses régulières favorise la conversation et la sociabilité des malades d'Alzheimer. Au chapitre de la mémoire, notons encore que quelques notes de musique suffisent à déclencher des souvenirs et à les rafraîchir. Une chanson c'est non seulement le témoin d'une époque, mais c'est l'humeur d'une époque. Dès les années quatre-vingt, les chercheurs Stewart et Furse démontraient d'après une expérience menée en 1986 que les sujets se souvenaient beaucoup mieux d'une publicité lorsqu'elle comprenait une musique de fond. Ce fait est depuis confirmé par de nombreux travaux indiquant que la musique est un outil plus sensible que les items verbaux standard pour les mesures de mémorisation.

Émotions et énergie assurées

Parmi d'autres bienfaits, revenons également sur le fait que certaines musiques constituent de véritables remèdes contre la douleur. Elles donnent de l'énergie, poussent au mouvement, lequel est générateur de satisfaction et de joies, stimulent le cerveau.

Thérapie

D'autres musiques apaisent l'esprit et soulagent en particulier les dépressions, la neurasthénie, le manque de concentration et bien d'autres maux plus physiques qui se trouvent relégués au second plan dès lors qu'une musique saisit l'esprit.

Convivialité

Encore mieux : la musique à la capacité de renforcer les relations sociales. Des travaux de l'Institut de psychologie de São Paulo au Brésil ont révélé que lorsque des enfants écoutent des chansons, ils se parlent plus et jouent davantage ensemble. Même constat, lors d'un concert, le public stimulé par la musique se rapproche, échange des paroles et des gestes qui peuvent générer de véritables rencontres. D'autres études ont révélé que la musique diffusée pendant un don de sang favorise les dons ultérieurs, notamment chez des personnes qui ne sont que des donneurs occasionnels ou des premiers donneurs.

Un stimulant intellectuel

Toujours mieux : elle stimule les capacités intellectuelles et physiques. La musique techno notamment donne de l'allant aux amateurs d'activités sportives. D'autres musiques aident à résoudre des problèmes géométriques !

QUI ÉCOUTE QUOI ? L'ÉCOUTE MUSICALE EN PLEIN BOULEVERSEMENT

Sources : Le Baromusic

En France, chaque année, le *Baromusic*, réalisé par Havas et Entertainment avec l'institut CSA, fournit un aperçu détaillé sur les relations qu'entretiennent les Français avec l'univers musical. À une époque où les supports audio se sont multipliés, permettant à chacun d'aborder la musique plus ou moins comme il le souhaite, l'enquête a permis de mettre à jour cinq types de profils bien distincts basés sur les différents modes d'écoute adoptés par les différentes générations. Des indications intéressantes pour quiconque étudie les relations entre musique et tourisme. Cette enquête fournit en effet non seulement une typologie de consommateurs de musique, mais elle est aussi quantitative. Elle permet donc d'estimer les cibles potentielles du tourisme musical. En revanche, elle n'est pas internationale. En préambule, notons tout d'abord que les Français écoutent en moyenne 70 minutes de musique quotidienne et que 61% d'entre eux déclarent écouter au moins dix genres différents de musiques, ne serait-ce que de temps en temps. C'est dire l'éclectisme du public, expliqué en partie par l'émergence des canaux digitaux de plus en plus nombreux et leur gratuité. À l'heure où chacun a dans sa poche un « Smartphone », une tablette numérique, un Ipod, écouter de la musique ne rencontre plus aucune limite. Les canaux digitaux permettent de se la procurer facilement, tout en garantissant l'accès à un éventail élargi de genres musicaux. Si certains résistent à cette tendance, d'autres l'exploitent amplement en déclarant même écouter près de 22 genres différents allant des plus « rétros » aux plus « modernes ». Il n'est plus rare en effet de voir des très jeunes écouter des chansons de leurs grands-parents dont les accents désuets leur donnent une tonalité « vintage » plutôt branchée. Il est encore moins rare de voir des seniors glisser leurs oreilles dans des bars musicaux et autres concerts, histoire de goûter aux nouveautés. Car, non contente de procurer divertissement et plaisir, la musique conserve une fonction identitaire. Les goûts musicaux identifient une génération et qualifient une personnalité. Se limiter à une époquepeut donc être considéré comme une preuve de conservatisme mal venu se voulant ouvert.

La génération vinyles et CD : les « tontons rockeurs »

Néanmoins, il existe bel et bien cinq profils. Lesquels ? Le premier, révélé par l'enquête, a été baptisé les « Tontons rockeurs ». Ce groupe comprend 9,3 millions de Français qui ont en moyenne 42 ans. Il est composé en grande majorité d'hommes (58%) appartenant aux catégories sociales supérieures (35%). Il s'agit de personnes nées sans internet, mais qui ont su s'adapter avec aisance à la révolution numérique. Leur pouvoir d'achat leur permet de posséder les dernières technologies, comme la Tablette avec laquelle ils écoutent de la musique en streaming. 62% d'entre eux déclarent écouter fréquemment leurs morceaux préférés sur Youtube par exemple.
Ils courent les salons de vieux papiers et de vinyles et autres festivals et concerts, notamment de musique pop, rock, jazz. Ils sont connaisseurs et amateurs de qualité.

Les nostalgiques : vers un tourisme de masse

Viennent ensuite les « nostalgiques ». Ils constituent une énorme population de 12,7 millions et représentent le groupe le plus important. Plus âgés que les mélomanes des autres groupes (55 ans en moyenne), les « nostalgiques » sont composés majoritairement de femmes : 53% et d'un peu moins d'hommes : 47%. Âge oblige. Écoutant de la musique essentiellement à leur domicile et dans leur voiture, via la radio, notamment « Nostalgie » ou « Chants de France », ils possèdent encore des chaînes Hifi et continuent de faire marcher l'industrie du disque en achetant CD et vinyles.
Amateurs de concerts et bals, ils sont aussi la clientèle toute désignée des Croisières Yéyé et autres spectacles dédiés aux idoles des « sixties ».

Générations numériques : la fracture

La véritable révolution provient de la fracture numérique dont les moins de 35 ans sont les principaux acteurs. Adeptes du téléchargement, de l'écoute en continu et du *multi tasking*, ils ont totalement intégré l'écoute musicale à leurs activités quotidiennes : travail, études, métro, train, promenades. Néanmoins, cette population se compose de deux catégories principales.

- Les « Groupies »

Parmi les générations numériques, on rencontre tout d'abord les « Groupies ». Cette catégorie représente 10,7 millions de Français,

majoritairement des femmes (65%), plutôt jeunes. Les « Groupies » ont en moyenne 36 ans et portent un amour inconditionnel à leurs artistes préférés, mais, enfants du numérique et de l'image, les « Groupies » apprécient particulièrement les clips. On les retrouve très souvent sur Facebook (75%), plateforme idéale pour échanger régulièrement avec leurs proches et d'autres fans, leurs morceaux préférés.
Ils constituent l'un des publics privilégiés des bars musicaux et des concerts, festivals, sorties de nouveaux CD, discothèques.

- Les « full shuffle »

Plus jeunes encore, on trouve les « full shuffle ». Ce groupe a été baptisé ainsi, car il comprend des consommateurs de musique qui écoute à peu près n'importe quoi sur un mode totalement aléatoire. Composé d'environ 8 millions d'individus dont 36% ont moins de 36 ans, ce groupe affiche une consommation de musique entièrement digitalisée, qu'il s'agisse d'internet, de réseaux sociaux, de sites, de YouTube ou encore de Deezer.
Génération née avec le zapping, leur mot d'ordre est de tester tout ce qui existe dans une recherche permanente de plaisir, voire d'extase. Cette catégorie écoute en moyenne 22 genres différents, et est constituée essentiellement de trentenaires actifs et qui multiplient les supports et les activités.
Ils fréquentent aussi les concerts et les grands festivals ainsi que les « raves ». Mais, tout dépend de leurs moyens financiers.

Les « mute » : des oreilles bouchées !

Enfin, il existe un dernier groupe difficilement classifiable puisqu'il n'écoute tout simplement pas de musique, ce sont les « Mute ». Ils sont plus de 10 millions, et n'achètent jamais de musique. Quand ils en écoutent, c'est toujours de façon passive dans les lieux publics ou dans des soirées, et ils n'ont en général pas de genres préférés. Ce groupe a une moyenne d'âge relativement jeune : 47 ans et est composé à 54% d'inactifs. Ils fréquenteront éventuellement des concerts. Mais, à condition qu'ils soient gratuits.

Une grande variété de supports et de genres musicaux

Bien que les proportions varient légèrement d'une enquête à l'autre, une fois de plus, la chanson française a la vedette avec 88% d'adeptes, et cela toutes générations confondues. Ce qui démontre que la relève est prise par les jeunes générations et qu'elle est de qualité. Suivent la variété internationale avec 84% d'adeptes et la Pop et le Rock and Roll avec 69% d'amateurs. Les musiques d'origine latino-américaine sont également plébiscitées : 54%. Tout comme le Disco (58%) ou le R'n'B (51%). Le Jazz quant à lui, reste très prisé puisqu'il séduit quelque 40% des Français. Tout comme le Rap/Hip Hop écoutés par 39% de la population. Enfin, bizarrement, la musique classique a autant d'adeptes que les musiques électroniques : 35% dans les deux cas. Ce qui constitue d'excellents scores. Plus à la marge, on trouve la musique Punk ou le Métal qui ne rencontrent que 23% d'auditeurs.

La radio est plébiscitée

En matière de supports, ce sont malgré tout, toujours les supports musicaux matériels qui restent les plus utilisés. La radio se porte toujours très bien. Ce qui constitue une bonne nouvelle. À condition que les espaces de loisirs – bars, brasseries, commerces – sachent en doser le son, la qualité et les programmes. Ce qui demeure souvent un problème non résolu.

75% des Français déclarent écouter de la musique *via* les ondes radiophoniques
66% sur un autoradio
52% sur une chaîne hi-fi
48% sur leur téléviseur
46% sur ordinateur et sites de partage
33% sur la radio sur le web et le MP3
31% sur smartphones
28% en streaming
16% sur tablettes numériques

Les concerts : un public restreint par la force des choses

Des tarifs jugés trop élevés et des programmations très localisées freinent la fréquentation des concerts qui reste limitée à quelque 6%. Tout au moins pour ce qui est des concerts payants. Sur les lieux de vacances, il n'en reste pas moins que les manifestations gratuites remportent un succès non démenti. À condition toujours d'obéir à des règles de base : programmation de qualité, audible par une grande partie des publics, large diffusion de l'information, accessibilité géographique.

Sources : Baromusic, réalisé par Havas et Entertainment avec l'institut CSA « Les amateurs de musique : qui aime quoi ? »

LES CONSOMMATEURS DE MUSIQUE

Étude Sony Music

Comment les consommateurs découvrent-ils la musique ? Quand et comment l'écoutent-ils ? Quel rôle jouent les médias (TV, radio, presse, site, blog, *pure player*…) dans la découverte d'un morceau ? Quelles sont leurs marques favorites ou associées à cet univers ? La deuxième édition de l'étude de Segmentation des consommateurs de musique en France, de Sony Music France pousse son enquête très loin (*). Elle révèle ainsi trois grandes tendances : aucun des 13/25 ans n'est indifférent à la musique, les usages et les nouveaux comportements se fragmentent. Et la mobilité est de plus en plus grande. L'étude, coordonnée par le service CRM et Étude marketing services de Christian Menez, a permis de définir 4 grands groupes de consommateurs répartis en 29 segments ultra détaillés par âge et par goûts. Chacun faisant l'objet d'une fiche signalétique chiffrée, analysée sociologiquement et illustrée par des coupures de presse ou des photos révélant ainsi le genre qui la compose, mais aussi les marques, les médias, les habitudes, le style de vie, la catégorie socio-professionnelle, le rapport à la mobilité au support physique ou digital. Quatre groupes et 29 segments : un *insight* plus que précis pour les marques.

Les *Fanatics* (14% soit 6,6 millions de la population)

Pour eux, la musique est une priorité et exerce une influence sur leur mode de vie. Ils la consomment en multi canal. Ce type comprend 10 segments allant de Teen Rock Rebels ou Mini Hipsters (13-17 ans) aux Erudits (50 et +) en passant par les Indiefest, Social Club, Asap Booty pour les 18/24 ans, les Musicalholic, Sopi pour les 25/34 ans et les Rockind Dads et Indiessperate Housewives pour les 35/49 ans.

Les *Enthusiasts* (22% soit 10,3 millions)

La musique est un de leurs hobbies parmi d'autres, c'est un accessoire de mode et ils se fient aux recommandations des Fanatics. Ils sont composés de 8 groupes : Hyperstream Boys et Gossip Girls (13/17 ans), Festosterone et Musicopolitan (18/29 ans), Breaking Dads et Wonderpop woman (30/44 ans), Legacy Culture et Teleramama (45 et +).

Les *Casuals* (30% soit 14, 35 millions)

La musique n'est pas prioritaire dans leur vie et ils consacrent plus de temps à d'autres passions. Amateurs de hits, ils ont une attitude grand public. À répartir aussi en 8 groupes : Sexions d'Ados et #Instagram (13/17 ans), Pimp My Life et Cupcake Girls (18/24ans), Hit & Run et Caddy Cool (30/44 ans), Monsieur Bricolage et Femme actuelle (45 et +).

Les Indifférents (34% soit 16,1 millions)

Leurs artistes favoris sont très populaires, ils ne suivent pas les nouveaux modes de consommation de la musique et la découverte de la musique se fait principalement par les grands rendez-vous TV. Ils ne concernent pas les 13/29 ans et se divisent en seulement 3 ensembles : Suit & Foot et Working Housewives (30/44 ans) et Vivement Dimanche (45 et +).

LES GOÛTS DES FRANÇAIS EN MATIÈRE DE SPECTACLES MUSICAUX

Étude du Prodiss

Le PRODISS, Syndicat national des producteurs, diffuseurs et des salles de spectacle musical et de variété a souhaité mettre en place un Observatoire des pratiques culturelles en matière de spectacles auprès du grand public. Cet Observatoire a pour vocation de suivre dans le temps les pratiques et les perceptions des spectacles de musiques actuelles et de variété auprès des Français. Comment ces spectacles sont perçus par les Français ? Quel est l'attrait des Français pour la consommation de tels spectacles ? Pour quelles raisons s'y rendent-ils et selon quels critères de choix ? Enfin, quelles sont les dépenses et les activités annexes pouvant être occasionnées par les spectacles live ?

Premier point : 24 % des Français déclarent aller au moins une fois par an à un concert de musique, 13% à un one-man-show et 6% à une comédie musicale. Au total, ce sont 41% des Français qui indiquent assister au moins une fois par an à un spectacle, dont 31% à un spectacle « live », si l'on classe dans cette catégorie les concerts de musique (hors opéra et classique), les one-man shows et les comédies musicales. Si l'on ne se limite pas aux spectateurs adoptant au moins une fréquence annuelle, relevons que 73% des Français indiquent s'être déjà rendus à un spectacle « live ». Ces spectacles concernent donc une large part de la population ; notons toutefois qu'ils attirent particulièrement les jeunes de 25 à 34 ans, les CSP+ et les habitants de la région parisienne.

Émotions et partage sont les premières motivations des spectateurs. On estime que 58 % des Français se rendant à des spectacles « live » déclarent s'y rendre avant tout afin de ressentir des émotions ou de vivre quelque chose d'exceptionnel. Les spectateurs perçoivent également ces moments comme une occasion de partager quelque chose avec leurs proches (54 % déclarent se rendre à des spectacles dans ce but). Ces spectacles « live » sont d'ailleurs la plupart du temps partagés entre amis (51%), en couple (44 %) ou en famille (32 %). Un répondant sur deux mentionne également y voir une bonne opportunité pour se changer les idées (cette proportion montant même à 60% parmi les personnes déclarant assister au moins une fois par an à un one-man-show/un spectacle comique).

La découverte de nouveaux horizons artistiques, une motivation pour 1/4 des spectateurs et même 1/3 des « gros » consommateurs de spectacles *live* : Pour près d'un quart des répondants, ces spectacles sont également l'occasion de découvrir de nouveaux artistes, de nouvelles œuvres : cette motivation est davantage présente parmi les Franciliens (29%) et les « gros » consommateurs de spectacles « live », soit ceux s'y rendant au moins une fois par an (32%).

Une importance accordée à de nombreuses dimensions pour choisir les spectacles live auxquels se rendre, certes avec une intensité différente : Le ou les artistes, le prix et la proximité géographique constituent les éléments les plus déterminants dans le choix d'un spectacle. Lorsqu'ils font leurs choix concernant les spectacles « live » auxquels ils assisteront, les Français s'intéressent en effet en premier lieu aux artistes concernés (92 %, dont 59% qui estiment que c'est un critère de choix très important). Le prix est également un élément essentiel pour 87 % des Français, ainsi que la proximité géographique (important pour 85 % des Français). Toutefois, les autres dimensions testées sont loin d'être négligées, illustrant sans doute le fait que le fait d'assister un spectacle se doit d'être une expérience « complète » et plaisante de bout en bout, de la réservation au sortir de la salle, en passant par l'arrivée dans la salle et bien entendu l'expérience du spectacle à proprement parler.

Internet représente un outil notamment pour se renseigner et pour acheter des billets, mais qui ne fait pas disparaître le poids des médias généralistes et du bouche-à-oreille : 78 % des consommateurs de spectacles live déclarent se rendre sur Internet « souvent » ou « de temps en temps » afin de se renseigner sur les spectacles. Si Internet semble être une source d'informations importante, il n'en demeure pas moins qu'il est devancé par les médias généralistes et le bouche-à-oreille comme modalités principales d'informations sur ce type de spectacles. Internet ne semble également pas encore être le mode de réservation des billets de spectacles privilégié, puisque seuls 29 % des consommateurs de spectacles déclarent se rendre « souvent » sur internet afin d'acheter leurs billets (pour 34% de temps en temps et 19% rarement). 51% indiquent également être passés par Internet pour obtenir des réductions, des billets moins chers, 50% pour visionner un extrait ou l'intégralité d'un spectacle vivant ou encore 21% pour interagir avant ou après un spectacle. Sans surprise, les jeunes de 15 à 24 ans déclarent un usage plus massif d'Internet dans ces différentes optiques.

Une image positive du secteur des spectacles « live » en France, mais une interrogation sur l'accessibilité financière de ces spectacles : les Français estiment majoritairement que le secteur des spectacles en France propose des spectacles pour tous les publics (86 %), de qualité (86 %) et variés (85 %). L'offre de spectacles est également perçue par les Français comme dynamique (79 %) et sachant évoluer avec son temps (79 %). 41 % des Français estiment que les tarifs proposés par le secteur des spectacles sont accessibles.

Les achats connexes occasionnels peuvent concerner près d'un spectateur sur deux : 45 % des consommateurs de spectacles « live » déclarent déjà avoir acheté le DVD ou le CD du spectacle, 31 % avoir téléchargé le spectacle, les chansons ou une œuvre liée à l'artiste et 22 % ont acheté des goodies tels que des T-shirt, des casquettes ou des stylos, etc. Les jeunes apparaissent plus sensibles aux outils numériques, 63 % des 15-24 ans déclarant avoir déjà téléchargé le spectacle ou les chansons de l'artiste après avoir assisté au spectacle (contre 31 % en moyenne). Relevons également que 77% des Français déclarent avoir déjà visionné un spectacle vivant sur un écran (ordinateur, TV, tablette, smartphone…), dont 11% l'ont fait souvent. Quant aux dépenses potentielles autour des salles de spectacles : elles consistent à boire un verre (pour 69 % des consommateurs, dont 17% systématiquement) ou à aller au restaurant (61% des consommateurs, dont 9% à chaque fois). Ce sont les catégories sociales supérieures qui dépensent le plus pour les à-côtés des spectacles : 75 % déclarent aller boire un verre et 68 % aller au restaurant.

TOUT SUR LA MUSIQUE

Étude IFOP 2017

La musique est une activité centrale pour les Français : Six sur dix déclarent en écouter quotidiennement ou presque (61%) et 34% d'entre eux déclarent ne pas pouvoir s'en passer dans le quotidien, surtout les plus jeunes. Dans le détail, les jeunes de moins de 35 ans déclarent non seulement en écouter plus souvent (70% le font tous les jours ou presque contre seulement 47% des 65 ans et plus), mais pouvoir encore moins s'en passer (69%) que le reste des Français interrogés. Au-delà de l'écoute, la pratique de la musique semble également davantage concerner les plus jeunes. En effet, si seul 1 Français sur 10 déclare jouer d'un instrument de musique souvent ou de temps en temps, un quart des 18-24 ans l'affirment (25%). Pour 90% des Français, la musique est un élément qui favorise le vivre-ensemble dans notre société et 70% pensent que la musique et les artistes sont une force de rassemblement au service d'une cause sociale ou politique. Enfin, 84% des Français estiment que le succès des artistes français contribue au rayonnement de la France.

LES FRANÇAIS ET LA MUSIQUE

Étude SACEM 2014

À l'initiative de la Sacem, en partenariat avec la Spré (Société pour la Perception de la Rémunération Equitable) qui regroupe l'Adami, la Spedidam, la SCPP, la SPPF et Mood Média, leader mondial de la musique de sonorisation dans les lieux de vente, un sondage confirme la place de la musique dans la vie des Français.

La musique est au cœur de la vie des Français

99%, soit presque tous les Français, écoutent de la musique et 3/4 d'entre eux ne pourraient pas s'en passer. Chaque jour, les Français écoutent en moyenne 2h25 de musique, en voiture pour plus de 65% d'entre eux ou à la maison pour 60%. Parmi les 4 principaux appareils utilisés, l'autoradio occupe la première place. Viennent ensuite l'ordinateur, la radio et la chaîne Hi-Fi.

Les médias audiovisuels sont toujours la 1ère source d'information sur la musique. 9 Français sur 10 sont curieux de l'actualité musicale. « Pour se tenir informés, les médias traditionnels restent toujours la première source à 75% » précise Christophe Waignier, Directeur des ressources et de la stratégie à la Sacem. La radio, à près de 60%, occupe la première place pour découvrir nouveaux titres et nouveaux talents. Christophe Waignier poursuit : « Ce chiffre illustre encore une fois la place essentielle de la radio dans la découverte et l'écoute de la musique et notamment de la chanson en France, mais aussi le fait que la télévision, avec 46%, demeure un média incontournable ». Internet est aussi incontournable pour s'informer sur la musique puisqu'il représente la deuxième source à près de 50% après les médias traditionnels. Enfin, près de 40% des Français se tiennent au courant de l'actualité musicale grâce à leur entourage. Elle met 92% des Français de bonne humeur et pour 85% d'entre eux, elle donne de l'énergie. Elle évoque des souvenirs (94%), et est appréciée dans ses différents styles, en fonction de son humeur.

La musique en ligne, c'est surtout l'écoute en continu (*streaming*). La musique en ligne occupe une place importante puisque 70% des Français utilisent ce media au moins une fois par semaine. « Le streaming est devenu une pratique courante : Youtube, Deezer et les sites des radios constituent le trio de tête des sites les plus consultés pour écouter de la musique », indique Christophe Waignier. Là encore, la déclinaison de la radio sur Internet rencontre le succès.

Le spectacle occupe une place de choix dans la vie des Français : 6 Français sur 10 vont au concert et à un festival, au moins une fois par an.

Les genres musicaux préférés des Français

Le cœur des Français balance entre variété française, internationale et pop rock. Viennent ensuite la musique classique, la R'n'B et la Soul, les musiques de film et du monde. Si la variété française reste le genre préféré, il faut qu'elle soit diffusée à sa juste appréciation, c'est-à-dire au top.

LES STATISTIQUES DE LA MUSIQUE EN 2016

Étude BACHTRACK

Depuis sa création en 2008, Bachtrack est devenu le site le plus important pour le référencement des concerts de musique classique à travers le monde. L'an dernier, 32 000 concerts, opéras et ballets ont été répertoriés – presque 5 000 de plus que l'année précédente. Leurs statistiques reflètent donc au plus près la réalité de la scène internationale. Ainsi, on découvre qu'en 2016 c'est la musique de Beethoven qui a été la plus jouée dans le monde. Six de ses œuvres figurent dans le top 10 des pièces les plus exécutées, avec, en haut du classement, sa 5ème *Symphonie*. Les dates anniversaires des compositeurs entraînent également un regain d'intérêt, fort, mais limité dans le temps, pour leur musique. Concernant les opéras, c'est *La Flûte enchantée* de Mozart qui occupe la première place, suivie des *Noces de Figaro* et de *La Bohème* de Puccini.

Les chiffres de *Bachtrack* nous offrent également des informations sur l'activité des musiciens et chefs d'orchestre. En 2016 c'est Valery Gergiev qui a été le chef le plus actif, en dirigeant près d'un jour sur deux, avec 143 concerts référencés. Renaud et Gautier Capuçon arrivent tous deux deuxièmes au classement des violonistes et des violoncellistes qui ont le plus donné de représentations, avec respectivement 50 et 49 concerts. Jean-Yves Thibaudet se hisse lui à la 4ème position du classement des pianistes. Beaucoup reste à faire concernant la présence des femmes sur la scène musicale, déplore cependant Bachtrack, qui note que leur visibilité est bien plus grande dans l'univers de la danse et du ballet.

Quelques données de *Bachtrack* sont enfin plus surprenantes. Au Japon, 38% des concerts sont programmés l'après-midi, tandis qu'en Europe seuls 8% des représentations sont données entre 14h et 15h. Et les Japonais semblent être les plus férus du répertoire romantique, puisque 67% des œuvres programmées dans le pays sont issues de ce répertoire.

RÉFÉRENCES BIBLIOGRAPHIQUES SUR LA MUSIQUE EN ITALIE

Roberto Lavarini et Rosantonietta Scramaglia

AAVV, *Storia della musica. I. Dalle origini al melodramma, VI. L'Italia musicale dell'Ottocento, XI. Folclore e musica leggera*, Fratelli Fabbri Editori, Milano, 1964

Armani F., Cassani D., Pasi M., Pecorini G., *La Scala 1946/1966*, Teatro alla Scala Publisher, Milano, 1966

Attanasi G., Giordano F., *Eventi, cultura e sviluppo. L'esperienza de La Notte della Taranta*, Egea, Milano, 2011

Borgna G., *L'Italia di Sanremo: cinquant'anni di canzoni, cinquant'anni della nostra storia*, Mondadori, Milano, 1998

Burney C., *A general history of music, 1776-1789, From the Earliest Ages to the Present Period*, Volume 4, Cambridge University Press, 2010

Cerutti S., Dioli I., "*La musica, da sottofondo a protagonista. Alcune riflessioni ed esperienze di turismo musicale in Europa*", xxxiv conferenza italiana di scienze regionali, Palermo, 2013

Creux F. (Maestro Banda Nazionale dell'Esercito), *Il mondo della banda musicale nell'Italia di oggi*, Note musicali, N°7 - Febasi Magazine - Gennaio/Febbraio 2016.

Del Puech de Comeiras V., *Abrégé de l'Histoire générale des voyages faits en Europe*, Moutardier, Paris, 1803

Duclos C. P., *Considérations sur l'Italie*, Buisson, Paris, 1791, citato in Verli R., *Emilia-Romagna: terra di musica, di voci e di mito*, L'inchiostroblu, Bologna, 1996

Fiorio M.T., Zanolini P. (a cura di), *San Maurizio al Monastero Maggiore*, Banca Popolare di Milano, Milano, 2006

Gattoni G., Rizzi F., *'Viva i Pompieri di Viggiù'*, Macchione Editore, 2003

Gennaccari F., Maffei M., *Sanremo è Sanremo. I retroscena dei festival dal 1951 al 2007*, Curcio Musica, Roma, 2008

Imbriani E., *La Notte della taranta tra ricerca-spettacolo e merce-spettacolo*, H-ermes. Journal of Communication, http://siba-ese.unisalento.it

La GéoGraphie, Terre des hommes, *Le monde en musique*, n° 6, 2009

Leterrier S.A., *Musique populaire et musique savante au XIXe siècle. Du "peuple" au "public"*, in Revue d'histoire du XXe siècle, n° 19, 1999

Morini M., Ostali N., Ostali P. Jr, *Casa Musicale Sonzogno. Cronologie, saggi, testimonianze*, Sonzogno, Milano, 1995

Musacchio F., *Il festival di Sanremo : breve guida alla manifestazione da Nilli Pizzi a Gio Di Tonno e Lola Ponce*, Ennepilibri, Imperia (I), 2008

Négrier E., Guérin M., *Festivals de musiques, un monde en mutation : Une comparaison internationale*, Michel de Maule, 2013

Oussenko S., *Lpéra*, Editions Eyrolles, Paris, 2009

Papa A., *Il turismo culturale*, in AAVV, *L'ordinamento del mercato turistico*, G. Giappichelli, Torino, 2012

Regione Toscana. Direzione generale Competitività del sistema regionale e sviluppo delle competenze
Area di coordinamento Cultura Settore Musei ed Ecomusei, *Musei della Toscana. Rapporto 2014*, Regione Toscana, 2014

Savona A.V. e Straniero M.L., *Musica & cartoline*, Edicart, Legnano (I), 1988

Schonberg H.C., *I grandi musicisti*, Arnoldo Mondadori Editore, Milano, 1972

Secondulfo D., *Music of the Eye, Music of the Ear*, ISR Italian Sociological Review, Verona, 2016

Società Italiana degli Autori ed Editori, *Annuario dello Spettacolo 2015*, SIAE, Roma, 2016

Stendhal, *Rome Naples et Florence*, Delaunay, Palais-Royal, 1826

Tucci R., *Etnomusicologia e beni culturali immateriali Pertinenze, competenze, processi*, Atti del Convegno L'etnomusicologia italiana a Sessanta anni dalla nascita del CNSMP 1948, Rome, Accademia Nazionale di Santa Cecilia, 13-15 novembre 2008.

Vitali G., *Adagio*, in R. Lavarini (a cura di), *Viaggiar lento*, Hoepli, Milano, 2008, pp. 54-111

Sites internet

http://grandtour.bncf.firenze.sbn.it

www.accademiadibrera.milano.it/sites/default/files/MASSARI%20NICOLETTI_industriartistica.pdf

www.airdolomiti.it/press-area/air-dolomiti-e-fondazione-arena-volanosulle-note-della-lirica-italiana

www.apemusicale.it/

www.arena.it

www.assisipaxmundi.org

www.auditorium.com/it/auditorium/renzo-piano (Fondazione Musica per Roma)

www.beniculturali.it/

www.chigiana.it (Accademia Musicale Chigiana)

www.ciaoamalfi.com/amalfi-coast-events/

www.comune.bologna.it (Iperbole, rete civica)

www.crushsite.it/it/musica/festival-di-musica-sacra.html

www.emigrazione.it/

www.feniarco.it/(Federazione Nazionale Italiana Associazioni Regionali Corali)

www.fondazionepergolesispontini.com/

www.informazione.it/e/festival-della-canzone-italiana-di-sanremo

www.isuonidelledolomiti.it/IT/i-suoni-delle-dolomiti-musica-sulle-montagne-del-trentino/

www.leggioggi.it/2012/07/01/quale-diritto-per-la-musica-popolare/ Giovanni D'Elia il in Diritto d'autore. 1 luglio 2012

www.mitosettembremusica.it/

www.musei.comune.cremona.it

www.oeuvresouvertes.net/, Friedrich Nietzsche, Ecce Homo, OeO œuvres ouvertes, pp 41-42

www.operadifirenze.it/

www.puccinimuseum.org/

www.quartettomilano.it/SanMaurizio (Società del Quartetto 1864)

www.rai.it/programmi/sanremo/

www.ravellofestival.com/

www.ravennafestival.org

www.rossinioperafestival.it/

www.settimanemusicali.net.

www.singingeurope.org/

www.stresafestival.eu/

www.teatroallascala.org/

www.teatroallascala.org/it/museo-teatrale/il-museo-teatrale.html

www.teatroregioparma.it/

www.terresiena.it. (Terre di Siena, Chianti, Val d'Elsa, Val d'Orcia)

www.tomoquarto.it/

www.tuscansunfestival.com

Nous sommes reconnaissants envers Laura Pellegri pour son aide dans la recherche de la documentation.

TABLES DES MATIÈRES

Y'A DE LA MUSIQUE DANS L'AIR
(J. D. Urbain)..9
UNE PROMENADE TOURISTIQUE SUR DES AIRS DE MUSIQUE
(J. Sicsic)..17
LA MUSIQUE PEUT-ELLE DÉVELOPPER DES FLUX TOURISTIQUES ?
(J. Sicsic)..19
LA CHANSON AU SERVICE DE LA PROMOTION TOURISTIQUE............ 27
   FRANCE ET AILLEURS : DES CARTES TOURISTIQUES REVISITÉES
   (J. Sicsic)..28
   LE CAS ITALIEN : VARIÉTÉS ET CHANSONS POPULAIRE (R. Scramaglia) 36
   LES CHANSONS DE L'ÉMIGRATION AU SERVICE DU MAL DU PAYS
   (R.Scramaglia)...41
LES MUSIQUES QUI FONT DANSER LES TOURISTES (J. Sicsic)................ 45
   L'ARGENTINE ET LA TANGOMANIA..45
   BRÉSIL : SAMBA ET CARNAVAL..48
   ANDALOUSIE : L'IMPÉRIALISME DU FLAMENCO 50
LA MUSIQUE AU SERVICE D'UN TOURISME INSULAIRE (J. Sicsic) 55
   JAMAÏQUE : UNE MUSIQUE MILITANTE 55
   CUBA : LA MUSIQUE DANS LA PEAU 58
IRLANDE . (P. Josse) 61
LA MUSIQUE TRADITIONNELLE ITALIENNE 67
   CHANTS CHORALS, PROCESSIONS ET « SAGRE » (R. Lavarini) 68
   LE CHARME ÉTERNEL DES BALS (R. Scramaglia) 70
   FANFARES ET CHORALES : DES PASSIONS POPULAIRES (R. Lavarini) 73
   TRENTE SEPT MILLIONS DE CHORISTES EN EUROPE (R. Lavarini) 76
   Les chorales en chiffres (R. Lavarini)...77
ÉGLISES ET MUSIQUE (R. Lavarini) 79
   MUSIQUE SACRÉE : L'ITALIE, UNE PIONNIÈRE....................................80
   Musique sacrée : lexique (R. Lavarini)..83
DE NASHVILLE A DUBLIN, L'IMMENSE PLANÈTE COUNTRY
(J. Sicsic).. 85

MUSIQUE & TOURISME

LES MUSIQUES CRÉENT DE NOUVELLES DESTINATIONS (J. Sicsic) 89
- IBIZA : TEMPLE DE L'ÉLECTRO 89
- LAS VEGAS : DU JEU A LA TECHNO 93
- DU MEXIQUE A GOA : L'ÉLECTRO BAT SON PLEIN.............................95
- LES « FULL MOON PARTIES » DE THAÏLANDE 96
- BERLIN : APRÈS LE MUR 97
- PORT BARCARES : UNE NOUVELLE VIE...98
- CORÉE DU SUD : LA K.POP AU SERVICE DU TOURISME....................98

LE POSITIONNEMENT MUSICAL DES VILLES RESTE À FAIRE (J. Sicsic) 103
- NEW YORK ET BROADWAY : PARADIS DE LA COMÉDIE MUSICALE....103
- PARIS : ENTRE HIER ET AVANT HIER 105

LES MUSÉES MUSICAUX PEINENT À CONVAINCRE (J. Sicsic) 113
- SHEFFIELD : LES ILLUSIONS PERDUES 114
- LES RATÉS LONDONIENS...114
- CLEVELAND ET LE ROCK : UN ESPOIR..116
- ABBA ET LE DISCO A STOCKHOLM : EN ROUTE VERS LA GLOIRE......117
- EN FRANCE : LES VISITES SENTIMENTALES DES LIEUX DE MEMOIRE 118
- ENTRE BUSINESS ET NOSTALGIE...119
- LISBONNE ET LE MUSÉE DU FADO 120

LES GRANDES EXPOSITIONS PRENNENT LA RELÈVE (J. Sicsic) 123

QUAND LES VILLES JOUENT LES MUSÉES A CIEL OUVERT 127
- LIVERPOOL : UNE VILLE TRANSFORMÉE PAR LA BEATLES MANIA (B. Rieth)..128
- NEW ORLEANS : UN QUARTIER DÉDIÉ AU JAZZ (J. Sicsic) 132
- SÈTE REND UN HOMMAGE PERMANENT A GEORGES BRASSENS (J. Sicsic)..133
- THE SOUND OF MUSIC : UN MUSÉE à CIEL OUVERT à SALZBOURG (J. Sicsic)..135

TOMBES, MAISONS ET AUTRES LIEUX DE MEMOIRE (J. Sicsic) 139
- DE CHOPIN À ELVIS ET PRINCE..139
- CARLOS GARDEL : UN TOMBEAU MONUMENTAL À BUENOS AIRES..145
- LE KING A MEMPHIS : LA DEMESURE DE GRACELAND !...............146

MUSIQUE & TOURISME

L'ETERNITE DE GRANIT 147

ITALIE : L'OPÉRA CÉLÈBRE SES MUSICIENS DÉFUNTS (R. Scramaglia) . 149

GIUSEPPE VERDI, EXCEPTION MUSICALE TOURISTIQUE (R. Scramaglia) 157

DES ICÔNES ARCHITECTURALES AU SERVICE DU TOURISME 161

DE SYDNEY À HAMBOURG : UNE NOUVELLE GÉNÉRATION (J. Sicsic) 162

LE CAS ITALIEN : L'OPÉRA CLASSIQUE EN VEDETTE (R. Scramaglia) 167

L'opéra en chiffres (R. Scramaglia) 174

FESTIVALS : L'ENFANT CHÉRI DES TOURISTES 175

UN MONDE HÉTÉROGÈNE EN MOUVEMENT (J. Sicsic) 176

L'ORIGINALITÉ DES FESTIVALS ITALIENS (R. Scramaglia) 180

LE CONFORMISME DE LA FRANCE ET DE SES 2 000 FESTIVALS (J. Sicsic) 186

LE JAZZ ET SES FESTIVALS : UN GENRE PLANÉTAIRE ASSUMÉ (J. Sicsic) 189

« Il Festival della Canzone Italiana » à Sanremo (R. Lavarini) 197

LE SILENCE DES OPÉRATEURS TOURISTIQUES (J. Sicsic) 199

L'ÉPOQUE REVOLUE DES CHANSONS DE VACANCES (J. Sicsic) 207

« Darla dirladada » : un tube de l'été en chiffres (J. Sicsic) 210

EN AVANT LA MUSIQUE : AVEC DEUX L OU UN L ? (J. Sicsic) 213

ANNEXES (J. Sicsic) 215

LES BIENFAITS DE LA MUSIQUE SUR LE CERVEAU 215

QUI ÉCOUTE QUOI ? L'ÉCOUTE MUSICALE EN PLEIN BOULEVERSEMENT. 217

LES CONSOMMATEURS DE MUSIQUE. 221

LES GOÛTS DES FRANÇAIS EN MATIÈRE DE SPECTACLES MUSICAUX. 223

TOUS SUR LA MUSIQUE. 226

LES FRANÇAIS ET LA MUSIQUE. 226

LES STATISTIQUES DE LA MUSIQUE EN 2016 228

RÉFÉRENCES BIBLIOGRAPHIQUES SUR LA MUSIQUE EN ITALIE (R. L et R. S) 229

Textes italiens révisés par Josette Sicsic

Musique
aux éditions L'Harmattan

Dernières parutions

PRINCIPES DE LA MÉLODIE
Musiques populaires, philosophie et contre-cultures
Lambert Alain
Dans l'*Essai sur l'origine des langues*, d'abord intitulé *Essai sur le principe de la mélodie*, J.-J. Rousseau donne au concept de mélodie une dimension anthropologique qui permet de mieux comprendre l'évolution des musiques populaires, surtout depuis la Révolution française. Et comment les musiques actuelles, autour du blues, du jazz et du rock, ont pu, en retrouvant, grâce aux techniques du disque et de la radio, une certaine tradition orale, favoriser des contre-cultures et participer à nous construire comme nous sommes aujourd'hui.
(Coll. Univers musical, 15,50 euros, 166 p.)
ISBN : 978-2-343-06218-1, ISBN EBOOK : 978-2-336-38131-2

JILL FELDMAN, SOPRANO INCANDESCENTE
Bien au-delà du Baroque
Bosc Michel
La soprano américaine Jill Feldman s'est fait connaître à l'aube des années 80, au sein des Arts Florissants de Paris, ensemble créé par William Christie. Sa carrière, étalée sur plus de trente ans, embrasse tous les répertoires, du Moyen Âge au contemporain, avec de nombreuses incursions dans le Baroque. Elle a notamment travaillé avec Frans Brüggen, René Jacobs, Jordi Savall, Mar Minkowski, Nicholas McGegan, Andrew Parrot... Ce portrait, en évoquant les grands enjeux du chant, évoque aussi le monde musical, ses souffrances et ses joies.
(Coll. Univers musical, 17,50 euros, 180 p.)
ISBN : 978-2-343-06285-3, ISBN EBOOK : 978-2-336-37621-9

LES COMPOSITEURS ET L'ART RADIOPHONIQUE
Cohen Andrea
Tout au long de son histoire, la radio a suscité l'intérêt des compositeurs. Si le medium leur apparaît tout d'abord comme un espace privilégié pour la diffusion de leurs œuvres, il devient également, avec le développement de l'art radiophonique, un lieu de création. Pour traiter de la relation des compositeurs et l'art radiophonique, cet ouvrage propose un parcours historique suivi d'une réflexion esthétique. Les travaux radiophoniques de Pierre Schaeffer, John Cage, Luciano Berio et Mauricio Kagel sont examinés en détails.
(Coll. Mémoires de radio, 24.00 euros, 236 p.)
ISBN : 978-2-343-04708-9, ISBN EBOOK : 978-2-336-37930-2

LA CULTURE POP AU PANTHÉON DES BEAUX-ARTS
Dangerous, de Mark Ryden à Michael Jackson
Petitjean Isabelle
Dangerous... Non, pas seulement un tableau. Un chef d'œuvre de Mark Ryden. Non, pas seulement un album. Un opus de Michael Jackson. Dialogue entre deux artistes, concerto pour peintre et orchestre, pour chanteur et palette, la portée de l'œuvre dépasse ici le support de

distribution massive, n'est pas réservée à l'élite des musées mais part à la rencontre des esprits du monde entier. Fruit de la rencontre de deux esprits artistiques passionnés par l'éclectisme culturel du monde et de ses civilisations, cette œuvre est unique en son genre.
(Coll. Univers musical, 28.50 euros, 288 p.)
ISBN : 978-2-343-06025-5, ISBN EBOOK : 978-2-336-38191-6

FRANÇOIS-JOSEPH GOSSEC (1734-1829)
Un musicien à Paris, de l'Ancien Régime au roi Charles X (Nouvelle édition)
Role Claude
Dès 1756 une brillante carrière de musicien s'offre à F.-J. Gossec, un des pionniers auxquels on doit en France la naissance de l'orchestre symphonique moderne. Directeur de l'Académie royale de musique, il embrasse les idées de la Révolution et durant cinq ans compose des musiques destinées aux célébrations nationales. On lui doit la première orchestration de la *Marseillaise*. En 1795 il est l'un des fondateurs du Conservatoire national supérieur de musique.
(Coll. Univers musical, 35.00 euros, 390 p.)
ISBN : 978-2-343-04010-3, ISBN EBOOK : 978-2-336-38117-6

LA BELLE HISTOIRE DES FANFARES DES BEAUX-ARTS (1948-1968)
Flanet Véronique
La fanfare des Beaux-arts est née après-guerre entre le boulevard Saint-Germain et la Seine, dans les ateliers d'architecture de l'École. Comment ? Pourquoi ? Le fonctionnement des ateliers, cette sorte de «phalanstère» où ordre et liberté se mêlent avec pas mal de bizarreries, a certainement permis l'éclosion de cette musique qui aimait à se moquer de ses sources. Reste que ces architectes, ces artistes ont, sur un mode potache et sans le vouloir, créé un genre musical à part entière, populaire et bien vivant.
(Coll. Musiques et Champ social, 26.00 euros, 255 p.)
ISBN : 978-2-343-06353-9, ISBN EBOOK : 978-2-336-37978-4

LIBERTÉS ET DÉTERMINISMES DE LA GUITARE
Du Baroque aux Avant-Gardes
Andia Rafael
Rafael Andia propose un regard sur les techniques et les écritures qui ont créé la guitare et continuent de déterminer l'histoire particulière de son instrument : la guitare flamenca ou classique, celle du XXème siècle ou la guitare baroque des Habsbourg de 1600. Celle rêvée par les musiciens de l'Impressionnisme ou celle des Gitans de la Manufacture des Tabacs de Séville. Il peut ainsi tisser des liens entre la *chitarra spagnuola* de la Contre-Réforme et la guitare actuelle, qui a inspiré à Tristan Murail une œuvre spectrale, *Tellur*.
(Coll. Univers musical, 12.50 euros, 110 p.)
ISBN : 978-2-343-06245-7, ISBN EBOOK : 978-2-336-37713-1

HISTOIRE UNIVERSELLE DE LA MUSIQUE ET DE LA THÉORIE MUSICALE
Donval Serge
Depuis environ un millénaire, la musique a beaucoup évolué. Et pour mieux comprendre cette évolution, ce livre explore le côté théorique et constate de nombreuses « incohérences ». Celles-ci ont été introduites par des théoriciens qui étaient peu enclins à la pratique musicale et qui étaient, jusqu'à la fin de la Renaissance, sous l'influence de l'Église catholique. Par ailleurs, les musiques des sociétés orientales ont eu des parcours différents, et sont souvent d'un grand raffinement ; la comparaison avec la musique occidentale est très riche d'enseignements.
(25.50 euros, 250 p.,)
ISBN : 978-2-343-05561-9, ISBN EBOOK : 978-2-336-37401-7

GIOVANNI MORELLI, LA MUSICOLOGIE HORS D'ELLE
Sous la direction d'Antony Desvaux et Vinay Gianfranco
Giovanni Morelli (1942-2011), médecin, musicien, artiste, grand pédagogue, est l'auteur d'une œuvre de musicologie originale, qui a jeté ses lumières tout à la fois sur Rameau, Kurtag, Kubrick, Nono, Fellini, Diderot, Cage, etc., œuvre marquée par une érudition brillante, et une grande

attention aux dimensions à la fois historiques, culturelles et sensibles, proposant une musicologie « hors d'elle «. Ce livre, le premier consacrée à Morelli, figure importante de la culture italienne, invite à découvrir son œuvre.
(Coll. Arts 8, 37.00 euros, 370 p.,)
ISBN : 978-2-343-05868-9, ISBN EBOOK : 978-2-336-37398-0

ENGLISH RHYTHM AND BLUES
Les liens étroits entre le blues et l'anglais
Larroque Patrice
L'anglais est une langue accentuée et mesurée, ce qui signifie qu'elle possède un rythme, de la même manière qu'il y a un rythme dans un air de blues. La structure du blues traditionnel reflète la cadence des blues primitifs qui consistaient à répéter plusieurs fois le même vers, comme dans les chants de travail des esclaves noirs qui s'articulaient sur un jeu d'appels et réponses dont les schémas ressemblaient davantage à un discours rythmé qu'à une mélodie.
(27.00 euros, 274 p.,)
ISBN : 978-2-343-05730-9, ISBN EBOOK : 978-2-336-37476-5

MUSICIENS CÉLÈBRES MALADES
Pourrait-on les sauver aujourd'hui ?
Germain Michel - Préface du Professeur Bernard Lechevalier
Nombre de savants et d'artistes auraient pu, s'ils avaient vécu plus longtemps, nous faire bénéficier encore de leurs travaux et de leur talent. Ce sont soixante-sept musiciens célèbres que l'auteur a choisi d'évoquer pour deux raisons : beaucoup sont décédés trop jeunes et la médecine pourrait aujourd'hui très probablement prolonger leur existence. Germain éclaire ces destins célèbres brisés par la maladie, comme celui de Chopin ou encore de Beethoven.
(Coll. Médecine à travers les siècles, 19.00 euros, 196 p.,)
ISBN : 978-2-343-05933-4, ISBN EBOOK : 978-2-336-37560-1

LA CHANSON DE CIRCONSTANCE
Trihoreau Michel - Préface de Serge Llado
Du temps de l'Inquisition à celui de François Hollande, attitudes croustillantes, mesures scandaleuses ou inventions géniales ont donné libre cours à toutes sortes d'illustrations musicales. Voici plus de 300 extraits de chansons furtives entrées par mégarde dans la postérité. Les chansonniers ont utilisé la caricature ou le pamphlet pour brosser un tableau instantané des événements dont ils étaient témoins.
(Coll. Cabaret, 27.00 euros, 260 p.,)
ISBN : 978-2-343-05940-2, ISBN EBOOK : 978-2-336-37404-8

LA CHANSON DES TROIS GARS
Delorme Pierre, Melgar Floréal, Troin René
On dirait une fable, et ça tombe bien, les auteurs de ce livre aiment bien ça, les fables. Comme la chanson, dont ils savent tout, c'est-à-dire à peu près rien. Car la chanson est partout et prend toutes les formes. C'est un art populaire en perpétuel renouvellement, un genre difficile à cerner tant il se confond avec nous. C'est donc pour parler de tout à propos de rien que les trois gars ont lancé « Crapauds et Rossignols «. Ce n'est pas une fable, mais un site Internet dont sont extraites les chroniques réunies dans ces pages.
(Coll. Autres chants, 25.00 euros, 254 p.,)
ISBN : 978-2-343-06111-5, ISBN EBOOK : 978-2-336-37536-6

JAZZ MANOUCHE
La discothèque idéale
De Gouyon Matignon Louis
Spécialiste reconnu de la question tsigane, Louis de Gouyon Matignon retrace ici l'histoire du jazz manouche depuis sa création dans les années 30 jusqu'à ses expressions les plus récentes. Le lecteur y côtoiera, au gré d'une discothèque de 100 albums, une galerie de personnages hauts en couleur dont Django Reinhardt, les frères Ferré, le trio Rosenberg ou encore Biréli Lagrène

et Christian Escoudé, et découvrira des talents méconnus ou aujourd'hui oubliés. Tous, à leur manière, ont contribué à écrire cette histoire.
(17.00 euros, 142 p., Illustré en couleur)
ISBN : 978-2-343-05509-1, ISBN EBOOK : 978-2-336-37008-8

BOOBA
Poésie, musique et philosophie
Chirat Alexandre
«Pourquoi suis-je transpercé par la musique de Booba ?» L'auteur mène ici une investigation sur l'œuvre du rappeur, qu'il érige au rang de grand poète ; digne héritier d'Artaud et de Michaux. De manière plus générique, il s'interroge sur la poésie et la musique afin de comprendre les ressorts affectifs de l'écoute musicale : que génère la musique ? Qu'éveille-t-elle en nous ? Pourquoi ? Et, enfin, qu'est-ce qu'une bonne musique ?
(14.00 euros, 128 p.)
ISBN : 978-2-343-05539-8, ISBN EBOOK : 978-2-336-36949-5

RENCONTRE DES ARTS
Correspondances entre œuvres sonores et visuelles au XXᵉ siècle
Siqueira de Freitas Alexandre
L'auteur propose ici des angles nouveaux pour observer le dialogue entre formes artistiques : musique, peinture, opéra ou film. Cet essai conjure théorie, par les voies de l'esthétique, et expérience, à travers une analyse et une critique fondées sur la perception. Stravinsky, Picasso, Ligeti, Rothko, Klee, Bach, Dutilleux, Van Gogh, Eisenstein et Berg sont parmi les personnages de ce livre. Il s'agit de transformer les regards, de bouleverser les frontières et de susciter ainsi de nouvelles attitudes perceptives.
(Coll. Ouverture Philosophique, 17.00 euros, 178 p.)
ISBN : 978-2-343-03728-8, ISBN EBOOK : 978-2-336-36922-8

POUVOIRS (LES) DE LA MUSIQUE
***Du diabolus in musica* au showbiz traditionnel : la Corse, un laboratoire exemplaire**
Salini Dominique
La musique a été le modèle privilégié du philosophique et de l'esthétique. Mais paradoxalement, au nom de sa grande sensualité, elle est sous la surveillance des pouvoirs et livrée à l'interdit. La musique renvoie toujours à la même interrogation : pourquoi le phénomène sonore, *a priori* neutre, est-il à la fois jeu et enjeu des pouvoirs et comment se transforme-t-il la plupart du temps en arme idéologique efficace ? Voici un montage de textes sur l'ambiguïté des rapports qu'entretiennent le musical et le politique en prenant la Corse comme illustration exemplaire.
(Coll. Univers musical, 37.00 euros, 358 p.)
ISBN : 978-2-343-04195-7, ISBN EBOOK : 978-2-336-36085-0

ÉMILE GOUÉ (1904-1946)
Chaînon manquant de la musique française
Sous la direction de Philippe Malhaire
Le compositeur Émile Goué laisse derrière lui une cinquantaine d'œuvres ainsi que plusieurs ouvrages théoriques sur l'écriture musicale. Après avoir reçu les conseils et encouragements d'Albert Roussel dans les années 1930, il devient l'un des élèves particuliers de Charles Koechlin. Mais la deuxième guerre mondiale éclate : mobilisé, le compositeur prometteur est fait prisonnier. *Les Carnets de captivité* (1943-1945) de Goué, inédits dans leur intégralité, ont été rédigés durant l'édification de l'esthétique gouéenne de la maturité et sont donc d'une importance capitale pour saisir la pensée de leur auteur.
(Coll. Univers musical, 28.00 euros, 274 p.)
ISBN : 978-2-343-04552-8, ISBN EBOOK : 978-2-336-36064-5

Structures éditoriales du groupe L'Harmattan

L'Harmattan Italie
Via degli Artisti, 15
10124 Torino
harmattan.italia@gmail.com

L'Harmattan Hongrie
Kossuth l. u. 14-16.
1053 Budapest
harmattan@harmattan.hu

L'Harmattan Sénégal
10 VDN en face Mermoz
BP 45034 Dakar-Fann
senharmattan@gmail.com

L'Harmattan Mali
Sirakoro-Meguetana V31
Bamako
syllaka@yahoo.fr

L'Harmattan Cameroun
TSINGA/FECAFOOT
BP 11486 Yaoundé
inkoukam@gmail.com

L'Harmattan Togo
Djidjole – Lomé
Maison Amela
face EPP BATOME
ddamela@aol.com

L'Harmattan Burkina Faso
Achille Somé – tengnule@hotmail.fr

L'Harmattan Côte d'Ivoire
Résidence Karl – Cité des Arts
Abidjan-Cocody
03 BP 1588 Abidjan
espace_harmattan.ci@hotmail.fr

L'Harmattan Guinée
Almamya, rue KA 028 OKB Agency
BP 3470 Conakry
harmattanguinee@yahoo.fr

L'Harmattan Algérie
22, rue Moulay-Mohamed
31000 Oran
info2@harmattan-algerie.com

L'Harmattan RDC
185, avenue Nyangwe
Commune de Lingwala – Kinshasa
matangilamusadila@yahoo.fr

L'Harmattan Maroc
5, rue Ferrane-Kouicha, Talaâ-Elkbira
Chrableyine, Fès-Médine
30000 Fès
harmattan.maroc@gmail.com

L'Harmattan Congo
67, boulevard Denis-Sassou-N'Guesso
BP 2874 Brazzaville
harmattan.congo@yahoo.fr

Nos librairies en France

Librairie internationale
16, rue des Écoles – 75005 Paris
librairie.internationale@harmattan.fr
01 40 46 79 11
www.librairieharmattan.com

Lib. sciences humaines & histoire
21, rue des Écoles – 75005 Paris
librairie.sh@harmattan.fr
01 46 34 13 71
www.librairieharmattansh.com

Librairie l'Espace Harmattan
21 bis, rue des Écoles – 75005 Paris
librairie.espace@harmattan.fr
01 43 29 49 42

Lib. Méditerranée & Moyen-Orient
7, rue des Carmes – 75005 Paris
librairie.mediterranee@harmattan.fr
01 43 29 71 15

Librairie Le Lucernaire
53, rue Notre-Dame-des-Champs – 75006 Paris
librairie@lucernaire.fr
01 42 22 67 13